高等职业教育公共基础课系列教材

信息技术基础

主　编　陶　慧　崔　景　张梦帆
副主编　徐　莺　陈　露　杜晓宇　刘润戈
参　编　张　婷　张　劲　王　勇　卜文刚
　　　　徐　刚　刘　劲　刘毅军　朱　辉
　　　　陈　勇　胡仁喜

机械工业出版社

本书是指导初学者学习计算机信息技术的入门书籍，以实际应用为出发点，通过合理的结构和大量来源于实际工作的精彩实例，全面涵盖了读者在使用计算机进行日常信息技术处理过程中所遇到的问题及其解决方案。全书共7个项目模块，分别介绍了探索信息世界、Windows 10操作系统应用、WPS文字编辑、WPS表格处理、WPS演示文稿制作、信息检索、体验新一代信息技术等内容。

本书既注重应用能力和意识的培养，同时又注重可操作性和实用性，采用"项目—任务"的编写模式，通过理实一体化教学，提升学生应用信息技术解决问题的能力，培养德智体美劳全面发展的高素质技能型人才。

本书按照信息技术相关内容进行谋篇布局，通俗易懂，操作步骤详细，图文并茂，适合各类职业院校师生、公司人员、政府工作人员、管理人员使用，也可作为信息技术爱好者的参考用书。

为方便教学，本书配备微课视频、案例素材、电子课件等教学资源。凡选用本书作为教材的教师均可登录机械工业出版社教育服务网www.cmpedu.com注册后免费下载。如有问题请致信cmpgaozhi@sina.com，或致电010-88379375联系营销人员。

图书在版编目（CIP）数据

信息技术基础 / 陶慧，崔景，张梦帆主编. -- 北京：机械工业出版社，2025. 10. -- （高等职业教育公共基础课系列教材）. -- ISBN 978-7-111-79407-3

Ⅰ. TP3

中国国家版本馆CIP数据核字第2025BR3491号

机械工业出版社（北京市百万庄大街22号　邮政编码100037）
策划编辑：赵志鹏　　　　　责任编辑：赵志鹏　饶雯婧
责任校对：陈　越　刘雅娜　封面设计：马精明
责任印制：单爱军
北京联兴盛业印刷股份有限公司印刷
2025年10月第1版第1次印刷
184mm×260mm・16印张・343千字
标准书号：ISBN 978-7-111-79407-3
定价：49.80元

电话服务　　　　　　　　　网络服务
客服电话：010-88361066　　机　工　官　网：www.cmpbook.com
　　　　　010-88379833　　机　工　官　博：weibo.com/cmp1952
　　　　　010-68326294　　金　书　网：www.golden-book.com
封底无防伪标均为盗版　　　机工教育服务网：www.cmpedu.com

前　言

党的二十大报告提出要实施科教兴国战略，强化现代化建设人才支撑，强调要深化教育领域综合改革，加强教材建设和管理。《教育强国建设规划纲要（2024—2035年）》指出：要"加快建设现代职业教育体系，培养大国工匠、能工巧匠、高技能人才"；强调"打造培根铸魂、启智增慧的高质量教材""打造一批职业教育优质教材"。为了响应党中央的号召，我们在充分进行调研和论证的基础上，精心编写了这本《信息技术基础》。

随着计算机的发明与日渐成熟的应用，我们迎来了波澜壮阔的信息时代。与计算机相伴而生的信息技术广泛而深入地被应用于行政管理、企业办公、工程应用等行业领域。熟练使用乃至精通基本信息技术成为不少职场人士必须具备的基本能力。

本书以由浅入深、循序渐进的方式展开讲解，从基础的计算机系统组成到实际办公软件运用，以合理的结构和经典的范例对最基本和实用的功能都进行了详细的介绍，具有很高的实用价值。通过本书的学习，读者不仅可以掌握信息技术的基本知识和应用技巧，而且可以掌握一些常用办公软件的应用，提高日常工作效率。本书拥有以下特点：

✓ 循序渐进，由浅入深

本书首先介绍信息技术入门和桌面操作系统的使用，然后介绍WPS相关知识，最后简要介绍信息检索和新一代信息技术相关知识。

✓ 案例经典，实用性强

本书从帮助用户快速熟悉和提升信息技术应用技巧的角度出发，尽量结合学生生活与学习过程中的实际应用，给出详尽的操作步骤与技巧提示，力求将最常见的方法与技巧全面细致地介绍给读者，使读者轻松掌握。

✓ 技能与思政教育紧密结合

在讲解信息技术专业知识的同时，紧密结合思政教育主旋律，从专业知识角度触类旁通，引导学生提升相关思政品质。

✓ 项目式教学，实操性强

全书采用项目式教学，把信息技术应用知识分解并融入一个个实践操作的训练项目中，增强了本书的实用性。

本书由襄阳汽车职业技术学院陶慧、崔景、张梦帆担任主编，徐莺、陈露、杜晓宇、刘润戈担任副主编，参编有张婷、张劲、王勇、卜文刚、徐刚、刘劲、刘毅军、朱辉、陈勇、胡仁喜。河北军创家园文化发展有限公司的张亭老师等为本书的出版提供了必要的帮助，对他们的付出表示真诚的感谢。

编　者

目　录

前言

项目1　探索信息世界 …001

　　01　　知识目标 …001
　　02　　能力目标 …001
　　03　　素质目标 …001
　　04　　思维导图 …001
　任务1　追寻信息技术的发展 …002
　任务2　揭秘计算机信息的表示 …007
　任务3　构建信息系统 …011
　任务4　提升信息素养与社会责任 …018
　　　　　能力训练 …021

项目2　Windows 10操作系统应用 …023

　　01　　知识目标 …023
　　02　　能力目标 …023
　　03　　素质目标 …023
　　04　　思维导图 …023
　任务1　掌握Windows 10的基本操作 …024
　任务2　定制桌面操作系统的工作环境 …031
　任务3　管理文件和文件夹 …037
　　　　　能力训练 …042

项目 3　WPS 文字编辑 ...045

  01　知识目标 ...045
  02　能力目标 ...045
  03　素质目标 ...045
  04　思维导图 ...045

任务 1　个人简历的制作 ...046
任务 2　编辑校园招聘启事 ...063
任务 3　编辑制作校园活动简报 ...070
任务 4　制作学生个人信息登记表 ...082
任务 5　编辑毕业论文 ...087
任务 6　批量制作学生期末成绩单 ...092
  能力训练 ...095

项目 4　WPS 表格处理 ...098

  01　知识目标 ...098
  02　能力目标 ...098
  03　素质目标 ...098
  04　思维导图 ...098

任务 1　制作学生成绩表 ...099
任务 2　制作成绩统计分析表 ...112
任务 3　图书销售数据管理 ...120
任务 4　统计分析超市销售表 ...125
任务 5　制作书店销售分析图表 ...135
  能力训练 ...142

项目 5　WPS 演示文稿制作 ...145

  01　知识目标 ...145
  02　能力目标 ...145
  03　素质目标 ...145
  04　思维导图 ...145

任务1	制作古诗词赏析的演示文稿	...146
任务2	设置古诗词赏析演示文稿的动画效果	...164
任务3	制作古诗词赏析演示文稿的多媒体效果	...177
任务4	放映并输出古诗词赏析演示文稿	...182
任务5	利用母版制作美文赏析演示文稿	...192
	能力训练	...197

项目6　信息检索　...200

- 01　知识目标　...200
- 02　能力目标　...200
- 03　素质目标　...200
- 04　思维导图　...200

任务1	检索通用信息	...201
任务2	检索图书与期刊	...205
任务3	专利检索	...217
任务4	大模型检索	...223
	能力训练	...225

项目7　体验新一代信息技术　...228

- 01　知识目标　...228
- 02　能力目标　...228
- 03　素质目标　...228
- 04　思维导图　...228

任务1	寻找"云"中的计算	...229
任务2	组织不断变"大"的数据	...232
任务3	搜寻互联的万物	...233
任务4	体验另一种智能	...237
任务5	探索生成式大模型	...240
	能力训练	...244

参考文献　...246

项目1 探索信息世界

 信息技术基础

01 知识目标

1. 熟悉信息与信息技术概念、发展及对各领域的影响。
2. 掌握信息系统的组成要素和基本功能。
3. 掌握计算机病毒方面的知识。

02 能力目标

1. 能筛选有价值信息,提高信息处理和利用能力。
2. 能够分析信息系统问题并提出改进建议,优化系统效率。
3. 将信息素养应用于学习、工作和生活,提高效率。

03 素质目标

1. 增强信息安全和道德意识,遵守法规,保护隐私。
2. 培养自主和持续学习能力,紧跟信息技术发展。
3. 提升信息安全意识与防护能力。

04 思维导图

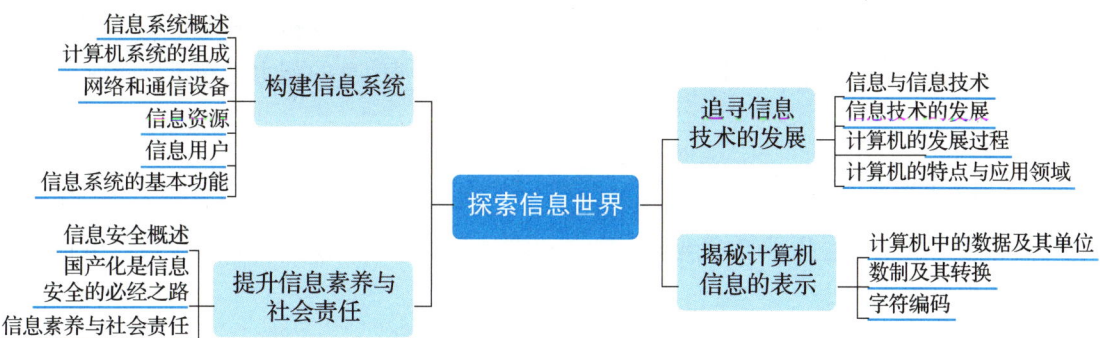

任务1　追寻信息技术的发展

情景引入

软件技术专业的学生小王，在参与一个软件开发项目时，发现现有的技术无法满足项目对高效数据处理和快速信息交互的需求。在学习专业课程时，他也常常因为对信息技术发展的脉络不清楚，而无法深入理解一些新技术的原理和应用。为了在项目中做出更合理的技术选择，提升自己的专业能力，小王决定系统地学习信息技术的发展历程、重要意义，以便更好地把握行业动态，为未来的职业发展做好准备。

知识准备

一、信息与信息技术

初识信息技术

"信息"一词由来已久，并非现代词汇。一些古诗词中就出现过"信息"这个词语。唐朝杜牧的《寄远》中有"塞外音书无信息，道傍车马起尘埃"；南宋陈亮的《梅花》中有"欲传春信息，不怕雪埋藏"；北宋毛滂的《浣溪沙》中有"雁过故人无信息，酒醒残梦寄凄凉"；宋代朱淑真的《闻鹊》中有"青鸟已承云信息，预先来报两三声"。这些诗句中都出现了"信息"一词，由此可以看出古人很早就使用"信息"这个词语。

现代社会中，信息是指加工处理后的数据，可以减少或消除不确定性；而数据是反映客观事物属性、状态的记录。信息与数据相互联系，数据经过加工才能成为信息，而信息必须经过数字化转变成数据才能存储在计算机中。信息可以是文本、数字、图像、音频或视频等形式，并且可以通过各种媒介（如书籍、文章、报告、数据库、网站和社交媒体）进行传播。

信息技术（Information Technology），通常是在计算机与通信技术支持下用以采集、存贮、处理、传递、显示那些包括声音、图像、文字和数据在内各种信息的一系列现代化技术。信息技术包括通信技术、计算机技术、多媒体技术、自动控制技术、视频技术、遥感技术等，其中计算机技术是信息技术的一个重要组成部分。计算机从其诞生就不停地为人们处理大量的信息，随着计算机技术的不断发展，它处理信息的能力也在不断地加强。现在计算机应用已经渗入到人们社会生活的每一个方面。

二、信息技术的发展

信息技术的发展经历了五个阶段：语言和符号阶段、文字阶段、印刷阶段、电信阶段和计算机及网络阶段。

1. 语言和符号阶段

在人类文明发展的早期，人们使用语言和符号来进行简单的信息交流。语言的出现使得人类可以相互交流，分享彼此的知识和经验。符号则是一种更为抽象的表示方式，用于表达某种特定的含义或概念。例如，人们使用手势、表情、旗帜等符号来表示不同的意思。

2. 文字阶段

随着人类社会的进步和发展，文字成为信息技术的一个重要组成部分。文字的出现使得人们可以将信息记录下来，进行更为系统和深入的交流。书籍、报纸等出版物成为一种重要的信息传播工具，使得人们可以跨越时间和空间的限制，分享和传承知识。

3. 印刷阶段

随着印刷技术的发明和进步，信息技术进入了一个新的阶段。印刷术的出现使得书籍可以大规模地生产和复制，从而促进了知识的普及和文化的传播。此外，印刷技术还使得信息的表现形式更加多样化和生动化，例如，报纸、杂志等出版物可以包含图片、文字等多种元素。

4. 电信阶段

随着电信技术的发展，信息技术进入了电信阶段。电报、电话等电信设备的出现，使得人们可以进行远距离的通信和信息交流。随后，电视、广播等多媒体设备也相继出现，使得信息的传播形式更加丰富和多样化。此外，计算机的出现也使得信息技术的发展更加迅速和广泛。

5. 计算机及网络阶段

随着计算机和网络技术的发展，信息技术进入了计算机及网络阶段。计算机的出现使得信息的处理和分析更加高效和准确，同时也使得信息的存储和访问更加方便和快捷。网络技术的出现则使得信息的交流和共享更加便捷和广泛，例如互联网的出现使得人们可以随时随地获取和分享信息。此外，云计算、大数据等新兴技术的出现也使得信息技术的发展更加迅速和广泛。

三、计算机的发展过程

1. 计算机的产生

1946年2月14日，世界上第一台通用电子计算机ENIAC（electronic numerical integrator and calculator）在美国宾夕法尼亚大学诞生。ENIAC又称"埃尼阿克"，它的主要元器件是电子管。它每秒钟可完成5000次加法运算，400次乘法运算，比当时的机电计算机快1000倍。这台计算机的问世，标志着计算机时代的开始，ENIAC开创了计算机的新纪元。

计算机的发展过程

2. 计算机的发展

自第一台电子计算机问世以来，计算机技术得到了飞速发展。根据计算机的性能和使用的主要元件的不同，一般将计算机的发展划分为4个阶段，如表1-1所示。

表1-1 计算机的发展划分为4个阶段

阶段	划分年份	采用的元器件	运算速度（每秒指令数）	主要特点	应用领域
第一代计算机	1946—1958年	电子管	几千条	主存储器采用磁鼓，体积庞大、耗电量大、运行速度低、可靠性较差、内存容量小	国防及科学研究工作
第二代计算机	1959—1964年	晶体管	几万~几十万条	主存储器采用磁芯，开始使用高级程序设计语言及操作系统，运算速度提高、体积减小	工程设计、数据处理
第三代计算机	1965—1970年	中小规模集成电路	几十万~几百万条	主存储器采用半导体存储器，集成度高、功能增强、价格下降	工业控制、数据处理
第四代计算机	1971年至今	大规模、超大规模集成电路	上千万~万亿条	计算机走向微型化，性能大幅度提高，软件越来越丰富，为网络化创造了条件。同时计算机逐渐走向人工智能化，并采用了多媒体技术，具有听、说、读和写等功能	工业、生活等各个方面

3. 计算机发展趋势

计算机未来的发展趋势是巨型化、微型化、网络化、多媒体化和智能化。未来计算机的研究目标是打破计算机现有的结构体系，使计算机能具有像人那样的思维、推理和判断能力。尽管传统的、基于集成电路的计算机短时间内不会退出历史舞台，但光子计算机、生物计算机、超导计算机、纳米计算机和量子计算机正在跃跃欲试。

计算机的发展趋势

（1）光子计算机　光子计算机利用光子取代电子进行数据运算、传输和存储。在光子计算机中，不同波长的光表示不同的数据，它可快速完成复杂的计算工作。与电子计算机相比，光子计算机具有以下优点：超高速的运算速度、强大的并行处理能力、大存储容量、非常强的抗干扰能力等。据理论推测，未来光子计算机的运算速度可能比今天的超级计算机快1000倍以上。

（2）生物计算机　生物计算机是用生物芯片代替传统的半导体硅片集成电路，从而制成以生物电子元件构成的计算机。生物芯片是用生物工程技术产生的蛋白质分子制成，存储能力巨大，比当前的计算机还要快10万倍，能量消耗则为其十亿分之一。由于蛋白质分子具有自组织、自调节、自修复和再生能力，使得生物计算机具有生物体的一些特点，如自动修复芯片发生的故障，还能模仿人脑的思考机制。

（3）超导计算机　超导计算机是由特殊性能的超导开关器件、超导存储器等元器件和电路制成的计算机。1911年，荷兰物理学家昂内斯首先发现了超导现象，有一些材料，当它们冷却到接近零下273.15℃时，会失去电阻值而成为导体。目前制成的超导开关器件的开关速度，已达到皮秒级的高水平，比集成电路要快几百倍，电能消耗仅是大规模集成电路的千分之一。

（4）纳米计算机　纳米计算机指将纳米技术运用于计算机领域所研制出的一种新型计算机。纳米技术是从20世纪80年代初发展起来的新的科研领域，最终目标是人类按照自己的意志直接操纵单个原子，制造出具有特定功能的产品。"纳米"（nm）本是一个计量单位，1 nm=10^{-9}m，大约是氢原子直径的10倍。应用纳米技术研制的计算机内存芯片，其体积不过数百个原子大小，相当于人的头发丝直径的千分之一。纳米计算机几乎不需要耗费任何能源，而且其性能要比今天的计算机强大，运算速度将是现在硅芯片计算机的1.5万倍。

（5）量子计算机　量子计算机以处于量子状态的原子作为中央处理器和内存，利用原子的量子特性进行信息处理。原子具有在同时间处于两个不同位置的特性，即处于量子位的原子既可以代表0或1，也能同时代表0和1以及0和1之间的中间值，无论从数据存储还是处理的角度，量子位的能力都是晶体管电子位的两倍。

4. 计算机在中国的发展

1958年，中科院计算所研制成功我国第一台小型电子管通用计算机103机，标志着我国第一台通用数字电子计算机的诞生。1959年成功研制出我国第一台大型通用电子计算机104机。

1965年成功研制出我国第一台大型晶体管计算机109机。

20世纪60年代后期，我国开始研究集成电路计算机；20世纪70年代，我国已批量生产小规模集成电路计算机。

1983年，我国第一台亿次巨型电子计算机"银河-Ⅰ"研制成功，运算速度达每秒1亿次，这是我国高速计算机研制的一个重要里程碑。

2001年，中科院计算所研制成功我国第一款通用CPU——"龙芯"芯片。2002年，曙光公司推出完全自主知识产权的"龙腾"服务器，龙腾服务器采用了"龙芯-1"CPU，该服务器是国内第一台完全实现自有知识产权的产品，在国防、安全等部门发挥重大作用。龙芯的诞生，打破了国外的长期技术垄断，结束了我国近20年无"芯"的历史。2015年3月，中国发射首枚采用"龙芯"的北斗卫星。

2009年，我国千万亿次计算机"天河一号"问世，它使中国成为继美国之后世界第2个研制千万亿次超级计算机的国家。

2013年，我国研制成功世界上首台5亿亿次（50PFlops）超级计算机"天河二号"，其双精度浮点运算峰值达到5.49亿亿次每秒，成为全球最快的超级计算机。

2018年，国家超算天津中心同国防科技大学联合研制出"天河三号"，它是我国第一台百亿亿次超级计算机。通过"天河三号"，未来将打造超级计算、云计算、大数据、人工智能和物联网五大融合平台，为国家科技创新和新兴产业发展服务。

四、计算机的特点与应用领域

1. 计算机的特点

（1）运算速度快　计算机不仅具有快速运算的能力，而且能自动连续地高速运算，处理许多极复杂的科学问题。计算机运行速度的提高加快了科研数据计算的速度，提高了各种信息的处理速度，促进了社会的发展。

（2）计算精确度高　计算机计算精确度高，可靠性好，不仅能达到用户所需的计算精度，而且可以连续无故障运行的时间也是其他运算工具无法比拟的。

（3）存储容量大　计算机具有记忆功能，可以存储大量的信息，计算机的记忆功能由计算机的存储器完成。计算机的存储器可以把原始数据、中间结果以及运算指令等存储起来以便使用。存储器不仅可以存储大量的信息，还能够快速而准确地存入或读取这些信息。

（4）逻辑判断准确　计算机还具有逻辑运算的功能，能对信息进行识别、比较、判断。这种逻辑判断能力是计算机处理逻辑推理问题的前提，也是计算机能实现信息处理高度智能化的重要因素。

（5）自动化程度高　计算机是自动化电子设备，在工作过程中能够通过事先编写并存储的程序自动运行，不需人工干预，能自动执行存放在存储器中的程序。

（6）具有网络与通信功能　通过计算机网络技术可以将不同国家、不同城市的计算机连在一起形成一个计算机网络，在计算机网络上的所有计算机用户都可以共享资料和交流信息，从而改变了人类的交流方式和信息获取方式。

2. 计算机的应用领域

计算机以其卓越的性能和强大的生命力，在科学技术、国民经济、社会生活等各个方面得到了广泛的应用，并且取得了明显的社会效益和经济效益。计算机的应用领域非常广阔，归纳起来主要有以下几个方面。

（1）科学计算　科学计算是计算机最早、最成熟的应用领域。科学计算所解决的大都是从科学研究和工程技术中所提出的一些复杂的数学问题，计算量大而且精度要求高，要求计算机高速运算和存储量大。例如，在高能物理方面的分子、原子结构分析，可控热核反应的研究，反应堆的研究和控制；地球物理方面的气象预报、水文预报、大气环境、水坝应力计算、房屋抗震强度计算的研究；在宇宙空间探索方面的人造卫星轨道计算、宇宙飞船的研制和制导等。

（2）自动控制　自动控制（实时控制）是指通过计算机对某一个过程进行自动操作，即对生产过程中所采集到的数据按照一定的算法处理，然后反馈到执行机构去控制相应过程，它是生产自动化的重要技术和手段。计算机在自动控制方面的应用，大大促进了自动化技术的普及和提高。例如，用计算机控制炼钢、控制机床等。

（3）数据处理　数据处理是指对各种数据进行收集、存储、整理、分类、统计、加工、利用、传播等一系列活动的统称，是目前计算机应用最广泛的领域之一。例如，企业的生产管理、质量管理、财务管理、仓库管理、各种报表的统计和账目计算等领域。信息处理应用领域非常广阔，全世界将近80%的微型计算机都应用于各种管理。

（4）辅助技术　计算机辅助技术包括计算机辅助设计（CAD）、计算机辅助制造（CAM）和计算机辅助教学（CAI）等。例如，利用计算机部分代替人工进行汽车、飞机、家电、服装等的设计和制造，可以使设计和制造的效率提高几十倍，质量也大大提高。在教学中使用计算机辅助系统，不仅可以节省大量人力、物力，而且使教育、教学更加规范，从而提高教学质量。

（5）人工智能　人工智能简称AI，是计算机模拟人类的感知、判断、理解、学习、问题求解和图像识别等智能活动。例如机器视觉、指纹识别、人脸识别、视网膜识别、虹膜识别、掌纹识别等。

（6）电子商务　电子商务是指在计算机网络上进行的商务活动。它是涉及企业和个人各种形式的、基于数字化信息处理和传输的商业交易。它包括电子邮件、电子数据交换、电子资金转账、快速响应系统、电子表单和信用卡交易等电子商务的一系列应用，又包括支持电子商务的信息基础设施。

（7）办公自动化（OA）　以计算机或数据处理系统来处理日常例行的各种事务工作，可以进行各种文档的存储、查询、统计等工作。例如，起草各种文稿，收集、加工、输出各种资料信息等。

任务2　揭秘计算机信息的表示

情景引入

小李在参与企业实习时，接触到企业的信息管理系统。他发现系统在运行过程中存在一些问题：比如数据处理速度慢、信息传递延迟等，这些问题严重影响了企业的运营效率。面对这些问题，小李想要提出改进方案，但他发现自己对信息系统的组成和运行机制了解有限，不清楚信息在系统中是如何被采集、处理、存储和传递的。为了帮助企业提升信息管理水平，同时提升自己的实践能力，小李决定学习计算机中信息是如何表示的？文字、数字、图像甚至声音，又是如何转化为计算机能够识别和处理的形式的？

知识准备

一、计算机中的数据及其单位

在计算机内存储和运算数据时，常用的数据单位有以下3种。

1. 位（bit）

位为二进制数的一位0或1，它是计算机中最小的数据单位。

2. 字节（Byte）

8位二进制数为一个字节，即1 Byte =8 bit。字节是计算机中信息组织和存储的基本单位。通常，一个字节可以存放一个英文字母或数字，两个字节可存放一个汉字。

存储容量单位还有KB、MB、GB、TB，它们之间的换算关系为（以 2^{10} = 1024 为一级）

　　　　1KB=1024B　　1MB=1024KB　　1GB=1024MB　　1TB=1024GB

3. 字长（Word）

计算机一次能够并行处理的二进制代码的位数，称为字长。字长是衡量计算机性能的一个重要指标，字长越长，数据所包含的位数越多，计算机的数据处理速度越快。计算机的字长通常是字节的整倍数，如8位、16位、32位、64位和128位等。

二、数制及其转换

数制是指用一组固定的符号和统一的规则来表示数值的方法。其中，按照进位方式计数的数制称为进位计数制。表1-2所示为计算机中常用的几种进位计数制的表示。

数制及其转换

表1-2 计算机中常用的几种进位计数制的表示

进位制	基数	基本符号（采用的数码）	权	形式表示
二进制	2	0、1	2^N	B
八进制	8	0、1、2、3、4、5、6、7	8^N	O
十进制	10	0、1、2、3、4、5、6、7、8、9	10^N	D
十六进制	16	0、1、2、3、4、5、6、7、8、9、A、B、C、D、E、F	16^N	H

表示不同进制的数字时，可以将数字放于括号中，然后在括号的右下角写上基数。例如数字254表示成"$(254)_{10}$"，则说明它是十进制数；若表示成"$(254)_8$"，则说明它是八进制数。

1. 非十进制数转换为十进制数

将二进制、八进制和十六进制数转换十进制数时，只需用该数值的各位数乘以各自位权数，然后将乘积相加。即用按位权展开的方法得到对应的结果。

【例1-1】：将二进制数10110转换成十进制数。

先将二进制数10110按位权展开，再对其乘积相加，转换过程如下所示。

$$(10110)_2 = (1 \times 2^4 + 0 \times 2^3 + 1 \times 2^2 + 1 \times 2^1 + 0 \times 2^0)_{10} = (16+4+2)_{10} = (22)_{10}$$

【例1-2】：将十六进制数BA6转换成十进制数。

先将十六进制数BA6按位权展开，再对其乘积相加，转换过程如下所示。

$$(BA6)_{16} = (11 \times 16^2 + 10 \times 16^1 + 6 \times 16^0)_{10} = (2816+160+6)_{10} = (2982)_{10}$$

2. 十进制数转换成其他进制数

将十进制数转换成二进制数、八进制数和十六进制数时，可将数字分成整数和小数分别转换，然后再拼接起来。

【例1-3】：将十进制数225.625转换成二进制数。

用除2取余法进行整数部分转换，再用乘2取整法进行小数部分转换，具体转换过程如下所示。得到：

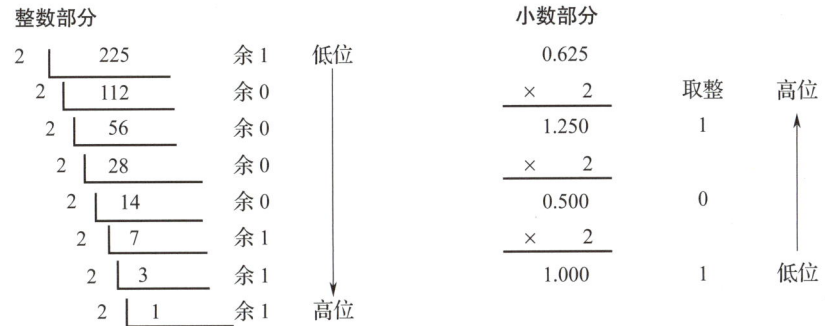

$(225.625)_{10}=(11100001.101)_2$

3. 二进制数转换成八进制、十六进制数

二进制数转换成八进制数所采用的转换原则是"3位分一组"，即以小数点为界，整数部分从右向左每3位为一组，若最后一组不足3位，则在最高位前面添"0"补足3位，然后将每组中的二进制数按权相加得到对应的八进制数；小数部分从左向右每3位分为一组，最后一组不足3位时，尾部添"0"补足3位，然后按照顺序写出每组二进制数对应的八进制数即可。

【例1-4】：将二进制数11101001.101转换成八进制数。

转换过程如下所示。

二进制数　　011　101　001 . 101
八进制数　　 3　 5　 1 . 5

得到的结果为：$(11101001.101)_2=(351.5)_8$

二进制数转换成十六进制数所采用的转换原则与上面类似，为"4位分一组"，即以小数点为界，整数部分从右向左、小数部分从左向右每4位分为一组，不足4位添"0"补齐。

【例1-5】：将二进制数10010111010001011101转换成十六进制数。

转换过程如下所示。

二进制数　　 0100　1011　1010　0101　1101
十六进制数　　 4　　 B　　 A　　 5　　 D

得到的结果为：$(10010111010001011101)_2=(4BA5D)_{16}$

4. 八进制、十六进制数转换成二进制数

八进制数转换成二进制数的转换原则是"一分为三"，即从八进制数的低位开始，将每一位上的八进制数写成对应的3位二进制数即可。如有小数部分，则从小数点开始，分别向左右两边按上述方法进行转换即可。

【例1-6】：将八进制数176.5转换成二进制数。

转换过程如下所示。

八进制数　　 1　　7　　6　. 5
二进制数　　001　111　110 . 101

得到的结果为：(176.5)$_8$=(001111110.101)$_2$

十六进制数转换成二进制数的转换原则是"一分为四"，即将每一位上的十六进制数写成对应的4位二进制数即可。

【例1-7】：将十六进制数3D6F转换成二进制数。

转换过程如下所示。

十六进制数　　　3　　　D　　　6　　　F
二进制数　　　0011　1101　0110　1111

得到的结果为：(3D6F)$_{16}$=(0011110101101111)$_2$

三、字符编码

1. 西文字符编码

计算机中的信息都是用二进制编码表示的。用以表示字符的二进制编码称为字符编码。计算机中常用的字符编码有BCD和ASCII。IBM系列大型机采用BCD，微型机采用ASCII。下面主要介绍ASCII。

ASCII（American Standard Code for Information Interchange）是美国标准信息交换码，被国际标准化组织（International Organization for Standardization，ISO）指定为国际标准。ASCII有7位码和8位码两种版本。国际通用7位ASCII，用7位二进制数"$d_6d_5d_4d_3d_2d_1d_0$"表示一个字符的编码，其编码范围从0000000B~1111111B，共有128个不同的编码值，相应可以表示128个不同字符的编码。标准ASCII字符集表如表1-3所示。

表1-3　标准ASCII字符集表

$d_3d_2d_1d_0$	$d_6d_5d_4$							
	000	001	010	011	100	101	110	111
0000	NUL	DLE	SP	0	@	P	`	p
0001	SOH	DC1	!	1	A	Q	a	q
0010	STX	DC2	"	2	B	R	b	r
0011	ETX	DC3	#	3	C	S	c	s
0100	EOT	DC4	$	4	D	T	d	t
0101	ENQ	NAK	%	5	E	U	e	u
0110	ACK	SYN	&	6	F	V	f	v
0111	BEL	ETB	'	7	G	W	g	w
1000	BS	CAN	(	8	H	X	h	x
1001	HT	EM	)	9	I	Y	i	y
1010	LF	SUB	*	:	J	Z	j	z
1011	VT	ESC	+	;	K	[	k	{
1100	FF	FS	,	<	L	\	l	|
1101	CR	GS	-	=	M	]	m	}

(续)

$d_3d_2d_1d_0$	$d_6d_5d_4$							
	000	001	010	011	100	101	110	111
1110	SO	RS	.	>	N	↑	n	~
1111	SI	US	/	?	O	→	o	DEL

2. 汉字编码

为了满足汉字处理与交换的需要，1980年我国发布了国家标准《信息交换用汉字编码字符集·基本集》（GB 2312—80）。在该标准编码字符集中共收录了汉字和图形符号7445个，其中一级汉字3755个，二级汉字3008个，图形符号682个。

国标码是一种机器内部编码，在计算机存储和使用时，它采用两个字节来表示一个汉字，每个字节的最高位都为1。这样，不同系统之间的汉字信息可以相互交换。

要说明的是，在Windows 95及以后的中文版操作系统中，采用了新的编码方法，并使用汉字扩充内码GBK大字符集，收录的汉字达2万个以上，并与国标码兼容，这样可以方便地处理更多的汉字。

汉字编码的基本过程描述如图1-1所示。

1）输入码有音码（全拼）、形码（五笔）、音形码（搜狗）等。

2）交换码也称为区位码，如GB 2312—80国际码。

3）处理码也称为机内码，是计算机内部处理和存储汉字时所用的代码。无论何种输入码输入的汉字都会转换成统一的机内码。

4）字形码有点阵方式和矢量方式。

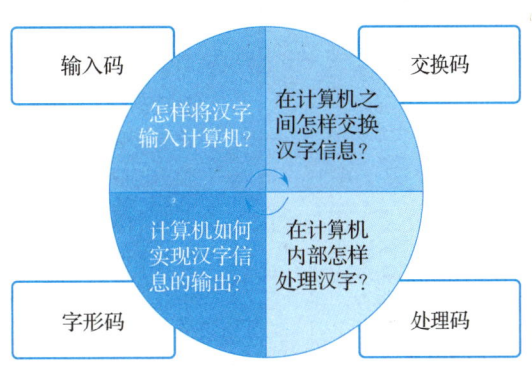

图1-1 汉字编码的基本过程描述

任务3 构建信息系统

情景引入

小李在参与企业实习时，接触到企业的信息管理系统。他发现企业的信息系统存在数据处理效率低下、信息传递不及时等问题，影响了企业的运营效率。小李想要提出改进方案，但对信息系统的组成和运行机制了解有限。他不知道从哪些方面入手进行优化，也不清楚如何协调系统中各个部分的工作。为了帮助企业提升信息管理水平，同时提升自己的实践能力，小李决定学习信息系统的相关知识，包括其组成要素和基本功能，以便能够为企业的信息系统改进贡献自己的力量。

知识准备

一、信息系统概述

信息系统（Information system）是以处理信息流为目的的人机一体化系统，由计算机硬件、网络和通信设备、计算机软件、信息资源、信息用户和规章制度共同组成。其运行依赖于各组成部分的协同配合，通过输入、存储、处理、输出和控制五大基本功能，实现对信息的高效管理与利用。

二、计算机系统的组成

微型计算机是计算机中应用最为广泛的一类。一个完整的微型计算机系统应该包括硬件系统和软件系统两大部分。微型计算机系统的组成如图1-2所示。

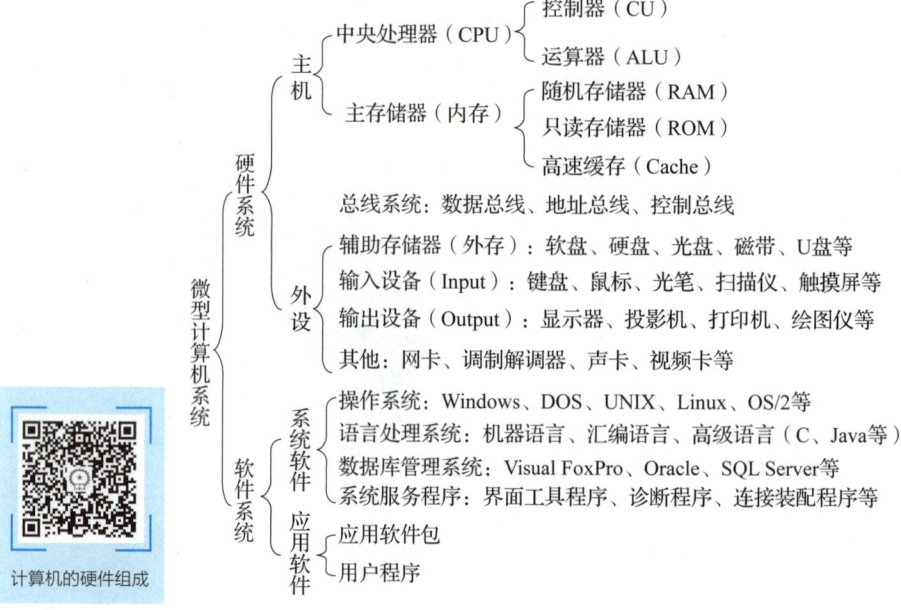

图1-2 微型计算机系统的组成

1. 硬件系统

计算机硬件系统包括控制器、运算器、存储器、输入设备和输出设备5个基本的部件，这五部分相互配合，协同工作，其中运算器和控制器共同组成中央处理器（Central Processing Unit，CPU），而CPU和主存储器又构成了计算的主机。硬件系统还有总线系统和其他设备。

（1）控制器 控制器是计算机的重要部件，在控制器的控制下，计算机能够自动按照程序设定的步骤进行一系列操作，以完成特定任务。控制器是发布命令的"决策机构"，协调和指挥整个计算机系统。控制器主要由指令寄存器（保存当前指令）、指令译码器（解析指令）、操作控制器（生成控制信号）和程序计数器（指示下一条指令地址）组成，确保计算机按预定步骤完成任务。

（2）运算器　运算器是执行各种算术和逻辑运算操作的部件，其基本操作包括加、减、乘、除四则运算，与、或、非、异或等逻辑操作，以及移位、比较和传送等。运算器的核心是加法器，为了能暂时存放操作数（将每次运算的中间结果暂时保留），运算器还需要若干个寄存数据的寄存器。运算器的处理对象是数据，处理的数据来自存储器，处理后的结果通常被送回存储器或暂时存在运算器中。

（3）存储器　存储器是一种利用半导体技术制造的电子设备，用来存储数据。计算机中的全部信息，包括原始数据、计算过程中所产生的数据、计算所需程序、计算最终结果数据等都被保存在存储器中。计算机采用数字0和1来表示数据，日常使用的十进制数字必须被转换成等值的二进制数才能存入存储器中。根据用途，存储器可分为主存储器和辅助存储器两种。

1）主存储器。主存储器又称内存，是CPU能直接寻址的存储空间，其由半导体器件制成，是计算机中重要的部件之一，可分为随机存储器（RAM）、只读存储器（ROM）和高速缓存（Cache）。

随机存储器（RAM）可随时根据需要读取数据，也可随时重新被写入新的数据，是计算机对信息进行操作的直接工作区域，用来存放用户的程序和数据，也可存放临时调用的系统程序。因此，其存储容量越大，速度越快，性能就越好，图1-3所示的内存条是一种典型的随机存储器。

图1-3　内存条

只读存储器（ROM）所存数据一般是被事先写入的，整机工作过程中只能被读出，而不能像随机存储器那样快速地、方便地改写。ROM所存数据稳定，断电后所存数据也不会被改变。其结构较简单，读取较方便，因而常被用于存储各种固定程序和数据。

高速缓存（Cache）是为了解决CPU和主存速度不匹配问题，以及提高存储器速度而设计的。CPU向内存写入或读取数据时，这个数据也被先存储在Cache中，当CPU再次需要这些数据时可以直接从Cache中读取数据，而不是访问速度较慢的内存。

2）辅助存储器。辅助存储器又称为外存，可以存放大量程序和数据，而且断电后数据不会丢失。但是CPU不能直接访问外存，必须先将要访问的程序或数据调入内存，才能访问之。常见的外存有硬盘、U盘和光盘等。

硬盘是计算机主要的外部存储设备，传统的机械硬盘由若干个盘片组成，盘片由表面涂有磁性材料的铝合金构成。衡量硬盘的常用指标有尺寸、容量、转速、硬盘自带Cache的容量、接口类型和数据传输速率等。硬盘如图1-4所示。

U盘也称闪速存储器,它是采用闪存为存储介质,通过USB接口与计算机交换数据的可移动存储设备。U盘具有即插即用的功能,使用者只需将其插入USB接口,计算机会自动检测到U盘设备。U盘如图1-5所示。

图1-4　硬盘　　　　　　　　　　　　图1-5　U盘

移动硬盘将驱动装置和盘片一体化,增加了多级抗震功能,便于计算机之间交换大容量数据,其容量大、传输速度高、使用方便、可靠性提升。移动硬盘如图1-6所示。

光盘是利用光学原理存取信息的存储器,其基本工作原理是利用激光改变存储单元的性质,而性质状态的变化可以表示被存储的数据,识别性质状态的变化就可以读出存储的数据。根据结构,光盘主要分为CD、DVD、蓝光光盘等几种类型,这几种类型的光盘在结构上有所区别,但主要结构原理是一致的。

(4)输入设备　输入设备是向计算机输入数据和信息的设备,常见的输入设备有键盘(见图1-7)、鼠标(见图1-8)、摄像头、扫描仪、光笔、手写输入板、游戏杆、语音输入装置等。

图1-6　移动硬盘　　　　　图1-7　键盘　　　　　图1-8　鼠标

(5)输出设备　输出设备的功能是将内存中计算机处理后的信息以各种形式输出。常见的输出设备有显示器(见图1-9)、打印机(见图1-10)、绘图仪,其可分为影像输出系统、语音输出系统、磁记录设备等。

图1-9　显示器　　　　　　　　　　　图1-10　打印机

（6）总线系统　包括数据总线、地址总线和控制总线，是各硬件部件间通信的公共线路，保障数据、地址和控制信号的传输。

2. 计算机软件系统

计算机软件（Software，也称软件）是指计算机系统中的可执行的指令和数据的总称。"指令"告诉计算机如何工作，一系列指令按照时间顺序执行可以指挥计算机完成特定任务，特定相关指令组成一个"程序"。"数据"是计算机要处理的对象，处理结果是另外形式的"数据"或"信息"。

软件系统由系统软件和应用软件两部分组成。在安装系统软件的基础上，用户就能够使用各种应用软件让计算机完成各项工作。计算机硬件是支持软件工作的基础，计算机软件随着硬件技术的发展而发展；反过来，软件的不断发展与完善，又促进了硬件新的发展，两者缺一不可。

（1）系统软件　计算机软件是与计算机系统操作有关的计算机程序、规程、规则，以及可能存在的文件、文档及数据。软件是用户与硬件之间的接口界面。用户主要通过软件与计算机进行交流。软件是计算机系统设计的重要依据。

系统软件为硬件和终端用户的交互提供必需的服务，通常分为操作系统、语言处理系统、网络服务系统、数据库系统等。

操作系统（Operating System，OS）是负责直接控制和管理硬件的系统软件，也是最基本、最重要的系统软件。操作系统可以让计算机系统的所有软硬件资源协调一致、有条不紊地工作，其功能通常包括处理器管理、存储管理、文件管理、设备管理和作业管理等。当多个软件同时运行时，操作系统还负责规划及优化系统资源，将系统资源分配给各软件。操作系统一般可分为批处理操作系统、分时操作系统、实时操作系统、网络操作系统、分布式操作系统等，目前常用的操作系统有 Linux、UNIX、Windows 和 macOS 等，系统软件图标示例如图 1-11 所示。

| Windows | macOS | Linux | UNIX |

图 1-11　系统软件图标示例

语言处理系统是对软件语言进行处理的程序子系统，早期的第一代和第二代计算机所使用的编程语言，一般是由厂商随机器配置的，都依赖语言处理系统工作。

操作系统往往自带一些小型的网络服务功能，但大型的网络服务必须由专业软件提供。网络服务程序提供大型的网络后台服务，主要用于网络服务提供商和企业网络管理人员。个人用户在利用网络进行工作或娱乐时就是通过这些软件上网的，如提供邮件服务的软件有 Lotus Notes/Domino、Qmail 等。

认识应用软件

数据库系统是由数据库及其管理软件组成的系统,是为适应数据处理的需要而发展起来的系统软件,其由存储介质、处理对象和管理系统组成。

(2)应用软件　应用软件(Application)是和系统软件相对应的,是用户可以使用的各种程序设计语言,以及用各种程序设计语言编制的应用程序的集合,分为应用软件包和用户程序。应用软件包是为利用计算机解决某类问题而设计的程序的集合,多供用户使用。

应用软件主要是为了满足环境或目标的需要而设计的软件,计算机中所有为用户准备的软件一般都可以归入应用软件的范围。应用软件可以由单个程序(如简单文字处理和编辑软件Microsoft notepad)构成,也可以是程序的集合或软件包,程序间一起工作完成一个任务(如Spreadsheet电子表格软件包),它可以拓宽计算机系统的应用领域,放大硬件的功能。常见的应用软件有:工资软件、学生管理软件、库存管理软件、收入税收软件、铁路购票软件、微软的Office套装软件、Microsoft Word字处理软件、Microsoft Excel电子表格管理软件和Microsoft PowerPoint演示文稿软件等,应用软件图标示例如图1-12所示。

图1-12　应用软件图标示例

一般来讲,应用软件具有接近用户、容易设计、更多的用户交互、运行速度较系统软件慢、使用高级语言编写、容易理解、容易操纵和使用、代码比较大且占用较大的存储空间等特点。

三、网络和通信设备

网络和通信设备是信息系统实现远程数据交互的关键基础设施,如同信息高速公路上的交通网络。从网络类型来看,局域网(LAN)用于企业、学校等小范围区域内的设备互联,实现内部资源共享,例如,企业内部的办公网络可让员工快速访问共享文件和内部系统;广域网(WAN)则覆盖范围更广,像互联网连接着全球各地的计算机和设备,使信息能够跨地域传播。通信设备包含交换机、路由器、调制解调器等,交换机用于连接局域网内的多台设备,实现数据的快速交换;路由器则负责在不同网络之间转发数据包,确保数据准确到达目的地;调制解调器能实现数字信号与模拟信号的转换,让计算机通过电话线或有线电视线路接入网络。随着5G、Wi-Fi 6等新一代通信技术的发展,网络传输速度更快、稳定性更强,为信息系统的实时数据处理和远程协作提供了有力支持。

四、信息资源

信息资源是信息系统处理的核心对象，其丰富程度和质量直接影响系统价值。从内容上划分，涵盖业务数据（如企业的销售订单、财务报表）、知识资源（行业研究报告、学术论文）、多媒体资料（图片、视频、音频）等。在企业信息系统中，客户关系管理系统存储的客户基本信息、交易记录属于业务数据，这些数据经过分析可挖掘客户需求，助力精准营销；企业知识库中的技术文档、经验总结则属于知识资源，有助于员工学习和知识共享。从存储形式看，信息资源既可以存储在本地服务器、硬盘中，也能借助云存储服务实现云端存储和访问。此外，信息资源需要进行有效的组织和管理，通过建立数据库、数据仓库，运用元数据管理、数据治理等手段，确保数据的准确性、完整性和安全性，提升信息资源的可用性。

五、信息用户

信息用户是信息系统的使用者和服务对象，依据角色和职责可分为系统管理者、操作员和普通使用者。系统管理者负责信息系统的整体规划、部署和维护，需要具备专业的技术知识和管理能力，例如制定系统升级计划、保障系统安全稳定运行；操作员主要承担日常业务数据的录入、处理工作，如财务人员在财务系统中录入收支数据，仓库管理员在库存管理系统中更新货物出入库信息；普通使用者则通过信息系统获取所需信息，辅助决策或完成工作任务，如企业管理者通过决策支持系统查看经营数据报表，制定战略规划。不同类型的用户对信息系统的功能需求和使用方式存在差异，系统设计需充分考虑用户特点，提供个性化的界面和操作流程，以提升用户体验和工作效率。

六、信息系统的基本功能

1. 输入功能

依据系统目标、处理能力及信息环境，采集原始数据或指令，为系统运行提供素材。

2. 存储功能

具备数据和信息的存储能力，通过合理的数据结构和存储策略，确保数据的安全性和可访问性。

3. 处理功能

借助联机分析处理（OLAP）、**数据挖掘（DM）**等技术，对**存储的数据**进行分析、计算和加工，提炼有价值的信息。

4. 输出功能

将处理结果以报表、图表、文档等形式呈现，满足用户决策和业务需求，是系统功能的最终体现。

5. 控制功能

对硬件设备、软件程序及信息处理流程进行监控和管理，保障系统稳定、高效运行。

任务4　提升信息素养与社会责任

情景引入

我们每天都在接触海量信息，所以更需要具备一种能力——信息素养。它不仅是识别、获取和利用信息的能力，更是我们在信息社会中做出理性判断、承担社会责任的重要基础。通过学习，在现实世界和虚拟空间中遵守相关法律法规，信守信息社会的道德与伦理准则，全面提升自我的信息素养，做一个有信息社会责任感的人。

知识准备

一、信息安全概述

信息安全是指信息系统（包括硬件、软件、数据、人、物理环境及其基础设施）受到保护，不受偶然的或者恶意的原因而遭到破坏、更改、泄露，系统连续、可靠、正常地运行，信息服务不中断，最终实现业务连续性。计算机信息安全是信息安全的重要组成部分。

1. 计算机病毒的概念

计算机病毒是一种人为编制的特殊程序，或普通程序中的一段特殊代码，它的功能是影响计算机的正常运行，毁坏计算机中的数据或窃取用户的账号、密码等。

在大多数情况下，计算机病毒不是独立存在的，而是依附（寄生）在其他计算机文件中。由于它像生物病毒一样，具有传染性、破坏性并能够进行自我复制，因此被称为病毒。

2. 计算机病毒的特点

计算机病毒是一种特殊的计算机程序，具有以下特点。

（1）**破坏性**　计算机病毒发作时，轻则占用系统资源，影响计算机的运行速度；严重的甚至会删除、破坏和盗取用户计算机中的重要数据，或损坏计算机硬件等。

（2）**传染性**　传染性是计算机病毒的基本特征。计算机病毒会进行自我复制，并通过各种渠道（如U盘、网络等）传染给其他计算机。

（3）**隐蔽性**　计算机病毒具有很强的隐蔽性，它通常寄生在正常的程序之中，或使用正常的文件图标来伪装自己，如伪装成图片、文档或注册表文件等，用户不易察觉。但当用户执行病毒寄生的程序，或打开病毒伪装成的文件时，病毒就会运行，对用户的计算机造成破坏。

（4）**潜伏性**　计算机感染病毒后，病毒一般不会马上发作，而是潜伏在计算机中，继续进行传播而不被发现。当外界条件满足病毒发作的条件时，病毒才开始破坏活动。例如，"愚人节"病毒的发作条件是愚人节，即每年的4月1日。

3. 计算机病毒的传播和预防

计算机病毒主要通过移动存储设备（如移动硬盘、U盘和光盘）、局域网和Internet（如网页、邮件附件、从网上下载的文件）等途径传播。因此，要预防计算机病毒，除了要加强计算机自身的防护功能外，还应养成良好的计算机使用习惯和上网习惯。

（1）慎用移动存储设备或光盘　对外来的移动存储设备或光盘等要进行病毒检测，确认无毒后再使用。对执行重要工作的计算机最好专机专用，不用外来的存储设备。

（2）文件来源要可靠　慎用从Internet上下载的文件，因为这些文件可能已感染病毒。

（3）安装操作系统补丁程序　许多病毒都是利用操作系统的漏洞实现入侵的，因此，应及时下载相关补丁来修复漏洞。

（4）安装杀毒软件　利用杀毒软件的病毒防火墙可以防范病毒入侵。当计算机感染病毒后，还可以使用杀毒软件查杀病毒。

（5）安装网络防火墙　网络防火墙能防范木马窃取计算机中的数据，以及防范黑客攻击。

（6）养成良好的上网习惯　不打开来历不明的电子邮件附件，不浏览来历不明的网页，不从不知名的站点下载软件。使用QQ等聊天工具聊天时，不轻易接收别人发来的文件，不轻易打开聊天窗口中的网址等。

二、国产化是信息安全的必经之路

1. 没有网络安全就没有国家安全

确保网络安全乃至国家安全的必经之路就是通过自主研发出我们自己的安全可信的国产软硬件体系，解决缺芯少屏的困境，摆脱受制于人的处境。目前，我们在信息技术产业的各个领域，如数据库、操作系统、中间件、芯片等都有了积极的进展，但是面对现在形势复杂的安全形态，必须坚持自主创新，加快国产化替代步伐。

2. 信息安全的前提是自主可控

信息安全的前提是信息产品、关键核心技术设备和服务的自主可控。近年来，我国围绕发展安全可信、自主可控的软硬件体系，进行了一系列积极探索。如芯片方面，有手机消费级设备领域的麒麟芯片，服务器领域的鲲鹏芯片，人工智能领域的昇腾芯片；服务器方面，浪潮天梭TS860G3为浪潮全新一代自主研发的高端八路服务器，采用高速互联设计，具备五大关键特性，是国内出货量较大的八路服务器，并将与国际先进水平的差距缩短到一年以内。尽管目前我国的水平仍然落后于发达国家，但是只有坚持国产化的战略，才能在不久的将来一步步实现安全可信、独立自主，才能确保我国真正意义上的信息安全。当前我们应该遵循"先解决能用的问题、再解决好用的问题"的路线，在突破技术瓶颈的同时大力推动产品应用。自主的产品和技术在刚开始阶段都存在这样或那样的不足和缺点，但是经过不断的应用和探索，不断发展和完善，最终将开出我国真正的信息安全的美丽之花。

三、信息素养与社会责任

信息素养与社会责任是指在信息技术领域，通过对信息行业相关知识

信息安全与社会责任

的了解，内化形成的职业素养和行为自律能力。信息素养与社会责任对个人在各自行业内的发展起着重要作用。当今社会经济快速发展，信息技术作为目前先进生产力的代表，已经成为我国创新型经济发展的重要战略支撑，信息技术的快速发展，催生出一个与现实世界并行的虚拟网络世界，这也深刻改变了人们的沟通交流方式，但是互联网不是法外之地，维护健康而有序的网络环境是我们每个人都应承担的责任。

1. 信息意识的形成

信息意识是指个体对信息的敏感度和对信息价值的判断力。我们首先能够快速感觉到信息的变化，其次通过一些工具或者方法分析出数据中蕴含的信息，然后采用行之有效的方案来使用这些信息，最后在此基础上做出预测。同时在解决问题时要多与团队成员信息共享，实现信息的最大价值。

2. 数字化学习与创新能力

数字化学习与创新是指个体通过评估并选用常见的数字化资源与工具，开创性地解决问题，形成数字化创新能力。可以系统地掌握一系列数字化工具，合理利用数字资源和学习资料，开展协同学习，分享学习，助力于终身学习能力的提高。

3. 计算思维的养成

计算思维是运用计算机科学的基础概念进行问题求解、系统设计，以及人类行为理解等，涵盖计算机科学之广度的一系列思维活动。在解决问题时，要学会合理地建立模型结构，组织数据，运用有效的算法和策略，形成解决方案，如抽象特征、方式界定等。

4. 信息社会责任

信息社会责任是指信息社会中的个体在文化修养、道德规范和行为自律等方面应尽的责任。首先养成一定的信息安全意识和能力，其次要遵守信息社会的道德和伦理准则，不管是在现实社会，还是在虚拟网络社会都要遵守法律法规，然后积极关注信息技术发展带来的机遇和挑战，对于信息技术带来的新事物、新思想用批判吸收的观念来处理。最后与他人交流中，既要维护自己的合法权益，又能积极维护他人的合法权益以及公共信息安全。

5. 不信谣不传谣

中国互联网联合辟谣平台具备举报谣言、查证谣言的功能，可以获取相关部门和专家的权威辟谣信息。

中央网信办于2018年8月开通运营中国互联网联合辟谣平台，对谣言主动发现、联动查证、权威辟谣、聚合传播，有力削弱了网络谣言造成的不良影响，为维护群众合法权益、维护社会稳定、维护党和政府形象发挥了积极作用。

6. 法律法规维护信息安全

法律是规范人们一般社会行为的准则。它从形式上分有宪法、法律、法令、条令、条例和实施办法、实施细则等多种形式。为了计算机信息系统的安全运行，我国相继制定了一系列的法律法规。随着计算机在我国的普及，法律法规还应进一步完善，使计算机的安全运行有法可依。

相关安全技术措施是计算机系统安全的重要保证，也是整个系统安全的物质技术基础。实施安全技术，不仅涉及计算机和外部、外围设备，即通信和网络系统实体，还涉及数据安全、信息安全、网络安全、运行安全、防病毒技术、站点的安全以及系统结构、工艺和保密、压缩技术。安全技术措施的实施应贯彻落实在系统开发的各个阶级，从系统规划、系统分析、系统设计、系统实施、系统评价到系统的信息安全运行、维护及管理。加强计算机安全教育是消除计算机安全隐患的一种有效办法。应加强软件市场管理，加强版权意识的教育，提高人们保护知识产权与信息安全的意识，打击盗版软件的非法出售以及侵犯知识产权的行为。

能力训练

一、填空题

1. 世界上首先实现存储程序的电子数字计算机是_____。
2. 计算机领域，通常用英文单词Byte来表示_____。
3. 计算机硬件系统由_____、_____、_____、_____和_____五部分构成。
4. 软件系统分为_____和_____。
5. 能直接与CPU交换信息的存储器是_____。
6. 十进制数55转换成二进制数等于_____。
7. 与二进制数1011011等值的十六进制数是_____。
8. 计算机病毒是一种特殊的计算机程序，特点是_____、_____、_____、_____。

二、选择题

1. 1946年第一台计算机问世以来，计算机的发展经历了4代，它们是（　　）。
   A. 低档计算机、中档计算机、高档计算机、手提计算机
   B. 微型计算机、小型计算机、中型计算机、大型计算机
   C. 组装机、兼容机、品牌机、原装机
   D. 电子管计算机、晶体管计算机、小规模集成电路计算机、大规模及超大规模集成电路计算机

2. 目前较为流行的Pentium微机的字长是（　　）。
   A. 8位　　　　B. 16位　　　　C. 32位　　　　D. 64位

3. 运算器的主要功能是（　　）。
   A. 算术运算　　B. 逻辑运算　　C. 关系运算　　D. 算术、逻辑运算

4. 下列4种软件中属于应用软件的是（　　）。
   A. Linux　　　B. Windows 7　　C. UCDOS　　　D. Photoshop

5. 4MB是（　　）。

　　A. 4×1024×1024字节　　　　　　B. 4×1024字节

　　C. 4×1024×1000字节　　　　　　D. 4×1000×1000字节

6. 以下对信息特征的描述中，不正确的是（　　）。

　　A. 信息是一成不变的东西

　　B. 所有的信息都必须依附于某种载体，但是，载体本身并不是信息

　　C. 同一信息能同时或异时、同地或异地被多个人所共享

　　D. 只要有物质存在，有事物运动，就会有它们的运动状态和方式，就会有信息存在

7. 在关于数制的转换中，下列叙述正确的是（　　）。

　　A. 采用不同的数制表示同一个数时，基数（R）越大，则使用的位数越少

　　B. 采用不同的数制表示同一个数时，基数（R）越大，则使用的位数越多

　　C. 不同数制采用的数码是各不相同的，没有一个数码是一样的

　　D. 进位计数制中每个数码的数值不仅取决于数码本身

8. 计算机的系统总线是计算机各部件间传递信息的公共通道，它分为（　　）。

　　A. 数据总线和控制总线

　　B. 数据总线、控制总线和地址总线

　　C. 地址总线和数据总线

　　D. 地址总线和控制总线

9. 下列叙述中，错误的是（　　）。

　　A. 内存储器一般由ROM、RAM和高速缓冲存储器（Cache）组成

　　B. RAM中存储的数据一旦断电就全部丢失

　　C. CPU可以直接存取硬盘中的数据

　　D. 存储在ROM中的数据断电后也不会丢失

10. 下列设备组中，全部属于外部设备的一组是（　　）。

　　A. 打印机、移动硬盘、鼠标

　　B. CPU、键盘、显示器

　　C. SRAM内存条、光盘驱动器、扫描仪

　　D. U盘、内存储器、硬盘

三、问答题

1. 根据计算机的性能和使用的主要元器件的不同，将计算机的发展划分为不同阶段。请简述每个阶段的主要元器件。

2. 请简述计算机的特点。

3. 信息安全包含哪些方面？

4. 请简述现代社会的信息素养。

项目2　Windows 10操作系统应用

信息技术基础

01 知识目标

1. 熟练操作Windows 10操作系统。
2. 掌握操作系统的个性化设置。

02 能力目标

1. 能够对Windows 10操作系统进行基本操作。
2. 能够对文件和文件夹进行管理。
3. 能够设置属于自己的个性化工作环境。

03 素质目标

1. 培养学生对复杂工程问题的求解能力。
2. 培养学生多角度全方位思考问题以及不惧困难、勇于创新的精神。

04 思维导图

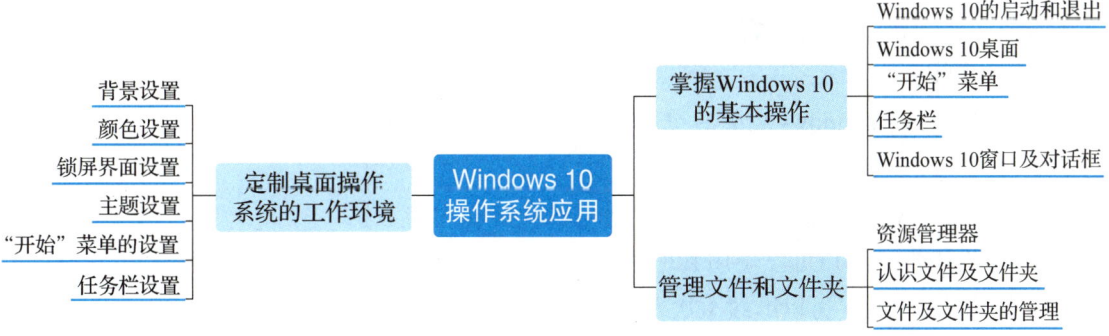

任务1　掌握Windows 10的基本操作

情景引入

大学生小王刚刚购买了一台新计算机，安装的是 Windows 10 操作系统。然而，他对 Windows 10 的基本操作并不熟悉，不知道如何高效地启动和关闭系统，也不清楚桌面图标、"开始"菜单和任务栏的各种功能。为了顺利完成学业任务，提高自己的计算机使用效率，小王决定学习 Windows 10 操作系统的基本操作。

知识准备

一、Windows 10的启动和退出

1. Windows 10 的启动

当计算机成功安装 Windows 10 操作系统后，启动计算机时也将自动启动 Windows 10 操作系统。启动计算机的顺序是：先打开外围设备电源开关（如显示器等），再打开主机箱电源。

计算机启动完成后，一般会首先出现系统登录界面。图 2-1 所示为 Windows 10 的登录界面。

如果设定了用户名和密码，需要选定用户名并输入密码，才能进一步启动。系统默认的用户是系统管理员 Administrator，进入系统以后，系统管理员用户根据需要有权限添加或删除其他用户。系统启动成功后进入 Windows 10 桌面状态。

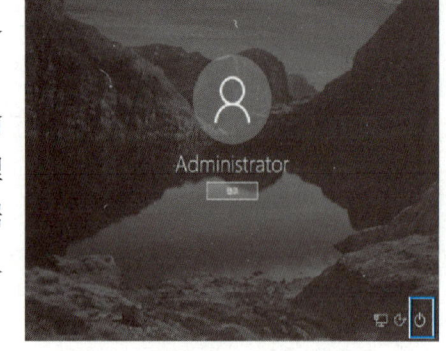

图2-1　Windows 10登录界面

2. Windows 10 的关闭

Windows 10 的关闭有以下两种方法。

方法一：单击"开始"■→"电源"，打开图 2-2 所示的下级菜单，单击"关机"按钮，关闭计算机。

方法二：激活 Windows 桌面后按 <Alt+F4> 组合键，打开图 2-3 所示的"关闭 Windows"对话框。

"关闭 Windows"对话框中各个操作选项的功能简述如下。

1）切换用户：用户可以使用其他账户登录，原用户使用计算机的状态被保留。当用户重新切换回原用户时，可以继续上次登录的状态进行操作。

2）注销：注销后，当前用户的操作状态被关闭。

3）睡眠：把当前操作系统的状态保存在内存中，除内存电源外，切断本机所有其他电源。再次启动时，从内存读取保存的系统状态，直接恢复使用。

4）重启：又叫热启动。关闭操作系统但不关闭电源，然后重新启动操作系统。

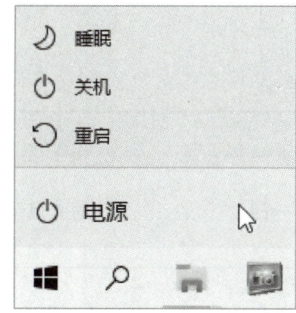
图2-2 "开始"下级菜单

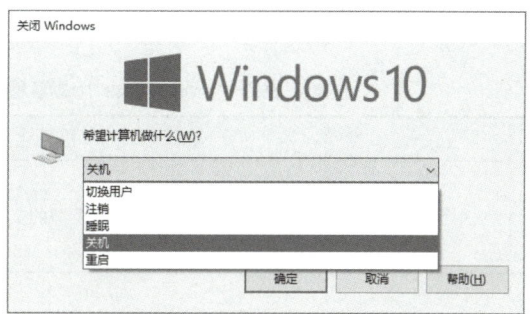
图2-3 "关闭Windows"对话框

二、Windows 10桌面

桌面是指计算机开机后操作系统运行到正常状态下显示的画面。桌面是用户和计算机交互的窗口。Windows 10的桌面主要由背景、图标和任务栏等几部分组成，如图2-4所示。其中，背景是显示在计算机屏幕上的背景画面，它不仅能够提升视觉体验，还能反映用户的个性和喜好；任务栏位于桌面下方，用于存储和管理开启的应用程序和文件。

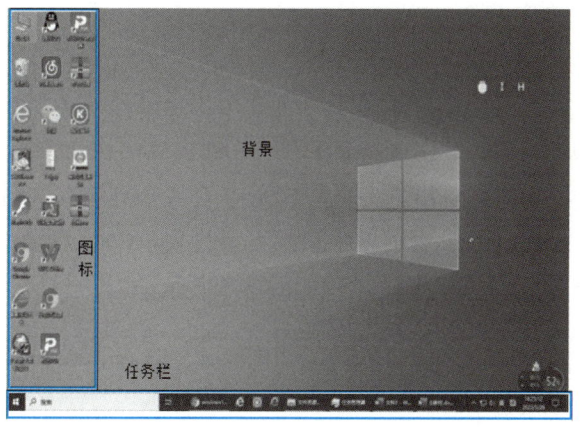
图2-4 Windows 10桌面

Windows10桌面图标的含义

1. 桌面图标的含义

桌面图标由图片和说明文字两个部分组成，图片一般标识图标所表示对象的类别，说明文字描述图标所表示对象的含义。桌面上用不同的图标分别标识文件、文件夹、程序、快捷方式和其他项目等对象。当鼠标指针指向图标上稍等片刻，将会出现对图标所表示内容的说明或显示文件存放的路径。

> **说明**
>
> 桌面图标方便用户快速执行命令和打开程序文件。双击图标可以启动对应的应用程序、打开文档或文件夹；右击图标通过快捷菜单可以打开对象的属性操作菜单。

Windows 10桌面上的图标一般有系统默认的Administrator、此电脑、回收站、网络及各种应用程序图标，其含义见表2-1。

表2-1　Windows 10默认图标含义

图标	图标含义
dministr...	用于管理文档、音乐、下载、视频等各种类型的文件夹资源，它是系统默认的文档保存位置
此电脑	实现对计算机硬盘驱动器、文件夹和文件的管理，还实现对照相机、扫描仪、摄像头及其他硬件的管理
回收站	暂时存放用户删除的文件及文件夹等内容。当回收站中的信息还没被清空时，被删除的对象可从回收站中还原
网络	提供公用网络和本地网络属性，在其窗口中用户可查看工作组中的计算机，查看网络位置和添加网络位置等工作

桌面图标的创建

2. 桌面图标的创建

创建桌面图标方法较多，下面给出一些常用方法：

1）用户安装应用软件时选择"创建桌面快捷方式"复选框创建。

2）鼠标指针指向某一文件夹中的某一对象（文件、文件夹或其他）并右击，在弹出的快捷菜单中选择"发送到"→"桌面快捷方式"命令，即可创建该对象的桌面快捷方式图标。操作过程如图2-5所示。

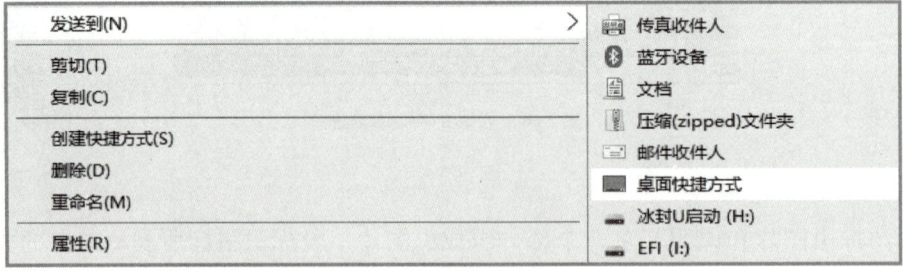

图2-5　用"发送到"命令创建桌面快捷方式图标操作过程

3）右击桌面空白处，在弹出的快捷菜单中选择"新建"命令。可在桌面创建文件夹、快捷方式以及许多类型的文件。

> **说明**
>
> 　　快捷方式是Windows 10提供的一种快速启动程序、打开文件或文件夹的方法。它是应用程序的快速连接。

3. Windows 10桌面图标的管理

要使Windows 10桌面保持简洁美观，需要用户随时对桌面图标进行查看、排列及删除等处理。

Windows10桌面图标的管理

（1）桌面图标的查看　在桌面上右击，打开图2-6所示的快捷菜单，"查看"命令组位于快捷菜单的顶部，其作用主要是改变桌面图标的显示方式。

"查看"命令组中的所有命令项分为两部分：第一部分由大图标、中等图标、小图标组成一个单选组（只能单选），选定的一项前面用"·"表示；第二部分按多选组（可以同时选中多项）方式显示，被选中的项前面用"√"表示。

（2）桌面图标的排列　桌面图标"排列方式"命令组的作用主要是改变桌面图标的排列方式。可以按名称、大小、项目类型、修改日期四种方式排列。

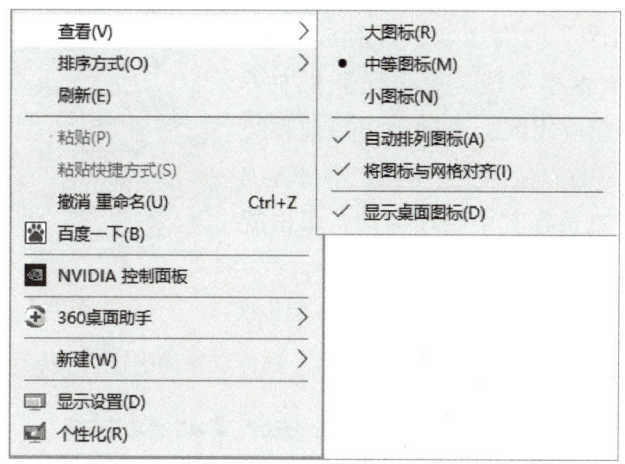

图2-6　快捷菜单

（3）桌面图标的删除　在Windows 10操作系统中，对文件、文件夹等对象的删除有两种方法：一种是将要删除的对象移动到"回收站"中，"回收站"中存在的对象随时都可以还原到删除之前的文件夹位置；另一种是将要删除的对象永久地从磁盘中删掉，而不是仅仅移动到"回收站"内，采用这种方式删除的对象将永远不能够恢复。

将桌面图标删除到"回收站"内，有多种常规的方法，下面分别列出：

1）用快捷菜单的"删除"命令删除：鼠标指针指向要删除的图标并右击，在弹出的快捷菜单中选择"删除"命令，该图标就从原位置消失并被移动到"回收站"内。

2）按<Del>键删除：鼠标左键单击选中桌面上待删除的图标，按<Del>键，该图标就从原位置消失并被移动到"回收站"内。

如果要将桌面图标永久删除，可以按照以下操作进行：

先按住<Shift>键不放，再严格按照上述各种"删除"操作执行；如果删除对象已经被删除到"回收站"，只需清空"回收站"即可；选中要删除的对象，按<Shift+Del>组合键；在"回收站"中选择要删除的对象，右击，在弹出的快捷菜单中选择"删除"命令。

> **特别强调**
>
> 上述对桌面图标的各种删除操作，对计算机硬盘上任意文件夹内的文件或文件夹对象的删除完全通用；但对U盘及存储卡等移动磁盘上的对象，只能进行永久性的删除。在执行永久性删除操作时请谨慎考虑，因为永久性删除后的对象将无法再恢复。

三、"开始"菜单

"开始"菜单

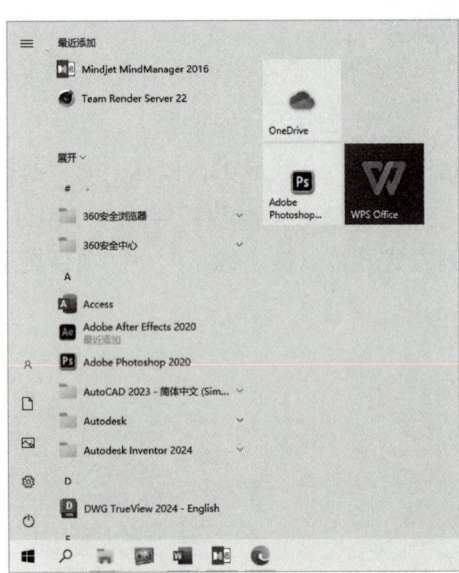
图2-7 "开始"菜单

Windows 10系统推出的"开始"菜单功能更加强大，设置更加丰富，操作更加人性化，如图2-7所示。用户通过合理的设置，可以有效地提高工作效率。

"开始"菜单分为"应用区"和"磁贴区"两大区域，可看成由左、右两大窗格组成。单击任务栏左下角的Windows图标，在应用区会看到列出目前系统中已安装的应用清单，且是按照数字0~9、字母A~Z顺序依次排列的。任意选择其中一项应用，单击就可以启动该应用。

将鼠标指针放到"用户""文档""图片""设置"和"电源"图标上均可展开相应折叠界面，具体功能和用途见表2-2。

表2-2 Windows 10系统"开始"菜单主要功能列表

项目名称	用途
Administrator	更改用户设置：对账户进行信息设置 锁定：快速锁定账户 注销：注销当前用户
文档	访问信函、报告、便笺及其他类型的文档
图片	查看和组织数字图片
设置	Windows设置界面，包括系统、设备、手机、网络、个性化、应用、时间和语言、游戏、搜索等设置
电源	睡眠：使计算机进入睡眠状态 关机：关闭计算机 重启：将计算机重新启动

任务栏

四、任务栏

任务栏位于桌面的最下方，主要由"开始"按钮、搜索、应用程序区、语言选项、任务栏通知区域（或称"系统托盘区"）、通知和"快速显示桌面"区域组成，其组成结构如图2-8所示。

图2-8　Windows 10任务栏组成结构

（1）搜索　在任务栏空白处右击，在快捷菜单中选择"搜索"→"显示搜索框"命令，即可将搜索框显示在任务栏"开始"按钮的右边。

（2）应用程序区　在Windows 10操作系统中，当用户启动任何应用程序、文档或窗口时，任务栏的"应用程序区"会显示一个与之对应的图标。若需在不同程序间切换，用户仅需单击代表目标程序的图标即可。程序一旦关闭，其对应的图标也会从任务栏中移除。将鼠标指针悬停在应用程序区的某个图标上时，系统会并排展示该程序的缩略预览窗口。

（3）语言选项　用于显示中文/英文输入法图标。Windows系统一般自带微软拼音输入法、智能ABC输入法及郑码输入法，其他输入法需用户自行添加或安装。

（4）系统托盘区　显示系统当前运行的应用程序。例如，网络连接情况、电池使用情况（笔记本电脑或装有UPS的计算机）、音量控制图标以及时间日期等信息。

（5）"快速显示桌面"区域　无论当前处于任何应用程序窗口状态，只要鼠标指针指向图2-8所示的"快速显示桌面"区域内，显示画面就同时动态切换到Windows 10桌面。当鼠标指针移出该区域，显示画面又还原到原来的显示状态。单击"快速显示桌面"区域，当前显示状态就切换到Windows 10桌面。

五、Windows 10窗口及对话框

Windows 10是图形界面的操作系统，界面由不同的窗口及对话框组成。

1. 窗口

Windows10窗口及对话框

（1）窗口的组成　Windows 10窗口由标题栏、工具选项卡、地址栏、搜索栏、导航窗格、工作区、状态栏等构成，如图2-9所示。

1）标题栏：显示窗口名称。

2）工具选项卡：工具选项卡一般包含文件、主页、共享、查看等工具。可以通过单击或者使用快捷键选择各个工具及命令；鼠标在工具选项卡外任意位置单击，或按<Esc>键即可关闭工具。

3）地址栏：位于菜单栏的下方，地址栏主要显示从根目录开始到现在所在目录的路径。

4）搜索栏：位于地址栏的右侧，通过在搜索栏中输入要查看信息的关键字，可以快速查找当前目录中相关的文件、文件夹。

5）导航窗格：提供了快速进入计算机中某个位置的导航条，只需单击要进入的对象即

可直接进入。

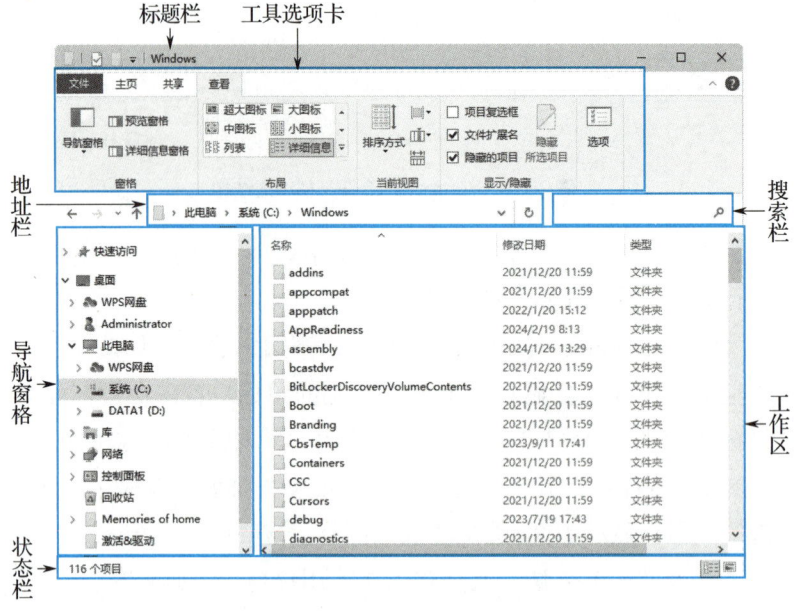

图2-9　Windows 10窗口

6）工作区：在窗口中占据最大的区域，用于显示文件和文件夹，用户的大部分文件操作也在此进行。

7）状态栏：显示一些状态、统计等提示信息，例如在"资源管理器"窗口，选中一个文件后，状态栏显示文件所在文件夹包含的文件总数、当前选中的文件大小等信息。

（2）窗口的基本操作

1）最小化/还原窗口：单击标题栏右侧的"最小化"按钮，窗口最小化，仅在任务栏应用程序区中显示该窗口对应的图标。在任务栏中单击该图标又可将其还原。

2）最大化/还原窗口：单击标题栏右侧的"最大化"按钮，窗口将最大化，充满整个桌面。此时"最大化"按钮变成"向下还原"按钮，再单击该按钮又可还原成原来窗口的大小。

3）移动窗口：将鼠标指针指向窗口的标题栏并拖动，可将窗口移动到目标位置；要精确移动窗口，可以右击标题栏，在弹出的快捷菜单中选择"移动"命令，当屏幕上出现双向十字箭头时，再通过键盘上的方向键来移动，到合适的位置后单击或按<Enter>键确认。

4）排列窗口：当同时打开多个窗口时，有时因为操作需要，可以将窗口按层叠、堆叠或并排三种方式排列显示。在任务栏空白处右击，弹出图2-10所示的快捷菜单，从中选择一种排列方式即可。

5）改变窗口尺寸：当窗口处于非最大化时，若将鼠标指针移到窗口边框或角的位置上，鼠标指针会变成双向箭头或，按下鼠标左键并拖动，即可改变窗口的尺寸。

6）关闭窗口：单击窗口标题栏右侧的"关闭"按钮，或按<Alt＋F4>组合键，或右击菜单栏任意空白处,在弹出的快捷菜单中选择"关闭"命令,即可关闭窗口。

2. 对话框

对话框用于用户与计算机系统之间更方便地进行信息交流。对话框一般由标题栏、可选的主指令、内容区域中的各种控件和提交按钮组成,如图2-11所示。

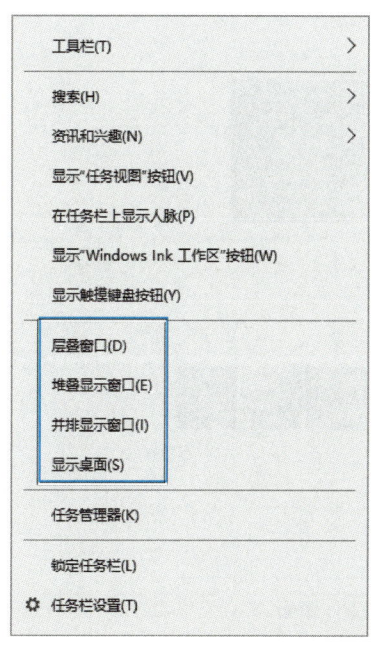

图2-10　任务栏上排列窗口功能

图2-11　对话框的组成

对话框中没有"最大化"和"最小化"按钮,一般不能改变大小。

任务2　定制桌面操作系统的工作环境

情景引入

设计专业的大学生小赵,对计算机桌面的个性化有着较高的要求。他希望自己的计算机桌面不仅能够美观舒适,还能符合自己的使用习惯,提高工作效率。但他不知道在Windows 10系统中如何进行个性化设置,比如更换背景图片、调整颜色主题、设置锁屏界面等。为了打造一个独特且高效的工作环境,小赵决定学习Windows 10操作系统的个性化设置方法,让计算机桌面更符合自己的需求。

知识准备

在Windows 10操作系统中,用户可以通过个性化设置,创建独特的界面和用户体验,使系统更加符合个人的需求和喜好。

选择"开始"→"设置"选项,打开"设置"页面,单击"个性化"选项,或在桌面上空白处右击,在弹出的快捷菜单中选择"个性化"命令,打开图2-12所示的个性化"设置"页面。在该页面中可以进行背景、颜色、锁屏界面、主题、字体、"开始"菜单和任务栏的设置。

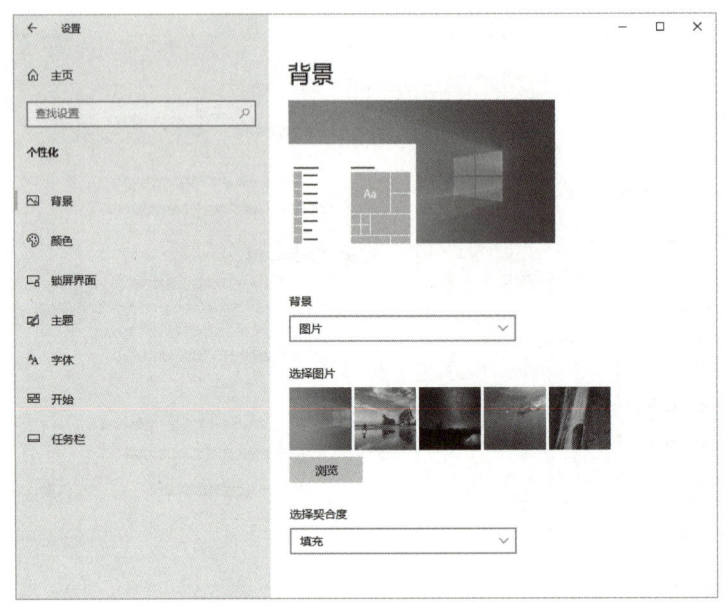

图2-12 个性化"设置"页面

一、背景设置

背景就是进入系统后在桌面上的背景图片,这个背景是可以进行自定义设置的。

在个性化"设置"页面中,单击"背景"选项,打开"背景"页面,进行相关的操作,如图2-12所示,根据自己的需要进行选择,可以选择三种模式。

1)图片:选择一张图片作为背景。

2)纯色:设置某个颜色作为背景。

3)幻灯片放映:选择某个文件夹中的所有图片作为桌面背景的幻灯片,每隔一段时间进行切换。

二、颜色设置

可以智能地沿用已有背景图片中的某种颜色来设置窗口标题、边框、"开始"按钮或任务栏的颜色。

在个性化"设置"页面中,单击"颜色"选项,打开"颜色"页面,进行相关的操作,如图2-13所示,根据自己的需要进行选择,可以选择三种颜色模式。

1)浅色:在整个系统和应用程序中应用浅色配色方案。

2)深色:在整个系统和应用程序中应用深色配色方案。

3)自定义:根据需要,设置整个系统和应用程序的配色方案。

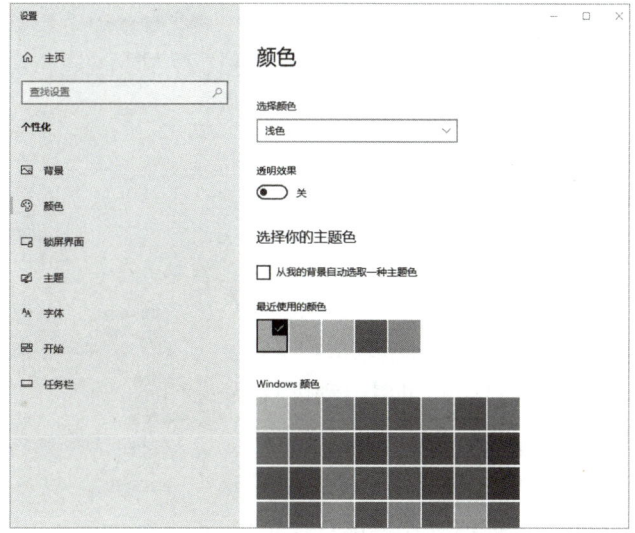

图2-13 "颜色"页面

三、锁屏界面设置

在个性化"设置"页面中,单击"锁屏界面"选项,打开"锁屏界面"页面,进行相关的操作,如图2-14所示,根据自己的需要进行选择。

锁屏界面设置

图2-14 "锁屏界面"页面

1)背景:包括Windows聚焦、图片和幻灯片放映。选择"Windows聚焦",将会每日更新来自世界各地的影像作品,自动显示在锁屏画面上。

2)选择在锁屏界面上显示详细/快速状态的应用:单击 + 按钮,选择要在背景中显示状态的应用程序或要显示快速状态的应用程序。

3）在登录屏幕上显示锁屏界面背景图片：设置为"开"，则登录界面与锁屏界面的背景相同；当设置为"关"时，登录界面只会显示普通的背景。

4）屏幕超时设置：单击此选项，打开"电源和睡眠"页面，设置计算机在特定时间内无人操作便会进入自动锁定，计算机进入休眠状态。

5）屏幕保护程序设置：如果在使用计算机进行工作的过程中临时有一段时间需要做一些其他的事情，从而中断了对计算机的操作，这时就可以启动屏幕保护程序，将屏幕上正在进行的工作状况画面隐藏起来。在图2-14所示的页面中单击此选项，打开图2-15所示的"屏幕保护程序设置"对话框，在"屏幕保护程序"下拉列表中选择实行保护的方式，在"等待"数值框中可以设置等待屏幕保护程序运行时间。

图2-15 "屏幕保护程序设置"对话框

四、主题设置

主题是指一种定义了界面外观和行为的组合，它可以包括窗口、图标、字体、颜色、声音等元素。通过应用不同的主题，可以方便地改变操作系统的外观和行为，使系统更加个性化和定制化。

在个性化"设置"页面中，单击"主题"选项，打开"主题"页面，进行相关的操作，如图2-16所示，根据自己的需要可以自定义主题的背景、颜色、声音和鼠标指针，定义完后单击"保存主题"按钮，将设置好的主题保存。也可以单击"在Microsoft Store中获取更多主题"选项，从网上下载其他用户创建的主题。

主题设置

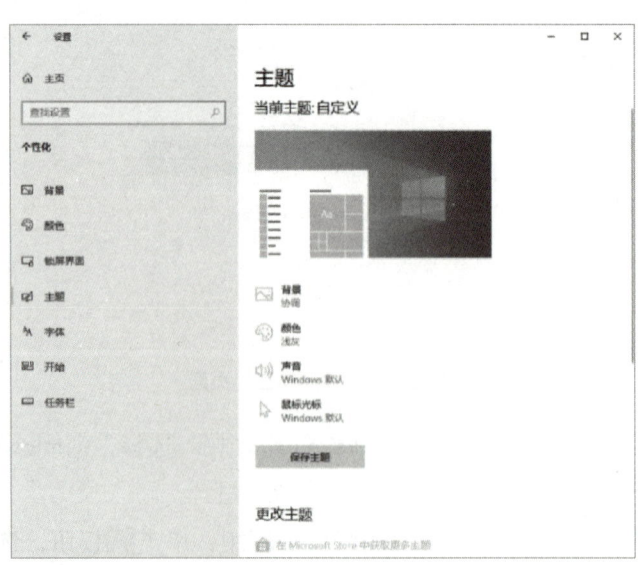

图2-16 "主题"页面

五、"开始"菜单的设置

在个性化"设置"页面中,单击"开始"选项,打开"开始"页面,进行相关的操作,如图2-17所示,根据自己的需要进行选择。如果想要在"开始"菜单中显示或隐藏相应的内容,则在选项下方单击"开"或"关"按钮即可。

"开始"菜单的设置

单击选择"哪些文件夹显示在'开始'菜单上"选项,打开该选项的设置,如图2-18所示,只需单击对应的"开"或"关"按钮即可设置在"开始"菜单中该文件夹的显示或隐藏。

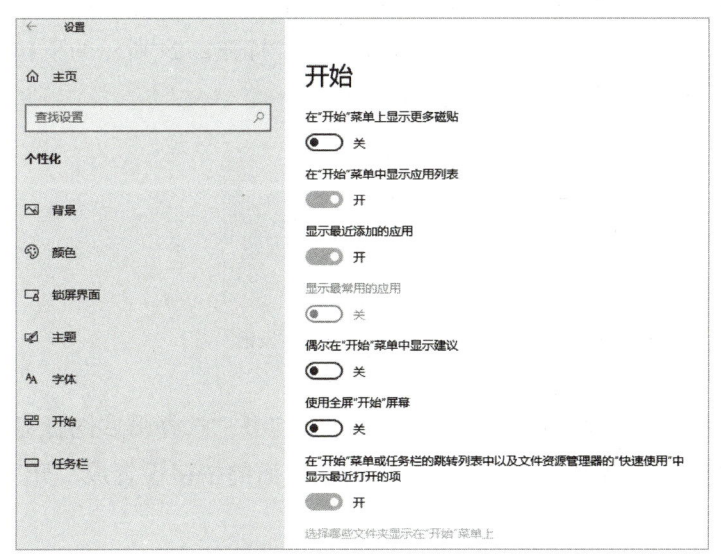

图2-17 "开始"菜单的设置图

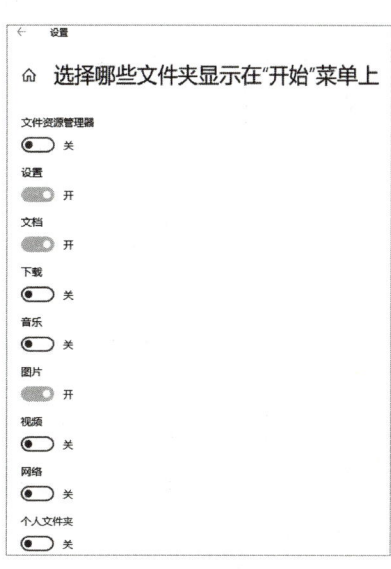

图2-18 文件夹在"开始"菜单上的显示设置

六、任务栏设置

用户还可以根据自己的习惯和需要设置任务栏的相关属性和位置。右击任务栏空白位置,在弹出的快捷菜单中选择"任务栏设置"命令,打开图2-19所示的"任务栏"设置页面。

任务栏设置

(1)锁定任务栏 若"锁定任务栏"开关处于"开"的状态,任务栏就被锁定,用户不能将任务栏改变到其他位置。否则,将鼠标指针指向任务栏空白处按下并拖动,可将任务栏随意拖放到桌面的上、下、左、右等某一位置处。

(2)自动隐藏任务栏 若"在桌面模式下自动隐藏任务栏"开关处于"开"的状态,则任务栏将自动

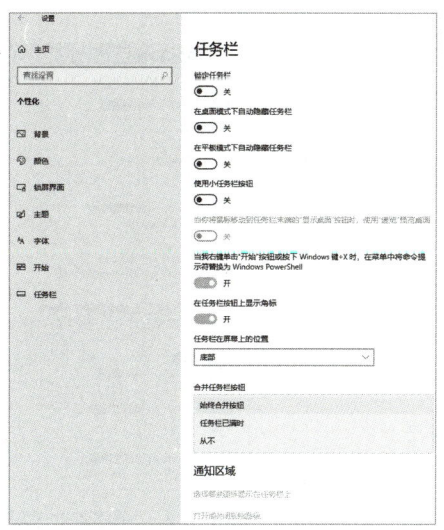

图2-19 "任务栏"设置页面

隐藏起来，除非将鼠标指针指向任务栏所在位置任意处，被隐藏的任务栏才显示出来。

（3）使用小图标　若"使用小任务栏按钮"开关处于"开"的状态，任务栏中的图标就变小了。

（4）显示桌面设置　若"当你的鼠标移动到任务栏末端的'显示桌面'按钮时，使用'速览'浏览桌面"开关处于"开"的状态，只要鼠标指针移动到"快速显示桌面"区域内，显示画面就同时动态切换到 Windows 桌面，当鼠标指针移出该区域，显示画面又还原到原来的显示状态。

（5）屏幕上的任务栏位置　单击"任务栏在屏幕上的位置"的下拉按钮，打开图 2-20 所示的下拉列表，可将任务栏放置于桌面的底部、左部、右部或顶部任一位置。

（6）合并任务栏按钮　单击"合并任务栏按钮"的下拉按钮，打开 2-21 所示的下拉列表，可将任务栏设为"始终合并按钮""任务栏已满时"或"从不"。

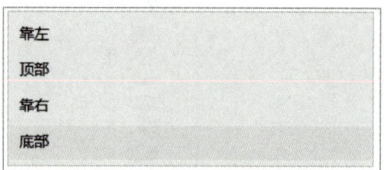

图 2-20　"任务栏在屏幕上的位置"下拉列表　　图 2-21　"合并任务栏按钮"下拉列表

（7）通知区域　单击"选择哪些图标显示在任务栏上"选项，打开"选择哪些图标显示在任务栏上"页面，如图 2-22 所示。将要显示在任务栏中对象后面的按钮设置成"开"的状态即可。

单击"打开或关闭系统图标"选项，打开"打开或关闭系统图标"页面，如图 2-23 所示。将要在任务栏中打开对象后面的按钮设置成"开"的状态，要在任务栏中关闭对象后面的按钮设置成"关"的状态。

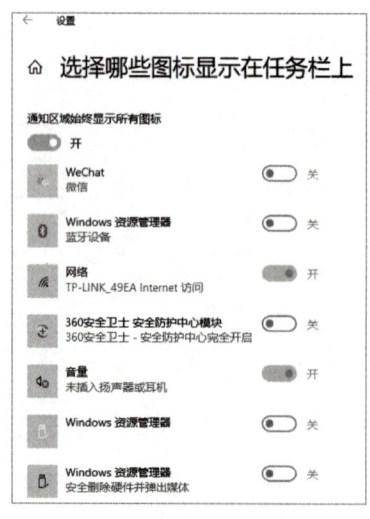

图 2-22　"选择哪些图标显示在任务栏上"页面　　图 2-23　"打开或关闭系统图标"页面

任务3　管理文件和文件夹

情景引入

面临毕业的大学生小孙，正在整理自己大学期间积累的大量学习资料、项目文件和个人作品。这些文件存储在计算机中，杂乱无章，查找和管理起来非常困难。他意识到需要对文件和文件夹进行有效的管理，但不知道如何在 Windows 10 操作系统中进行文件和文件夹的新建、重命名、复制、移动等操作。为了更好地整理自己的学习和工作成果，提高求职准备的效率，小孙决定学习 Windows 10 操作系统中文件和文件夹的管理技巧。

知识准备

在Windows 10操作系统中，管理系统资源的主要工具是资源管理器和库，系统资源主要包括磁盘（驱动器文件夹、文件以及其他系统资源）。文件夹和文件都存储在计算机的磁盘中。

文件夹是系统组织和管理文件的一种形式，是为方便查找、维护和存储文件而设置的，可以将文件分类存放在不同的文件夹中，文件夹中可以存放各种类型的文件和子文件夹。文件是被赋予了名称并存储在磁盘上的数据的集合，它可以是用户创建的文档、图片、声音、动画等，也可以是可执行的应用程序。

一、资源管理器

资源管理器是Windows 10操作系统提供的资源管理工具，利用它可以查看计算机的所有资源，特别是它提供的树形文件系统结构，使我们能更清楚、更直观地观察计算机的文件和文件夹，如图2-24所示。

资源管理器

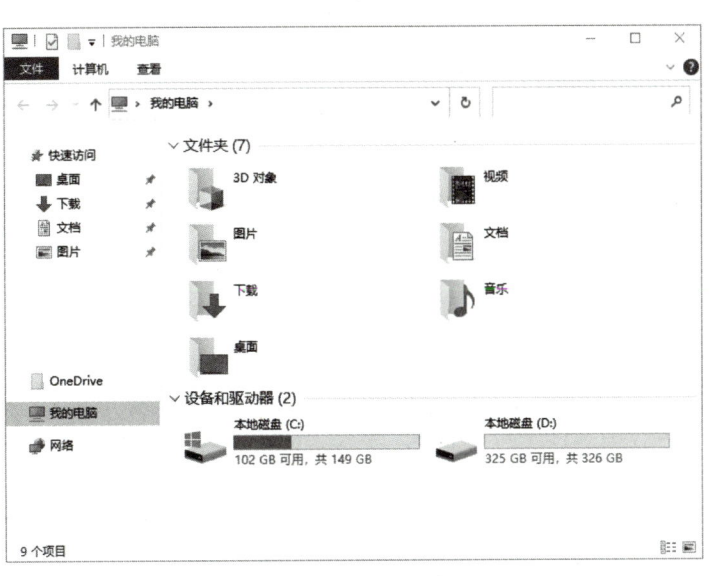

图2-24　资源管理器

在资源管理器中，可以对文件进行各种操作，如打开、复制和移动等。Windows 10的资源管理器提供了非常丰富和方便的功能，如高效的搜索框、库功能、灵活的地址栏、丰富的视图模式、预览窗格等，可以有效地帮助我们轻松提高文件操作效率。文件管理是Windows 10操作系统的一项重要功能。

1. 打开资源管理器

打开资源管理器的常用方法有以下几种。

1）双击桌面中的"此电脑"图标，打开资源管理器。

2）右击"开始"按钮，从弹出的快捷菜单中选择"文件资源管理器"命令，打开资源管理器。

3）按<⊞+E>组合键，打开资源管理器。

2. 改变文件的显示方式

在资源管理器中，为了不同的目的，经常需要改变文件的显示方式，常用方法如下。

1）在"查看"选项卡的"布局"组中。根据需要设置合适的文件显示方式，如图2-25所示。

2）右击资源管理器的空白处，在弹出的快捷菜单中选择"查看"子菜单中的命令，如图2-26所示。

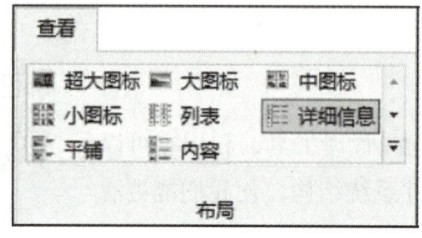

图2-25 "查看"选项卡

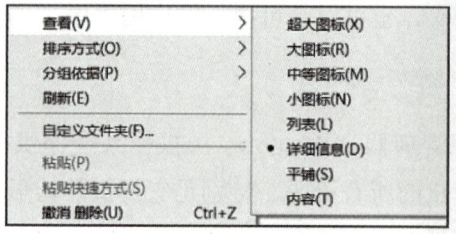

图2-26 "查看"子菜单

二、认识文件及文件夹

1. 文件的概念

文件是一个广义的概念，计算机文件就是用户赋予了名称，以磁盘为存储载体的信息集合。文件可以是用户创建的，也可以是软件系统中的。如磁盘上存储的一个应用程序、一张图片或一段声音等都是文件。文件是计算机系统中最小的数据组织单位。

文件及文件夹的概念

文件具有以下特点：

1）文件中可以存放一切数字化信息。如文字、图片、声音和视频等。

2）在同一文件夹内，同一类型和版本的文件不能同名，文件夹也不能同名。

3）文件可以被复制、移动、删除、修改、存档及加密，同时文件也容易被病毒入侵。

4）文件具有表示特定意义的名称，并有标识文件类型的扩展名；文件具有创建的时间、大小及保存位置等标识。

2. 文件夹的概念

文件夹又称目录，文件夹用来管理计算机文件，每个文件夹对应一块磁盘空间，它提供了指向对应空间的地址。文件夹没有扩展名，但它也有几种类型，如文档、图片、相册、音乐，以及用户创建的文件夹等。

文件夹用于用户查找、维护、管理和存储文件。用户通常将文件分门别类地用不同的文件夹保存。在文件夹中可存放各种类型的文件和子文件夹内容。

3. 文件及文件夹的命名规则

1）在文件或文件夹的名字中，最多可使用255个字符，用汉字命名，最多可以有127个汉字。

2）组成文件名或文件夹的字符可以是空格，但不能使用下列字符：星号、斜线、反斜线、竖线、问号、冒号、分号、双引号、小于号、大于号。

文件及文件夹的命名规则

3）文件或文件夹的名字不区分英文字母的大小写。

4）文件和文件夹的名字中可以有多个分隔符。

三、文件及文件夹的管理

在 Windows 10 操作系统中，文件和文件夹的管理是通过图形用户界面来实现的。用户可以在资源管理器中创建、复制、移动、重命名、删除或查找文件和文件夹。每个文件和文件夹都有自己的路径，它定义了文件或文件夹在计算机存储结构中的位置。例如，一个文件的路径可能是"C:\Users\Username\Documents\Report.docx"，这表示该文件位于C盘的用户目录下的"文档"文件夹中，并且文件名为"Report.docx"。

1. 文件及文件夹的新建

进行数据管理，必须先建立文件；要对文件分类存放，必须先创建文件夹。

文件及文件夹的新建

（1）文件夹的新建　在资源管理器中创建文件夹的一般操作过程如下：

1）选择新建文件夹的位置。

2）单击"主页"选项卡"新建"功能组中的"新建文件夹"按钮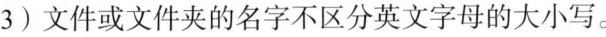，或右击，在弹出快捷菜单中选择"新建"→"文件夹"命令，新建文件夹，输入文件夹名。

（2）文件的创建　创建文件的方法有以下几种：

1）单击"主页"选项卡"新建"功能组中的"新建项目"按钮，在打开的下拉列表中单击相应的项目，或右击，在弹出快捷菜单中选择"新建"级联菜单中相应的项目，输入文件名。

2）通过应用程序创建，并保存到目标文件夹。

3）通过"复制（Ctrl+C）"或"剪切（Ctrl+X）"→"粘贴（Ctrl+V）"实现。

2. 文件及文件夹的重命名

文件及文件夹的重命名

选择需要重命名的目标文件或文件夹，单击"主页"选项卡"组织"功能组中的"重命名"按钮，或右击，在弹出快捷菜单中选择"重命名"命令，输入新的名称即可。

3. 文件及文件夹查看

在 Windows 10 文件夹窗口中，显示文件或文件夹的视图方式有以下两种方式：

1）通过"查看"选项卡进行查看。

2）右击资源管理器右窗口中的空白位置，在弹出的快捷菜单中选择"查看"命令进行查看。

文件及文件夹查看

4. 文件及文件夹的选定

选定方法如下。

1）单选：单击某个对象将选中该对象。

2）全选：单击"主页"选项卡"选择"功能组中的"全部选择"按钮，或按 <Ctrl＋A> 组合键。

3）选定不连续对象：按住 <Ctrl> 键的同时，逐一单击要选定的对象。

4）选定连续对象：首先选中第一个对象，再按住 <Shift> 键不放，单击需要选中的最后一个对象。

5）将鼠标移至空白处拖动鼠标选定连续对象：按住鼠标左键并拖动，会形成一个浅蓝色的矩形区域，释放鼠标后，该区域的文件和文件夹都会被选定。

> **注意**
>
> 如果要取消选定，只要在选定区域以外的空白处单击即可。

5. 文件及文件夹的复制

文件及文件夹的复制

可以使用以下方法之一进行复制操作。

1）选项卡方式：选择要复制的文件或文件夹，单击"主页"选项卡"剪贴板"功能组中的"复制"按钮复制文件或文件夹，确定目标位置后，单击"主页"选项卡"剪贴板"功能组中的"粘贴"按钮粘贴文件或文件夹，完成复制。

2）使用组合键：按 <Ctrl+C> 组合键将选定文件或文件夹复制到剪贴板，确定要粘贴的目标位置后，按 <Ctrl+V> 组合键粘贴，完成复制。

3）使用鼠标拖动：如果在不同的驱动器之间复制，使用鼠标拖动文件或文件夹就可以实现复制操作；如果在同一驱动器之间复制，需按住 <Ctrl> 键不放，用鼠标将选定的文件或文件夹拖动到目标文件夹中，就实现了复制操作。

6. 文件及文件夹的移动

移动文件或文件夹的方法与"复制"操作类似。在使用选项卡操作中，只要将"复制"按钮改成"剪切"按钮即可；在使用组合键操作中，将组合键<Ctrl+C>改成<Ctrl+X>即可，其他不变；使用鼠标拖动操作时，在不同驱动器之间移动文件或文件夹需要按住<Shift>键，如果在同一驱动器上执行移动操作，直接使用拖动操作即可。

文件及文件夹的移动

> **注意**
>
> 使用鼠标拖动复制文件和文件夹时，若鼠标指针变成拖动的对象且右下角出现"复制到"标识，则执行复制操作；若鼠标指针变成拖动的对象且右下角出现"移动到"标识，则执行移动操作。

7. 文件及文件夹的发送

选定要发送的文件或文件夹，右击，在弹出的快捷菜单中选择"发送到"命令，打开图2-27所示的级联菜单，根据需要选定发送目标，可以直接把文件或文件夹发送到压缩文件夹、桌面快捷方式、邮件收件人等地方。

文件及文件夹的发送

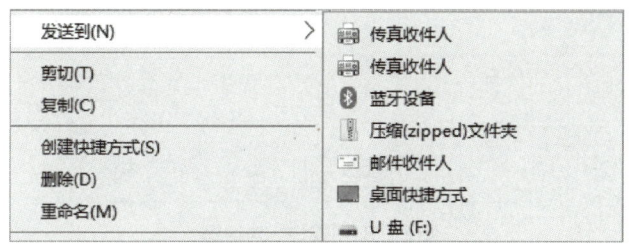

图2-27 "发送到"命令级联菜单

8. 文件及文件夹的删除

首先选定要删除的文件或文件夹，然后执行下列操作之一。

1）使用快捷菜单：右击选定文件或文件夹，在弹出的快捷菜单中选择"删除"命令。

2）鼠标操作：将选定的文件或文件夹拖动到"回收站"。

3）键盘操作：选定文件或文件夹，按<Del>键。

文件及文件夹的删除

> **注意**
>
> 以上删除方法只是将文件或文件夹从原位置移到"回收站"中（称为逻辑删除）。如果对计算机硬盘上的文件夹或文件对象执行删除操作的同时按住<Shift>键，则被删除对象将从计算机中真正删除，而不保存在"回收站"中（称为物理删除）。对硬盘之外的辅助磁盘（如U盘等）中的对象进行删除时，只有物理删除，没有逻辑删除。执行删除操作时，一般都会打开"删除文件"对话框。

9. 文件及文件夹的属性设置

选定要设置属性的文件或文件夹，右击，在弹出的快捷菜单中选择"属性"命令，打开图2-28所示的对应的"属性"对话框，可以设置所选文件或文件夹的属性为"只读"或"隐藏"。

文件及文件夹的属性设置

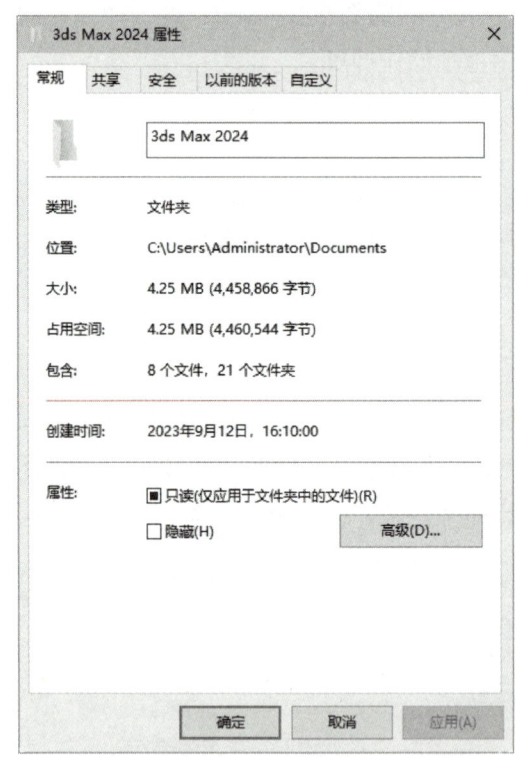

图2-28 "属性"对话框

1）只读：表示文件或文件夹是否为只读。勾选此复选框，可将文件或文件夹设置为只读属性。如果选择多个文件，则复选标记表示所选文件都是只读的。复选框为灰色则表示有些文件是只读的，而其他文件则不是只读的。

2）隐藏：表示文件或文件夹是否为隐藏，隐藏后如果不知道其名称就无法查看或使用此文件或文件夹。勾选此复选框，可将文件或文件夹设置为隐藏属性。如果选定多个文件，则复选标记表示所选文件都是隐藏文件。复选框为灰色则表示有些文件是隐藏文件，而其他文件则不是。

能力训练

一、填空题

1. 打开 Windows 10 文件资源管理器的快捷键是_____。

2. 显示 Windows 10 桌面的快捷键是_____。

3. Windows 10 中管理计算机设置的工具是_____。

4. 要使文件不被修改和删除，可以把文件设置成_____文件。

5. 在 Windows 10 中桌面是指_____、_____和_____。

6. 在 Windows 10，可以通过快捷键_____激活程序中的菜单栏。

7. 退出当前应用程序的方法是_____。

8. 要选定多个不连续的文件（文件夹），要选按住_____键。

二、选择题

1. 在"我的电脑"窗口中的同一文件夹内做复制文件的操作，选定文件后，应（　　）。

   A. 干脆用鼠标左键拖动需要复制的文件

   B. 用鼠标右击要复制的文件，弹出快捷菜单，选择"复制"命令

   C. 选中需要复制的文件，选择"编辑"菜单中的"复制"命令

   D. 按住<Ctrl>键，用鼠标左键拖动要复制的文件

2. 下列操作中，可以更改文件或文件夹名的操作是（　　）。

   A. 用鼠标右击文件或文件夹名，然后选择"重命名"命令，输入文件或文件夹名按<Enter>键

   B. 用鼠标单击文件或文件夹名，然后选择"重命名"命令，输入文件或文件夹名按<Enter>键

   C. 用鼠标右键双击文件或文件夹图标，输入新文件或文件夹名按<Enter>键

   D. 用鼠标双击文件或文件夹图标，输入文件或文件夹名按<Enter>键

3. 在 Windows 10 中，删除硬盘中的文件后（　　）。

   A. 文件的确被删除，无法复原

   B. 在没有存盘操作的状况下，还可以复原，否则不可以复原

   C. 文件被放入"回收站"，但无法复原

   D. 文件被放入"回收站"，可以通过"回收站"操作复原

4. 在 Windows 10 操作系统中，要选择多个连续的文件或文件夹，应首先选择第一个文件或文件夹，然后按住（　　）键不放，再单击最后一个文件或文件夹。

   A. <Tab>　　　　　　　　　　　B. <Alt>

   C. <Shift>　　　　　　　　　　D. <Ctrl>

5. 在 Windows 10 操作系统中，被放入"回收站"中的文件仍然占用（　　）。

   A. 硬盘空间　　　　　　　　　B. 内存空间

   C. 软件空间　　　　　　　　　D. 光盘空间

6. 在 Windows 10 中，复制当前窗口的方法是按（　　）组合键来实现。

   A. <Alt+Print Screen>　　　　　B. <Print Screen>

   C. <Ctrl+Print Screen>　　　　　D. <Alt+F4>

7. 在 Windows 10 中，剪贴板是指（　　）。

　　A. 硬盘上的一块区域　　　　　　B. 软盘上的内存中的一块区域

　　C. 高速缓存中的一块区域　　　　D. 光盘上的内存中的一块区域

8. 一个应用程序窗口被最小化后，该应用程序将（　　）。

　　A. 被终止执行　　　　　　　　　B. 暂停执行

　　C. 在前台执行　　　　　　　　　D. 被转入后台执行

三、操作题

1. 对操作系统的工作环境进行个性定制。具体要求如下：

1）在桌面上显示"计算机"和"控制面板"图标，然后更改"计算机"图标样式。

2）查找系统提供的应用程序"calc.exe"，并在桌面上建立快捷方式，将快捷方式命名为"My 计算器"。

3）将系统自带的"日出"主题作为桌面背景，设置图片每隔 1 小时更换一次，图片设置为"拉伸"。

4）设置屏幕保护程序的等待时间为"30"分钟，屏幕保护程序为"彩带"。

5）设置任务属性，实现自动隐藏任务栏，再设置"开始"菜单属性，将电源按钮操作设置为"切换用户"，同时设置"开始"菜单中显示的最近打开的程序的数目为 5 个。

6）在桌面上建立 C 盘的快捷方式，并将快捷方式命名为"C 盘"。

2. 管理文件和文件夹，具体要求如下：

1）在计算机 E 盘下新建 FILE、WARM 和 SEED 3 个文件夹，再在 FILE 文件夹中新建 WANG 子文件夹，在该子文件夹中新建一个"JIM.txt"文件。

2）将 WANG 子文件夹下的"JIM.txt"文件复制到 WARM 文件夹中。

3）将 WARM 文件夹中的"JIM.txt"文件设置为隐藏和只读属性。

4）将 WARM 文件夹下的"JIM.txt"文件删除。

项目3　WPS文字编辑

信息技术基础

01 知识目标

1. 掌握WPS文字编辑的基本操作。
2. 熟悉文字编辑中的字体、段落、页面布局的设置与优化。
3. 熟悉邮件合并功能。

02 能力目标

1. 能够独立设计并编辑个人简历、招聘启事等多种实用文档。
2. 能够高效地完成长篇文本的排版。
3. 可以快速完成批量文档的制作。

03 素质目标

1. 培养学生细致认真的工作态度。
2. 增强学生创新意识，能够在文档设计中体现出个性化与专业化。

04 思维导图

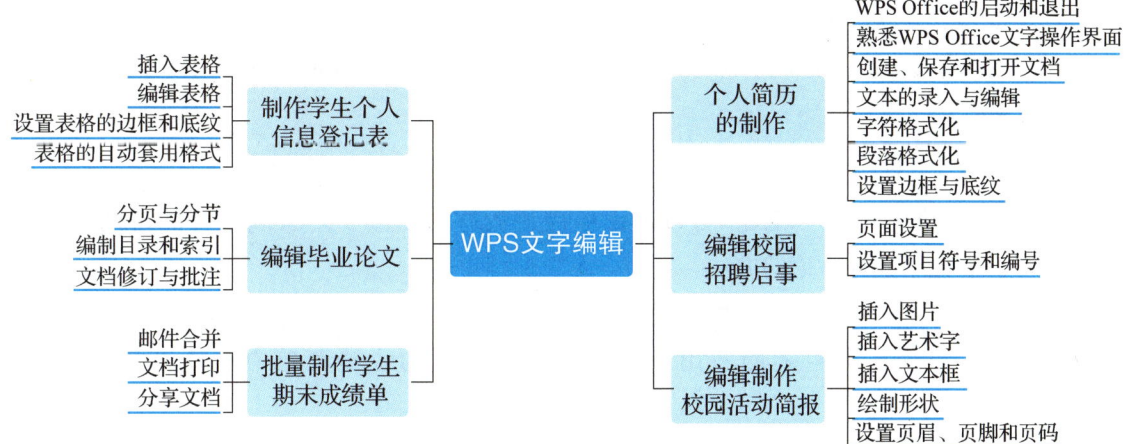

任务1　个人简历的制作

情景引入

小闵是一名即将毕业的大学生，面对即将到来的求职季，他深知一份优秀的个人简历是打开职场大门的敲门砖。然而，从未制作过简历的他感到有些无从下手：如何让自己的简历既简洁明了又富有吸引力？如何通过排版和内容展现自己的专业能力和个人特点？带着这些问题，小闵决定学习使用WPS Office来制作一份属于自己的个人简历。

知识准备

一、WPS Office的启动和退出

WPS是由北京金山办公软件股份有限公司自主研发的一款办公软件，具有办公软件最常用的文字、表格、演示、PDF阅读等多种功能，并集成一系列适应办公需要的云文档、云服务，以"融合"的方式，创建了一个更先进、更便利、全方位的办公环境。

WPS Office的启动和退出

WPS支持阅读和输出PDF（.pdf）文件，具有全面兼容微软Office 97—2010格式（doc/docx/xls/xlsx/ppt/pptx等）的独特优势。WPS功能强大，支持计算机、手机、平板随时随地高效办公。它所集成的云文档服务，实现了不同设备的文档同步和备份功能，用户可以在计算机和各类移动终端上获得完全相同的文档处理体验。

1. 启动WPS Office

启动WPS Office有以下几种常用的方法。

1）通过桌面快捷方式：双击桌面上的WPS Office快捷图标 。

2）从"开始"菜单栏：单击桌面左下角的"开始"按钮 ，单击"WPS Office"应用程序图标 。

3）通过文档启动：双击指定应用程序生成的一个文档。例如，双击后缀名为".wps"".wpt"".doc"".dot"".docx"的文件，可启动"WPS Office"的文字功能组件，并打开该文档。

2. 退出WPS Office

如果不再使用WPS Office，可以退出该应用程序，以减少对系统内存的占用。退出WPS Office有以下几种常用的方法。

1）单击应用程序窗口右上角的"关闭"按钮 。

2）右击桌面任务栏上的应用程序图标，在弹出的快捷菜单中选择"关闭窗口"命令。

3）单击应用程序的窗口，按<Alt+F4>组合键。

二、熟悉 WPS Office 文字操作界面

WPS Office文字操作界面

WPS Office 的首页默认为整合模式，文字、表格、演示等各个组件集成在一个界面中显示。

在左侧窗格中单击"新建"命令，将在应用程序顶部插入一个"新建"选项卡，在选项卡上侧显示所有可用的功能组件：文字、表格、演示、PDF、流程图、脑图、图片设计和表单。默认为"文字"界面，并提供丰富的模板方便用户选择使用，如图3-1所示。

图3-1 "新建"选项卡

提示

> WPS Office提供的模板大多是面向稻壳会员免费，也有部分完全免费的模板。

在WPS Office中打开多个文档类似于使用网页浏览器，各个文档在同一个程序窗口中以顶部标签进行区分。单击顶部标签可以在文档之间进行切换。

此外，WPS Office提供了完整的PDF文档支持，用户可更快更轻便地阅读文档、转换文档格式和编辑批注。

在图3-1中单击"新建空白文档"按钮，新建文字文稿。新建好的空白文档操作界面由上至下主要由标题栏、功能区、工作区和状态栏四部分组成，如图3-2所示。

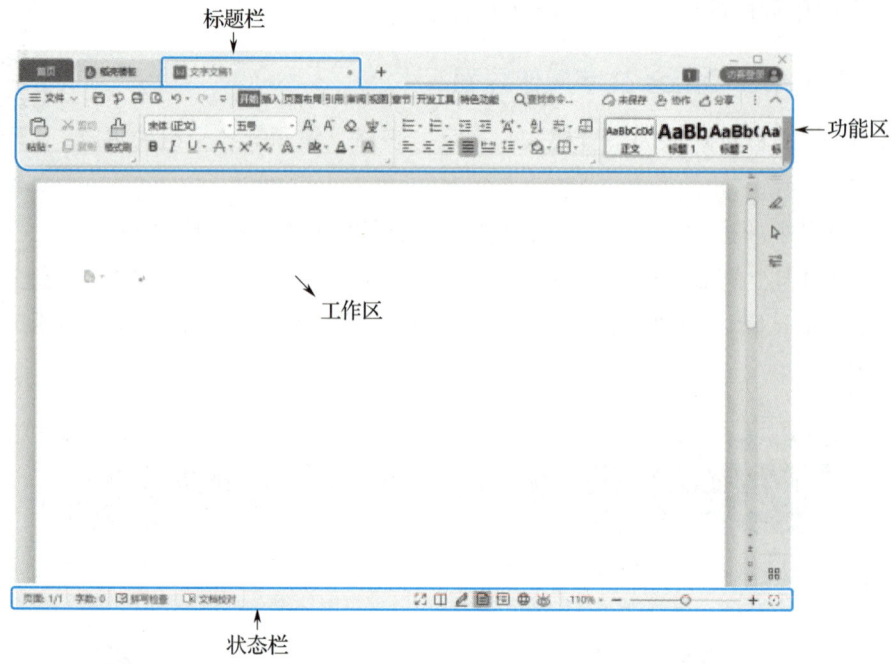

图3-2　WPS Office文字操作界面组成

1.标题栏

标题栏位于工作窗口的顶端，用于显示正在打开编辑的文档名称（文字文稿1）。

2.功能区

功能区以选项卡的形式将各相关的命令分组显示在一起，使各种功能按钮直观地显示出来。使用"功能区"可以快速地查找相关的功能组。

功能区可以隐藏，也可显示。单击功能区右上方的"隐藏功能区"按钮︿隐藏功能区；单击功能区右上方的"显示功能区"按钮﹀展开功能区。

功能区中的选项卡分别为开始、插入、页面布局、引用、审阅、视图、章节、开发工具和特色功能，每个选项卡下面都是相关的操作命令。在功能区的各个功能组的右下方，大多数包含有"⌐"箭头，单击该箭头可以打开一个设置对话框，从而进行相关的命令设置。部分命令按钮的下面或右边有下拉箭头"▼"，单击下拉箭头可以打开下拉菜单，完成相关的设置。

下面对常用的选项卡进行介绍。

（1）"开始"选项卡　主要完成用户对文档进行文字编辑和格式设置，是用户最常用的功能区。

（2）"插入"选项卡　主要用于在文档中插入各种元素。

（3）"页面布局"选项卡　用于帮助用户设置文档页面样式。

（4）"引用"选项卡　用于在文档中实现插入目录等高级的操作。

（5）"审阅"选项卡　主要用于对文档进行校对和修订等操作，适用于多人协作处理长文档。

（6）"视图"选项卡　主要用于帮助用户设置文档操作窗口的视图类型。

（7）"章节"选项卡　主要用于设置章节样式，例如，显示文章的目录列表，增加或删减分节符等。

3. 工作区

文本编辑区是用户输入文本、插入表格、添加图形、处理图片以及编辑文档等内容的主要工作区域，位于窗口的中心位置，以白色显示，几乎占据了窗口的绝大部分区域。工作区内有一个不停闪烁的黑色小竖直条称为插入点，用来指示下一个要输入的字符将出现的位置。

4. 状态栏

状态栏位于窗口的最底部，通常会显示文档的页数、当前的页码以及文档的字数统计等信息。状态栏右侧有视图快捷方式按钮，可以按照不同的模式来查看文件，还有"缩放滑块"及"缩放级别"按钮。

三、创建、保存和打开文档

在使用WPS编辑文档之前，需要掌握文档的一些基本操作，包括新建、保存、打开文档等。

1. 新建空白文档

在WPS Office中，用户可以建立和编辑多个文档。创建一个新文档是编辑和处理文档的第一步。

启动WPS Office，单击"首页"上的"新建"按钮，打开"新建"选项卡，默认打开"文字"界面，单击"新建空白文档"，新建"文字文稿"。

2. 保存文档

保存文档的作用是将文档以文件的形式存储到硬盘上，以便将来能够再次对文件进行编辑、打印等操作。如果文档不存盘，则本次对文档所进行的各种操作将不会被保留。常用的保存文档的方法有"保存"和"另存为"两种。

"保存"和"另存为"命令都可以保存正在编辑的文档或者模板，两者的区别是："保存"命令不进行询问，直接将文档按原文件名保存在文件原来的存储位置；"另存为"会询问要把文档保存在何处。如果新建的文档还没有保存过，那么单击"保存"或"另存为"命令都会打开"另存文件"对话框，如图3-3所示。

在保存文档时，应注意三点：第一是文件的存储位置，包括磁盘名称、文件夹位置；第二是文件的存储名称，对文件的命名应能体现文件中存储的内容，以便于对文件能够"见名知意"；第三是文件保存的类型，文件类型代表了文件的数据存储格式，决定文件的扩展名。

图3-3 "另存文件"对话框

（1）保存　对于新建或修改的文档的保存方法有如下几种：

1）单击"快速访问工具栏"上的"保存"按钮 。

2）选择"文件"→"保存"命令。

3）使用组合键<Ctrl+S>，快速保存文档。

选择任一种方法之后，如果是新文件的第一次保存，则会打开图3-3所示的"另存文件"对话框，在"位置"处设置文件存放的位置，"文件名"处设置文件的名称，"文件类型"处设置文件的保存类型。WPS Office文档保存的文件类型默认扩展名为".docx"，也可以根据需要选择其他的文件类型，例如，".wps"".wpt"".doc"".dot"".rtf"".html"".pdf"等。如果文件已经命名，则不会打开该对话框，系统会直接将重新编辑过的文件按原文件名和原位置保存。

（2）另存为　如果想把当前正在编辑的文档按新的文件名保存而不改变编辑前的文档内容，应使用如下的方法：

选择"文件"→"另存为"命令，打开图3-3所示的"另存文件"对话框，输入新的文件名并确定新的保存位置后，单击"保存"按钮。

3. 打开文档

所谓"打开文档"就是打开已经保存在磁盘上的文档，打开文档的方法有如下几种：

（1）启动WPS Office后打开文档　启动WPS Office后，选择"文件"→"打开"命令，打开图3-4所示的"打开文件"对话框，选择要打开的文档，再单击"打开"按钮即可打开。

（2）不启动WPS Office，双击文件名直接打开文档　对所有已保存在硬盘上的WPS Office文档".docx"或".doc"（兼容模式）文件，用户可以直接双击该文件的图标，系统在启动WPS Office的同时会打开该文档。

图3-4 "打开文件"对话框

四、文本的录入与编辑

文本的录入与编辑是信息时代沟通和记录知识的基础活动,它不仅涉及个人的思想表达、学习笔记的整理,还关系到企业文档的撰写和学术论文的精练。

文本的录入

1. 文本的录入

新建一个空白文档后,插入点一般自动停留在文档窗口的第一行最左边的位置,输入内容的起始位置也就是插入点所在的位置。

(1)输入文字 文字输入主要包括中文和英文输入。设置插入点之后,使用键盘即可在文档中输入文本。

如果输入的文本满一行,WPS Office将自动换行。如果不满一行就要开始新的段落,可以按<Enter>键换行,此时在上一段的段末会出现段落标记↵。

如果要输入的文本即有中文,又有英文,使用键盘或鼠标可以在中英文输入法之间灵活切换,并能随时更改英文的大小写状态。切换输入法常用的键盘快捷键如下:

1)切换中文输入法:<Ctrl + Shift>组合键。

2)切换中英文输入法:<Ctrl + Space(空格键)>组合键。

3)切换英文大小写:<Caps Lock>键,或者在英文输入法小写状态下按住<Shift>键,可临时切换到大写(大写可临时切换到小写)。

4)切换全角、半角:<Shift + Space>组合键。

(2)输入标点 键盘上标点所在的按键通常显示有两个符号,上面的符号是上档字符,下面的是下档字符。下档符号直接按键输入,如逗号(,)、句号(。)和分号(;),如图3-5所示。输入上档符号则应按<Shift+符号键>来实现。例如,按<Shift+;>组合键,可以输入一个冒号。

2. 文档编辑

WPS Office 提供了强大的编辑功能，可

图3-5 上下档符号

插入文本

以很方便地完成对输入信息的修改和格式的设置，如插入、选择、移动、复制和粘贴、删除以及查找等。

（1）插入 WPS默认状态是"插入"状态，即在一个字符前面插入另外的字符时，后面的字符自动后移。单击状态栏上的输入模式图标 改写 或按键盘<Insert>键，即可开启"改写"模式，此时图标变为 改写 ，并自动选中插入点右侧的第一个字符。输入文本，输入的文字将逐个替代其后的文字。再次单击状态栏上的输入模式图标 改写 或按键盘<Insert>键，即可关闭"改写"模式，此时图标变为 改写 。

> **提示**
>
> WPS Office默认关闭"改写"模式，且在状态栏上不显示输入模式图标。在状态栏上右击，在弹出的快捷菜单中选中"改写"，如图3-6所示，此时状态栏上显示输入模式图标。

在文本录入的过程中，符号的使用是极为常见的。对于那些能够通过键盘直接键入的符号，用户可直接敲击相应键位进行输入；然而，对于一些特殊的、无法通过直接键盘操作输入的符号，则需借助"符号"对话框来实现插入。这一工具为用户提供了一个便捷的方式来访问并使用那些不常见或复杂的符号。

1）单击"插入"选项卡中"符号"按钮 Ω，在打开的符号列表中可以看到一些常用的符号，如图3-7所示。单击需要的符号，即可将其插入到文档中。

图3-6 快捷菜单

图3-7 选择符号

2）选择"其他符号（M）"命令，打开图3-8所示的"符号"对话框，可插入符号列表中没有的符号。

3）在"符号"选项卡的"字体"下拉列表框中选择需要的一种符号的字体类型。

4）在"子集"下拉列表框中选择字符代码子集选项。

5）在符号列表框中单击选择需要的符号，然后单击"插入"按钮，插入符号，然后单击"关闭"按钮，关闭对话框。

图3-8 "符号"对话框

（2）选择文本　在对WPS文档中的内容进行操作时，一般要按"先选定、后操作"的原则进行。被选取的文本在屏幕上表现为"灰底黑字"。文本选取的方法较多，用户应根据实际情况确定不同的文本选取方法，以便快速操作。

选择文本

1）全文选取。全文选取的操作方法有如下几种：

①单击"开始"选项卡"选择"下拉列表中的"全选"命令，选取全文。

②鼠标在文档左边的选定区域三击鼠标左键即可选中全文。

③使用<Ctrl+A>组合键选取全文。

④先将插入点定位到文档的开始位置，再按<Shift＋Ctrl＋End>组合键选取全文。

2）选定部分文档。选定部分文档的操作方法见表3-1。

表3-1　选定部分文档的操作方法

选定范围	操作方法
字符的选取	选取一个字符：将鼠标指针移到字符前，按鼠标左键，并拖曳一个字符的位置，松开鼠标
	选取多个字符：把鼠标指针移动到要选取的第一个字符前，按着鼠标左键，拖曳到选取字符的末尾，松开鼠标
行的选取	选取一行：在行左边文本选定区单击
	选取多行：选取一行后，继续按住鼠标左键并向上或向下拖曳便可选取多行；或者按住<Shift>键，单击结束行
	选取插入点所在位置到行尾（行首）的文字：把插入点定位在要选定文字的开始位置，按<Shift＋End>组合键（或<Home>键）
	选取从当前插入点到插入点移动所经过的行或文本部分：确定插入点，按<Shift＋移动键>
句的选取	选取单句：按住<Ctrl>键，单击文档中的一个地方，鼠标单击处的整个句子就被选取
	选中多句：在选中单句的条件下，按下<Shift>键，单击最后一个句子的任意位置可选中多句
段落的选取	双击选取段落左边的选定区；或三击段落中的任何位置
矩形区的选取	按住<Alt>键，同时拖曳鼠标
多页文本选取	先在开始处单击鼠标，然后按下<Shift>键，并单击所选文本的结尾处
撤销选取的文本	在文本选取区外的任何地方单击鼠标

（3）移动、复制和粘贴文本

1）一般方法。

移动、复制和粘贴文本

①快捷命令移动/复制法。选定要移动/复制的文本区域，按<Ctrl+X>或<Ctrl+C>组合键（分别表示"剪切"或"复制"命令）。插入点定位于目标处，按<Ctrl+V>组合键（表示"粘贴"命令），至此完成选定文本的移动/复制操作。

②鼠标拖曳移动/复制法。先选定要移动的文本，然后鼠标指定被选定文本区域并将其拖曳到目标位置处，从而完成选定文本的移动操作。先选定要复制的文本，然后鼠标指定被选定文本区域，先按住<Ctrl>键，再将选定区域文本拖曳到目标位置处，并先释放鼠标左键再释放<Ctrl>键，从而完成选定文本的复制操作。

2）选择性粘贴。复制或移动文本后，单击"开始"选项卡"粘贴"下拉按钮，在打开的下拉列表中选择适当的命令可以实现选择性粘贴，如图3-9所示。

3）使用"剪贴板"。利用"剪贴板"的储存功能，可以快速复制多处不相邻的内容。

单击"开始"选项卡"剪贴板"选项组中按钮 」，打开"剪贴板"任务窗格。然后选定要复制的内容，按<Ctrl+C>组合键，可以看到选中的内容已放入剪贴板，如图3-10所示，单击需要粘贴的内容即可。

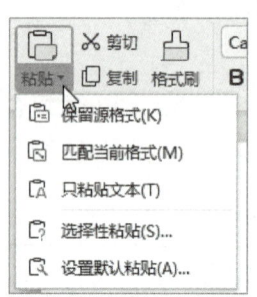

图3-9 "粘贴"下拉列表　　图3-10 "剪贴板"任务窗格

（4）删除文本　删除文本内容是指将指定内容从文档中清除。

1）按<Backspace>键可以删除插入点左侧的内容，使用<Ctrl+Backspace>组合键可以删除插入点左侧的一个单词。

2）按<Del>键可以删除插入点右侧的内容，使用<Ctrl+Del>组合键可以删除插入点右侧的一个单词。

3）选中文本，按<Backspace>键或<Del>键将它们一次全部删除。

（5）查找和替换文本

查找和替换文本

1）使用"章节导航"窗格搜索文本。通过"章节导航"窗格，可以查看文档结构，也可以对文档中的某些文本内容进行搜索，搜索到所需的内容后，程序会自动将其突出显示。

①将插入点定位到文档的起始处,单击"章节"选项卡中的"章节导航"按钮,打开"章节"窗格。

②在窗格中单击"查找和替换"按钮,打开"查找和替换"窗格,在文本框中输入要搜索的内容。

③单击"查找"按钮,将在"导航"窗格中列出文档中包含查找文字的段落,同时会自动将搜索到的内容突出显示,如图3-11所示。

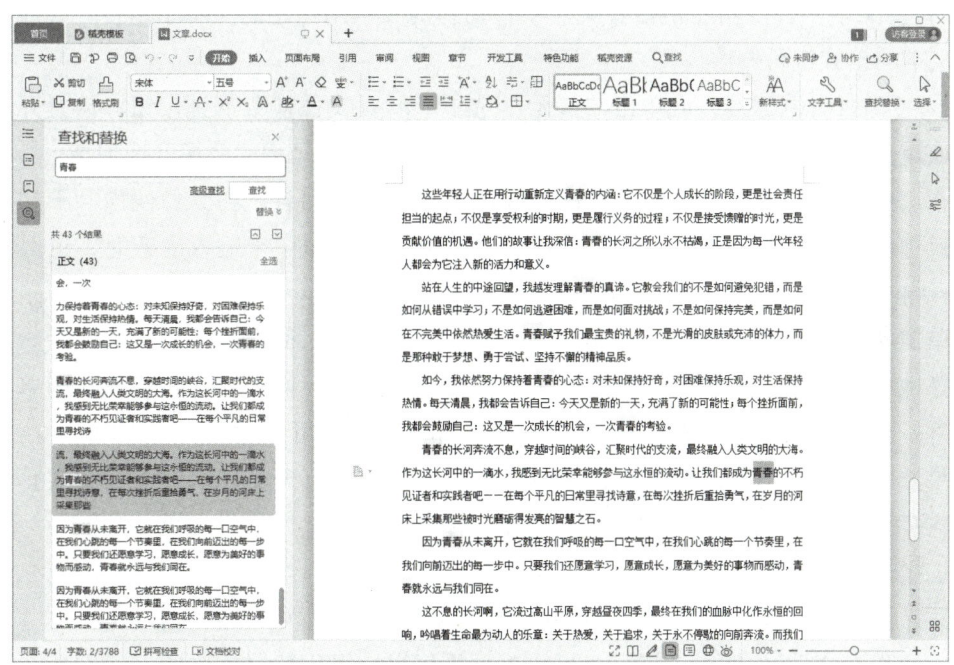

图3-11 "导航"窗格

2)使用"查找和替换"对话框查找文本。通过"查找和替换"对话框查找文本时,可以对文档内容一处一处地进行查找,灵活性比较大。

①按<Ctrl+F>组合键,或单击"开始"选项卡"查找替换"下拉按钮,从打开的下拉列表中选择"查找"命令,打开"查找和替换"对话框,如图3-12所示。

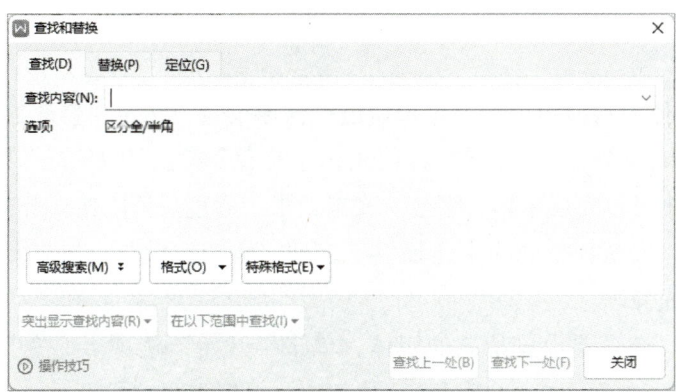

图3-12 "查找和替换"对话框

②在"查找内容"下拉列表框中输入要查找的文本,如果之前已经进行过查找操作,也可以从"查找内容"下拉列表框中选择。

③单击"查找下一处"按钮开始查找,找到的文本将高亮显示;若查找的文本不存在,将打开含有提示文字"无法找到您所查找的内容"的对话框。

④再次单击"查找下一处"按钮继续查找;若单击"关闭"按钮,对话框关闭,同时,插入点停留在当前查找到的文本处。

3)替换文本。替换功能是指将文档中查找到的文本用指定的文本予以替代,或者将查找到的文本的格式进行修改。

①按<Ctrl+H>组合键,或单击"开始"选项卡"查找替换"下拉按钮,从打开的下拉列表中选择"替换"命令,打开"查找和替换"对话框,并显示"替换"选项卡。

②在"查找内容"下拉列表框中输入或选择被替换的内容,在"替换为"下拉列表框中输入或选择用来替换的新内容。当"替换为"下拉列表框中未输入内容时,可以将被替换的内容删除。

③单击"全部替换"按钮,若查找的文本存在,则它们都会被进行替换处理。如果要进行选择性替换,可以先单击"查找下一处"按钮找到被替换内容,若想替换则单击"替换"按钮;否则继续单击"查找下一处"按钮,如此反复即可。

如果要根据某些条件进行替换,可单击"更多"按钮打开扩展的对话框,在其中设置查找或替换的相关选项,接着按照上述步骤进行操作。

(6)撤销与恢复

1)"撤销"功能可以撤销最近进行的操作,恢复到执行操作前的状态。

2)撤销前一次操作的组合键是<Ctrl+Z>;恢复撤销操作的组合键是<Ctrl+Y>。

3)用户可以使用快速访问工具栏中的"撤销"按钮 ↻ 或快捷键方式撤销和恢复一次操作。

五、字符格式化

设置并改变字符的外观称为字符格式化,它包括设置字体与字号,使用粗体、斜体,添加下划线,改变字符颜色,设置特殊效果,调整字符间距等。

1. 字体效果设置

(1)利用"字体"功能组中的命令按钮进行快速设置 选定要修改的文本,在"开始"选项卡"字体"功能组中(见图3-13),使用相应的命令按钮可以完成字体设计。在该功能组中可以完成字体、字号、文本效果、颜色、清除格式等多种设置。

在WPS Office中还提供了多种字体特效设置,如艺术字、阴影、倒影、发光等。

选择要设置特效的字体,单击"开始"选项卡"文字效果"下拉按钮 A,打开图3-14所示的下拉列表,根据需要完成设置。

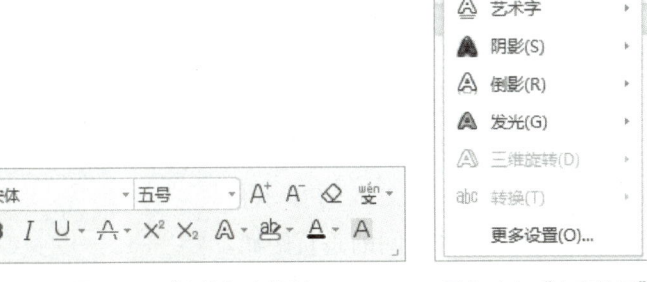

图3-13 "字体"功能组　　图3-14 "文字效果"下拉列表

（2）使用字体对话框进行设置　选定要修改的文本，单击"开始"选项卡"字体"功能组右下角按钮 」，打开图3-15所示"字体"对话框。在"字体"选项卡中可以完成字体、字号、字形、颜色、效果等的设置。

在"字体"对话框中单击"文本效果"按钮，打开图3-16所示的"设置文本效果格式"对话框，可以进行字体颜色、字体轮廓以及效果等的设置。

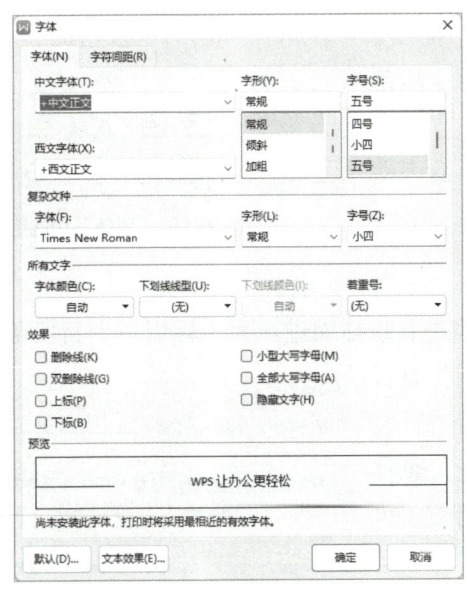

图3-15 "字体"对话框

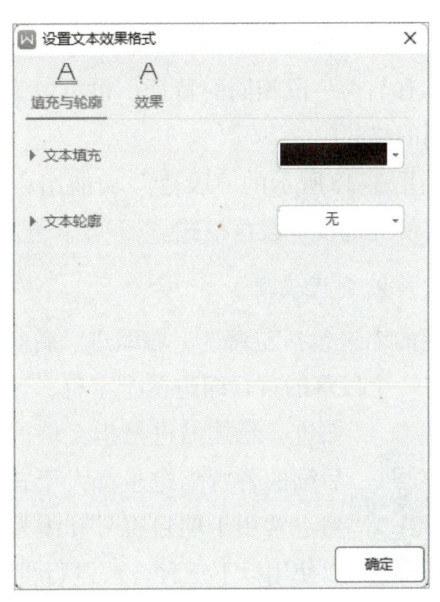

图3-16 "设置文本效果格式"对话框

2.设置字符宽度、间距与位置

默认情况下，WPS文档的字符宽度比例是"100%"，同一行文本依据同一条基线进行分布。通过修改字符宽度、字符之间的距离与字符显示的位置，可以创建特殊的文本效果。

在"字体"对话框中切换到图3-17所示的"字符间距"选项卡，在"缩放"下拉列表框中选择字符宽度的缩放比例。如果下拉列表框中没有需要的宽度比例，可以直接输入所需的比例。在"预览"区域可以预览设置效果。

设置字符宽度、间距与位置

在"间距"下拉列表框中选择需要的间距类型。字符间距是指文档中相邻字符之间的水平距离。WPS Office提供了"标准""加宽"和"紧缩"3种预置的字符间距选项，默认为"标准"。如果选择其他两个选项，还可以在其右侧"值"数值框中指定具体值。

在"位置"下拉列表框中选择文本的显示位置。"位置"选项用于设置相邻字符之间的垂直距离。WPS Office提供了"标准""上升"和"下降"3种预置选项。"上升"是指相对于原来的基线上升指定的磅值，"下降"是指相对于原来的基线下降指定的磅值。

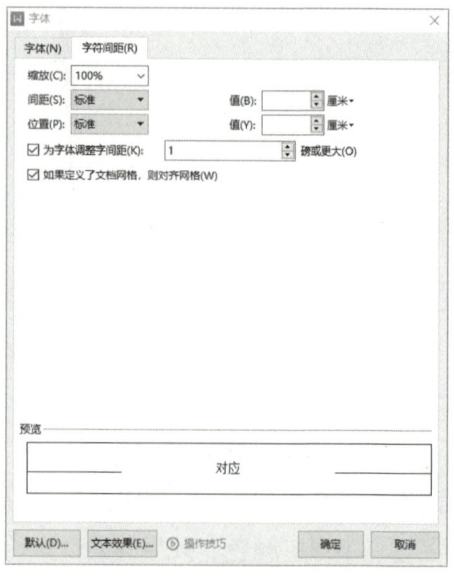

图3-17 "字符间距"选项卡

六、段落格式化

段落是指用<Enter>键进行了换行后而形成的一段文字，可以具有自身的格式特征，如对齐方式、间距和样式。每个段落都是以段落标记 ↵ 作为段落的结束标志。每按下<Enter>键结束一段落而开始另一段落时，生成的新段落会具有与前一段相同的特征，也可以为每个段落设置不同的格式。

利用图3-18所示的"段落"功能组中的命令按钮可以很便捷地设置段落格式。

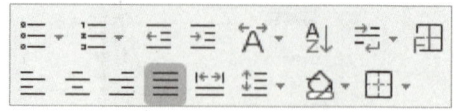

图3-18 "段落"功能组

1. 段落的缩进设置

段落的缩进包括左缩进、右缩进、首行缩进和悬挂缩进。为了标识一个新段落的开始，一般都将一个段落的首行缩进两个字符，这叫作首行缩进。悬挂缩进是指文档的第二行及后续的各行缩进量都大于首行，悬挂缩进常用于项目符号和编号列表。可以使用以下三种方法进行设置。

段落的缩进设置

（1）运用功能组中的命令按钮设置段落的缩进　把插入点定位到需要改变缩进量的段落内或选中要改变缩进量的段落，单击"开始"选项卡"增加缩进量"按钮 或"减少缩进量"按钮 即可。

（2）运用段落对话框设置段落缩进　单击"开始"选项卡"段落"功能组右下角按钮 ⌐，打开图3-19所示的"段落"对话框。

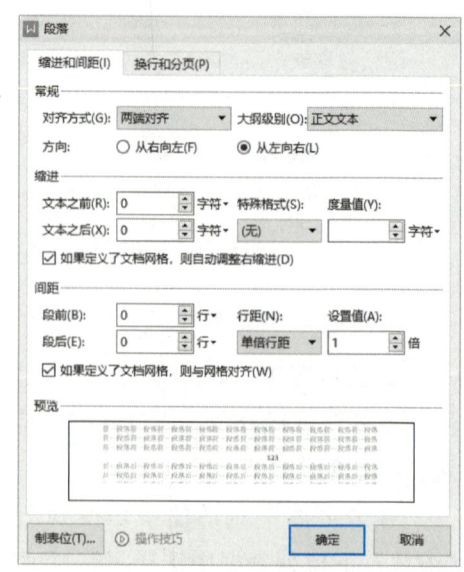

图3-19 "段落"对话框

在"缩进"区域中的"文本之前"编辑框中输入文本之前缩进的数值,在"文本之后"编辑框中输入文本之后缩进的数值,在"特殊格式"下拉列表框中,选择"首行缩进"或"悬挂缩进"选项,然后在右侧的"度量值"编辑框中填入数字或单击数值滚动框选择。

(3)运用标尺设置段落的缩进 WPS Office默认是不显示标尺的,要使用标尺,首先要显示标尺,勾选"视图"选项卡中"标尺"复选框即可显示文档的标尺。

运用标尺工具可以设置段落的缩进,标尺上的标记△称为"左缩进",拖动此标记可以设置本段落第二行到末行的左缩进。标尺上的标记△称为"右缩进",拖动此标记可以设置段落的右缩进。标尺上的标记▽称为"首行缩进",拖动此标记可以设置段落首行文字的开始位置,如图3-20所示。

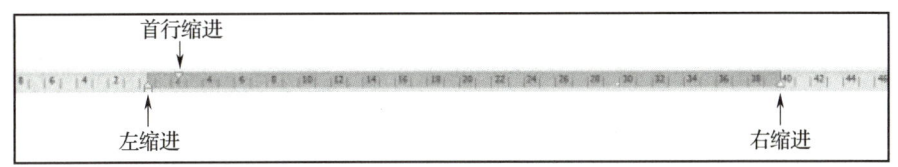

图3-20 水平标尺

2.段落的对齐方式设置

在进行文档编辑时,为了追求特定的格式效果,经常需要对段落的对齐方式进行细致调整。这些对齐方式的适当运用,对于提升文档的整体视觉效果和专业性至关重要。

段落的对齐方式设置

在"段落"对话框的"常规"区域中,单击"对齐方式"项的下拉箭头,在打开的下拉列表中选择对齐方式,选择"左对齐",则当前段落严格左边对齐;选择"右对齐",则当前段落严格右边对齐;选择"居中",则该段落居中排列;选择"分散对齐",则当前段落的左右两端都对齐,末行的字符间距将会随之改变,而使所有字符均匀分布在该行。

也可以利用"段落"功能组中的按钮来设置段落的对齐方式,单击"左对齐"按钮、"居中对齐"按钮、"右对齐"按钮、"两端对齐"按钮和"分散对齐"按钮可实现不同的对齐功能。

3.段落行距与间距设置

(1)行距 行距表示各行文本间的垂直距离。改变行距将影响整个段落中所有的行。选定要更改其行距的段落,在图3-19中的"行距"框中选择所需的选项。

段落行距与间距设置

1)单倍行距:行距设置为该行最大字体的高度加上一小段额外间距,额外的间距的大小取决于所用的字体。如果段落行距设置为单倍行距,段落中某行插入图片的高度大于文本的高度时,那本行的高度自动调整与图片的高度相同,从而使图片能够完整地显示出来。

2）1.5倍行距：段落行距为单倍行距的1.5倍。

3）2倍行距：段落行距为单倍行距的2倍。

4）最小值：恰好容纳本行中最大的文字或图形。

5）固定值：行距固定，在"设置值"框中键入或选择所需行距即可，默认值为"12"。

（2）间距 间距是不同段落之间的垂直距离。

将插入点置于段落中或选中多个段落。在图3-19所示的"间距"区域的"段前"和"段后"右侧的编辑框中键入所要的数值，单击"确定"按钮即可设置段落的间距。

设置边框

七、设置边框与底纹

为段落文本添加边框和底纹，不仅可以美化文档，还可以使相关段落的内容更加醒目。关于边框和底纹，在应用于文字、段落、页面时将有不同的显示效果。

1. 设置边框

1）选中需要设置边框和底纹的段落。在"开始"选项卡"段落"功能组单击"边框"下拉按钮 田▾，在打开的下拉列表中选择"边框和底纹"命令，如图3-21所示。

2）在图3-22所示的"边框和底纹"对话框"边框"选项卡中，设置边框的样式、线型、颜色和宽度。

3）如果在"设置"选项区域选择的是"自定义"，还应在"预览"区域单击段落示意图四周的边框线按钮 田（上）、田（下）、田（左）、田（右）添加或取消对应位置的边框线。也可以直接单击预览区域中的段落示意图的上、下、左、右边添加或取消边框线，如图3-23所示，添加了上边框线。

图3-21 "边框"下拉列表

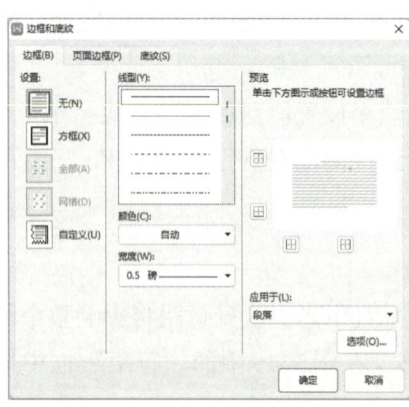

图3-22 "边框和底纹"对话框

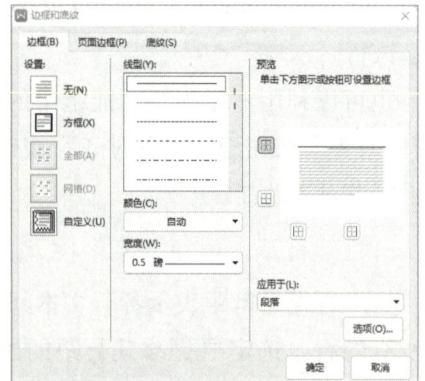

图3-23 在段落添加边框线

4）将上、下、左、右添加边框线，在"应用于"下拉列表框中选择边框的应用范围。如果选择"段落"，则在段落四周显示边框线，如图3-24所示；如果选择"文字"，则在文字四周显示边框线，如图3-25所示。

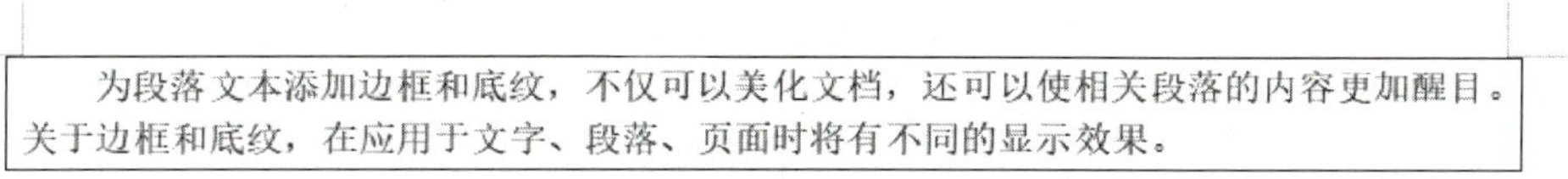

图3-24 段落四周显示边框线

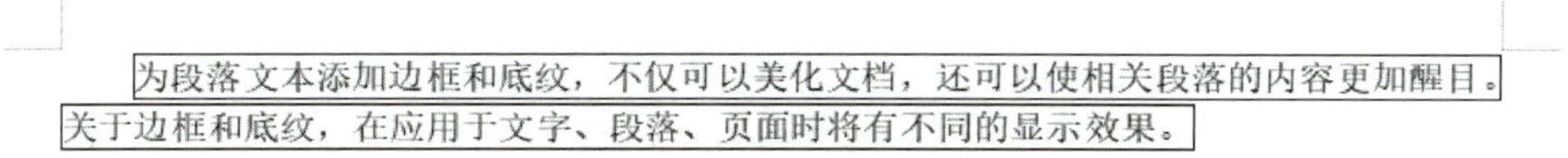

图3-25 文字四周显示边框线

5）单击"选项"按钮打开图3-26所示的"边框和底纹选项"对话框，设置边框和底纹与正文内容四周的距离。设置完成后，单击"确定"按钮返回到"边框和底纹"对话框，结果如图3-27所示。

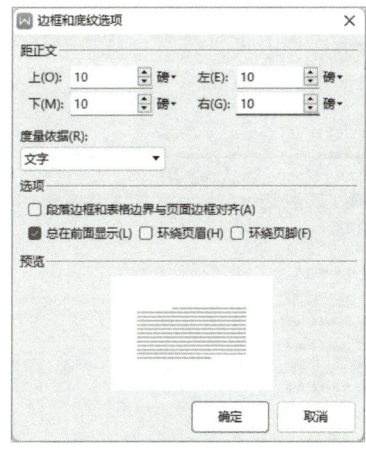

图3-26 "边框和底纹选项"对话框　　　　图3-27 设置距离效果图

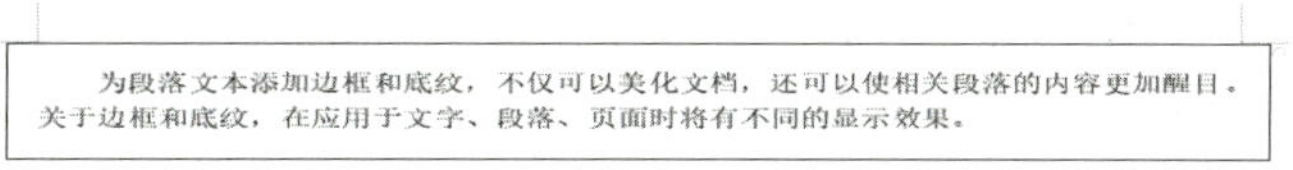

2. 设置底纹

1）在"边框和底纹"对话框中切换到图3-28所示的"底纹"选项卡，设置底纹的填充颜色、图案样式和图案的前景色。

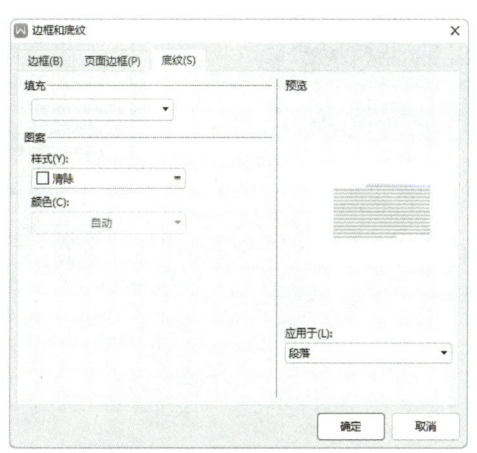

设置底纹

图3-28 "底纹"选项卡

2）在"应用于"下拉列表框中选择底纹要应用的范围。

应用于段落的底纹是衬于整个段落区域下方的一整块矩形背景，如图3-29所示，而应用于文字的底纹只在段落文本下方显示，没有字符的区域不显示底纹，如图3-30所示。

> 为段落文本添加边框和底纹，不仅可以美化文档，还可以使相关段落的内容更加醒目。
> 关于边框和底纹，在应用于文字、段落、页面时将有不同的显示效果。

图3-29 段落设置底纹效果

> 为段落文本添加边框和底纹，不仅可以美化文档，还可以使相关段落的内容更加醒目。
> 关于边框和底纹，在应用于文字、段落、页面时将有不同的显示效果。

图3-30 文字设置底纹效果

任务要求

本任务制作"个人简历"，要求掌握以下知识点：

1）新建空白文档并保存图形。
2）录入文字，将文字格式化。
3）设置边框和底纹。

制作完成的"个人简历"效果如图3-31所示。

任务实施

"个人简历"的制作

"个人简历"的制作

图3-31 "个人简历"效果

任务2 编辑校园招聘启事

情景引入

小杨是一名大四学生,在学校就业指导中心兼职,随着毕业季的临近,众多企业纷纷联系学校,希望能够举办校园招聘会,为即将踏入社会的同学们提供更多的就业机会。为了让同学们更好地了解招聘信息,小杨需要编辑一份详细、规范且具有吸引力的校园招聘启事。然而,他在撰写过程中遇到了一些问题:如何清晰地列出企业的招聘需求和岗位信息?怎样突出企业的优势和特色,吸引更多同学投递简历?格式和排版怎样才能更加美观、易读?为了高效地完成这份招聘启事,小杨决定利用 WPS Office 软件的强大功能来进行编辑。

知识准备

一、页面设置

页面设置

文档默认的页面设置是以"A4"(21厘米×29.4厘米)为大小,按纵向格式编排及打印输出。如果不适合,可以通过页面设置进行改变。

1. 设置纸张方向

页面的方向分为横向和纵向,WPS默认的页面方向为纵向,用户可以根据需要进行调整。

1)打开要设置页面属性的文档,单击"页面布局"选项卡中的"纸张方向"下拉按钮 ,打开下拉列表,包括纵向和横向。

2)在下拉列表中单击需要的纸张方向。

设置的页面方向默认应用于当前节,如果没有添加分节符,则应用于整篇文档。如果要指定设置的纸张方向应用的范围,可以单击"页面布局"选项卡中的"页面设置"按钮 ,打开"页面设置"对话框。

在"方向"区域选择需要的纸张方向,然后在"应用于"下拉列表框中选中要应用的范围,如图3-43所示。设置完成后,单击"确定"按钮关闭对话框。

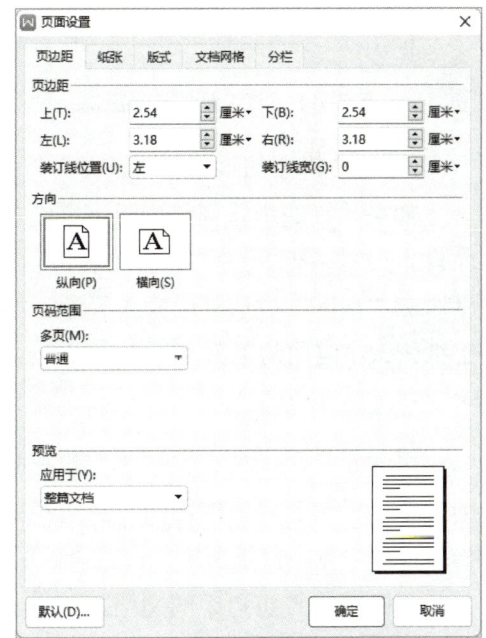

图3-43 设置纸张方向和应用范围

2. 设置页面规格

通常情况下,用户应该根据文档的类型要求或打印机的型号设置纸张的大小。

1）打开要设置纸张大小的文档。

2）单击"页面布局"选项卡中"纸张大小"下拉按钮，在打开的下拉列表中可以看到WPS预置了13种常用的纸张规格，如图3-44所示。

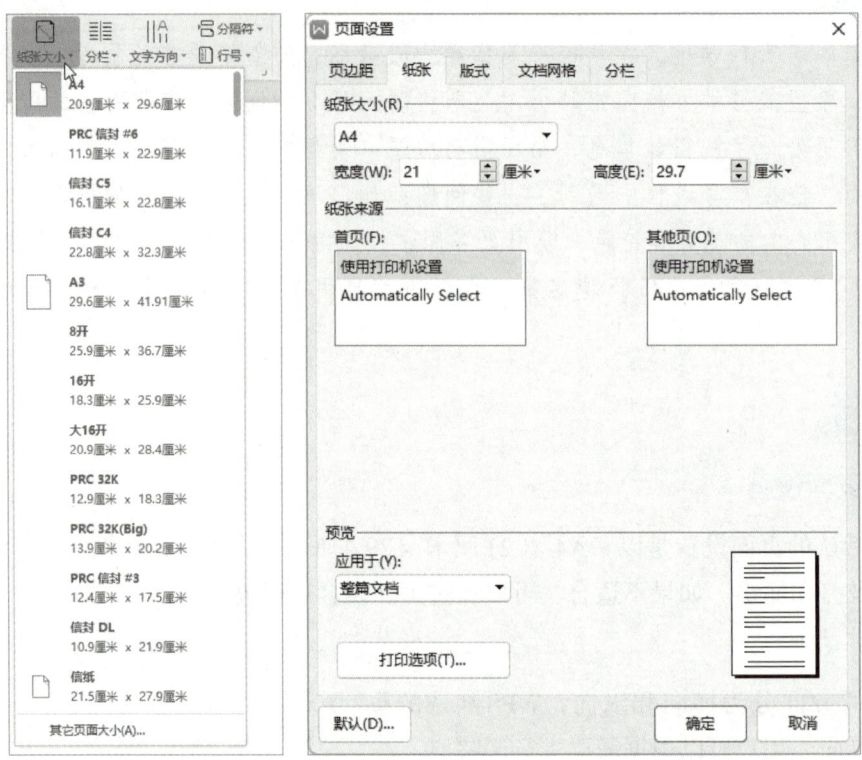

图3-44 "纸张大小"下拉列表　　图3-45 自定义纸张大小

3）单击需要的纸张规格，即可将纸张修改为指定的大小。

如果预置的纸张规格中没有需要的页面尺寸，选择"其他页面大小"命令，打开"页面设置"对话框。在"纸张大小"下拉列表框中选择"自定义大小"，然后在下方的"宽度"和"高度"数值框中输入尺寸，如图3-45所示。在"应用于"下拉列表框中还可以指定纸张大小应用的范围。设置完成后，单击"确定"按钮，关闭对话框。

3.调整页边距

页边距是页面的正文区域与纸张边缘之间的空白距离，包括上、下、左、右四个方向的边距，以及装订线的距离。页边距的设置在正式的文档排版中十分重要，太窄会影响文档装订，太宽不仅浪费纸张而且影响版面美观。

打开要设置页边距的文档。单击"页面布局"选项卡中的"页边距"按钮，在打开的下拉列表中可以看到，WPS内置了4种常用的页边距尺寸。单击需要的页边距设置，即可将指定的边距设置应用于当前文档或当前节。

如果内置的页边距样式中没有合适的边距尺寸，可以单击"自定义页边距"命令打开"页面设置"对话框，在"页边距"区域自定义上、下、左、右边距。如果文档要装订，还应设置装订线位置和装订线宽，在"应用于"下拉列表框中还可以指定边距的应用范围，如图3-46所示。

设置装订线宽可以避免装订文档时文档边缘的内容被遮挡。设置完成后，单击"确定"按钮关闭对话框。此时，在页边距下拉列表中可以看到自定义的边距设置，可将该自定义边距应用于其他文档。

4.设置页面背景

WPS默认的页面背景颜色为白色，通过设置背景，可以使文档外观更加赏心悦目。

1）单击"页面布局"选项卡中的"背景"按钮，打开图3-47所示下拉列表。

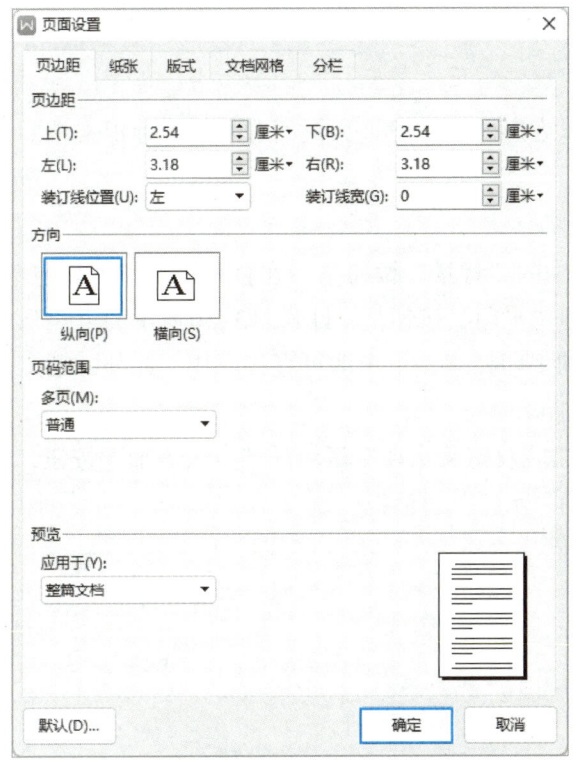

图3-46 常用的页边距尺寸

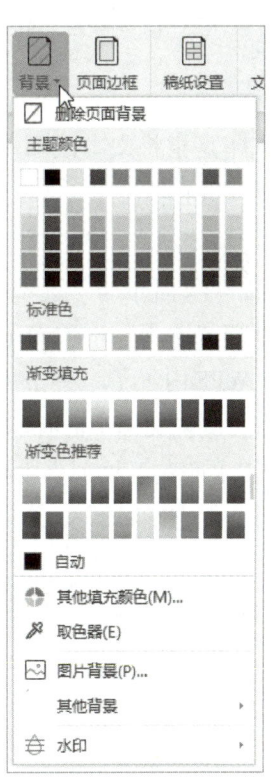

图3-47 "背景"下拉列表

2）在"主题颜色"和"标准色"区域单击任何一个色块，即可将选择的颜色作为背景颜色填充页面。

如果对系统提供的颜色不满意，可以选择"其他填充颜色"命令，打开图3-48所示的"颜色"对话框选择颜色，或切换到"自定义"选项卡中自定义颜色。

如果要提取当前窗口中的某种颜色为背景色，选择"取色器"命令，鼠标指针显示为滴管状。将指针移到要拾取的颜色区域，指针上方显示拾取的颜色，以及对应的RGB值，如图3-49所示。在要拾取的颜色上单击即可使用指定颜色填充页面。

3）如果希望将一幅图片作为背景填充页面，选择"图片背景"命令，在打开的"填充效果"对话框中选择背景图片。

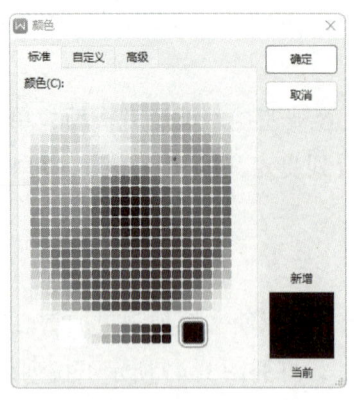

图3-48 "颜色"对话框

图3-49 使用取色器拾取颜色

5. 添加水印

添加水印是指将文本或图片以虚影的方式设置为页面背景，以标识文档的特殊性，例如密级、版权所有等。

1）打开要添加水印的文字文稿。

2）单击"页面布局"选项卡中的"背景"按钮，在打开的下拉列表中选择"水印"命令。或单击"插入"选项卡中的"水印"按钮，打开图3-50所示的下拉列表。从图中可以看到，WPS内置了一些常用的水印样式，单击即可直接应用。此外，还支持用户自定义水印样式、删除文档中已有的水印。

3）在"水印"下拉列表中单击"自定义水印"区域的"点击添加"按钮，或选择"插入水印"命令，打开图3-51所示的"水印"对话框。

图3-50 "水印"下拉列表

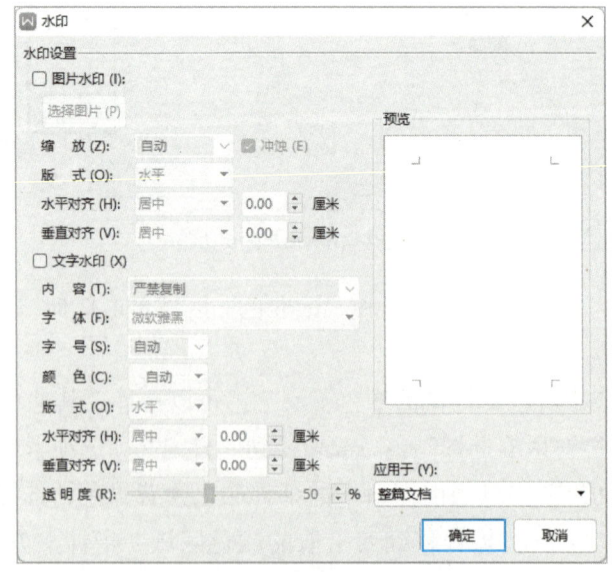

图3-51 "水印"对话框

4）在对话框中选择水印的类型，并详细定义水印的格式。

5）设置完成后，单击"确定"按钮关闭对话框，即可在文档中看到添加的水印效果。

二、设置项目符号和编号

使用项目符号和编号,可以对文档中具有并列关系的内容进行组织,或者将有先后顺序的内容进行编号,从而使文本内容的层次结构更加清晰、更具条理和可读性。

1. 添加项目符号

借助 WPS 的自动编号功能,只需在输入第一项时添加项目符号,输入其他列表项时自动添加项目符号。

1)在文档中选中列表的第一项,或将插入点放置在第一项的文本中。如果已创建了多个列表项,则选中所有列表项。

2)单击"开始"选项卡中的"项目符号"下拉按钮,打开图3-52所示的"项目符号"下拉列表。

3)在下拉列表中单击需要的项目符号样式,即可在选定段落左侧添加指定的项目符号。

4)按<Enter>键结束段落并换行,WPS自动在下一段落开始处添加项目符号。

5)在项目符号右侧输入列表的其他列表项,然后按<Enter>键输入下一项。

6)所有列表项输入完成后,按<Enter>键另起一行,然后按<Backspace>键删除自动添加的最后一个项目符号,即可结束列表项的创建。

2. 自定义项目符号

如果项目符号下拉列表中没有需要的符号样式,用户还可以自定义一种符号作为项目符号。

1)在"项目符号"下拉列表中选择"自定义项目符号"命令,打开图3-53所示的"项目符号和编号"对话框。

添加和自定义项目符号

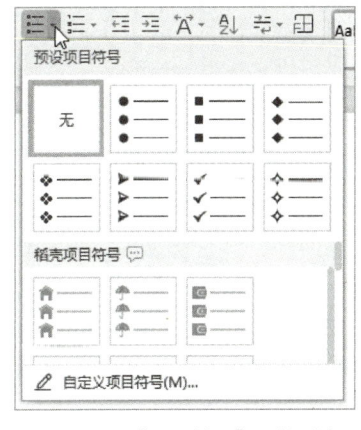

图3-52 "项目符号"下拉列表

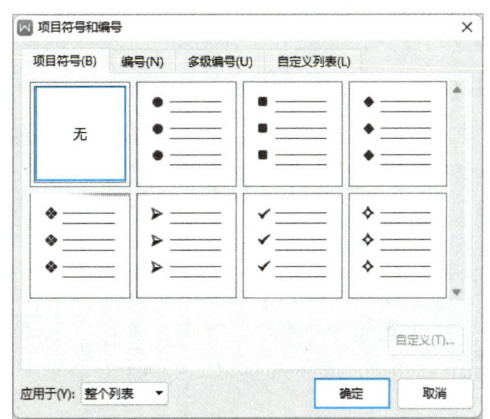

图3-53 "项目符号和编号"对话框

2)在符号列表中选择一种符号样式(不能选择"无"),单击"自定义"按钮,打开图3-54所示的"自定义项目符号列表"对话框。

3)单击"字符"按钮打开图3-55所示的"符号"对话框,设置符号字体后,在符号列表框中选择需要的符号,单击"插入"按钮,返回"自定义项目符号列表"对话框。

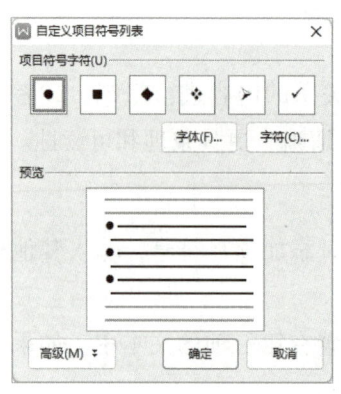
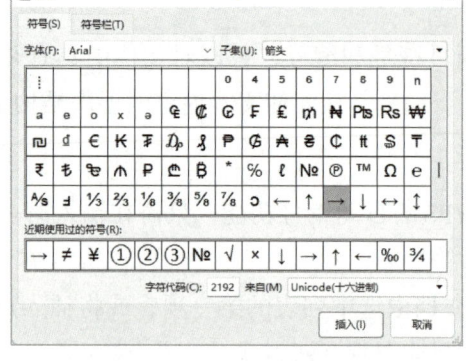

图3-54 "自定义项目符号列表"对话框　　　　图3-55 "符号"对话框

此时，在"自定义项目符号列表"对话框的符号列表中可以看到添加的符号，在"预览"区域可以看到项目符号的效果。

4）单击"高级"按钮，展开对话框，根据需要设置项目符号和符号之后的文本缩进位置。

5）如果要修改项目符号和列表项的字体、颜色等格式。单击"字体"按钮，打开"字体"对话框，在"复杂文种"选项区域设置项目符号的字形和字号，在"所有文字"选项区域设置项目符号的颜色。设置完成后，单击"确定"按钮返回"自定义项目符号列表"对话框。

6）在"自定义项目符号列表"对话框中单击"确定"按钮返回到"项目符号和编号"对话框。在"应用于"下拉列表框中选择自定义的项目符号要应用的范围。

①整个列表：将当前插入点所在的整个列表的项目符号都更改为自定义的符号。

②插入点之后：将当前插入点之后的列表项的项目符号更改为自定义的符号。

③所选文字：将所选文字所在的列表项的项目符号更改为自定义的符号。

7）设置完成后，单击"确定"按钮，关闭对话框，即可在文档中查看自定义的项目列表效果。

3.添加编号

添加和自定义编号

1）在文档中选中列表的第一项，或将插入点放置在第一项的文本中。如果已创建了多个列表项，则选中所有列表项。

2）单击"开始"选项卡"编号"下拉按钮 ，打开图3-56所示的"编号"下拉列表。

3）在下拉列表中单击需要的编号样式，即可在选定段落左侧添加指定的编号。

4.自定义编号

图3-56 "编号"下拉列表

如果编号下拉列表中没有需要的符号样式，用户还可以自定义一种符号作为编号符号。

1）在"编号"下拉列表中选择"自定义编号"命令，打开图3-57所示的"项目符号和编号"对话框的"编号"选项卡。

2）在编号列表中选择一种编号样式（不能选择"无"），单击"自定义"按钮，打开图3-58所示的"自定义编号列表"对话框。根据需要设置编号格式、编号样式以及起始编号。

3）设置完成后，单击"确定"按钮关闭对话框，即可在文档中查看自定义的编号列表效果。

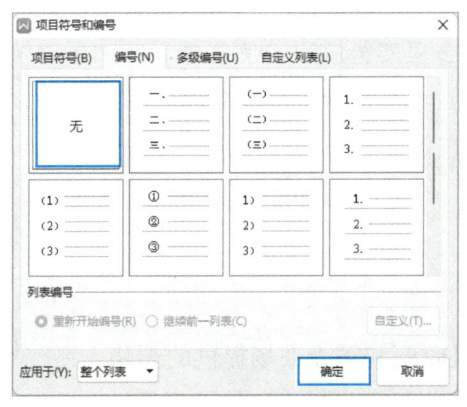

图3-57 "编号"选项卡

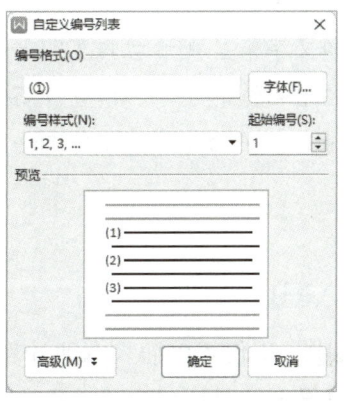

图3-58 "自定义编号列表"对话框

任务要求

本任务编辑"校园招聘启事"，要求掌握以下知识点：

1）新建空白文档并保存图形。

2）设置纸张大小和页边距。

3）输入文字，设置格式。

4）添加编号。

制作完成的"校园招聘启事"效果如图3-59所示。

图3-59 "校园招聘启事"效果

任务实施

"校园招聘启事"的制作

"校园招聘启事"的制作

任务3　编辑制作校园活动简报

情景引入

作为学校学生会宣传部的负责人，小李刚刚组织完一场精彩纷呈的校园文化节活动。为了及时向全校师生展示活动的成果和精彩瞬间，让更多人了解活动的意义和影响力，小李需要制作一份校园活动简报。但是，他在制作过程中遇到了不少挑战：如何选择最具代表性的图片和文字来呈现活动内容？怎样合理安排版面，使简报看起来既简洁大方又重点突出？如何运用合适的字体、颜色和格式，增强简报的视觉效果？经过思考，小李决定运用WPS Office的相关功能来精心打造这份校园活动简报。

知识准备

一、插入图片

插入图片

在WPS中，不仅可以插入本地计算机收藏和稻壳商场提供的图片，还支持从扫描仪导入的图片，甚至还可以通过微信扫描二维码连接到手机，插入手机中的图片。

1. 插入图片

1）单击文档中需要插入图片的位置，单击"插入"选项卡中的"图片"下拉按钮 ，在图3-70所示的下拉列表中选择图片来源。

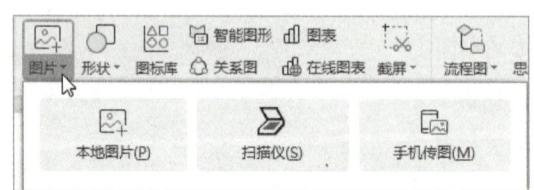

图3-70　"图片"下拉列表

2）选择图片来源，例如选择"本地图片（P）"命令，打开"插入图片"对话框，选择要插入的图片，单击"打开"按钮，插入图片。

在文档中插入的图片默认按原始尺寸或文档可容纳的最大空间显示，往往需要对图片的尺寸和角度进行调整，有时还要设置图片的颜色和效果，以与文档风格和主题融合。

2. 编辑图片

1）如果插入的图片中包含不需要的部分，或者希望仅显示图片的某个区域，不需要启动专业的图片处理软件，使用WPS提供的图片裁剪功能就可轻松实现。

①选中图片，单击"图片工具"选项卡中的"裁剪"按钮 ，图片四周显示黑色的裁剪标志，右侧显示"裁剪"级联菜单，如图3-71所示。将鼠标指针移动某个裁剪标志上，按住左键拖动至合适的位置释放，即可沿鼠标拖动方向裁剪图片。确认无误后按<Enter>键

或单击空白区域完成裁剪。

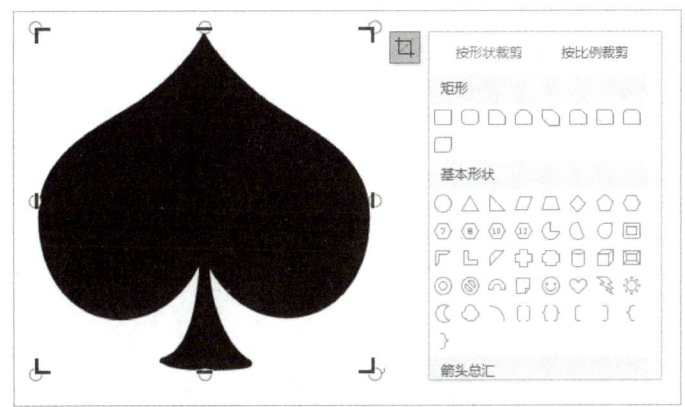

图3-71 "裁剪"级联菜单

②单击"裁剪"级联菜单中的形状，按<Enter>键或单击文档的空白区域，可以将图片裁剪为所需的形状。

③在"裁剪"级联菜单中切换到"按比例裁剪"选项卡，然后单击需要的比例，按<Enter>键或单击文档的空白区域，将图片的宽度和高度按比例裁剪。

如果要调整裁剪区域，可在裁剪状态下，在图片上按下左键拖动。

2）选中图片，在"图片工具"选项卡中，利用图3-72所示的"设置形状格式"功能组的工具按钮修改图片的颜色和形状效果。

图3-72 "设置形状格式"功能组

①单击"增加对比度"按钮 或"降低对比度"按钮 。增加对比度，画面中亮的地方会更亮，暗的地方会更暗；降低对比度，则明暗反差会减小。

②单击"增加亮度"按钮 或"降低亮度"按钮 ，调整图片画面的亮度。

③单击"颜色"下拉按钮 ，在弹出的下拉菜单中选择相应的命令，更改图片的颜色效果，例如显示为灰度、黑白或冲蚀效果。

④单击"图片轮廓"下拉按钮 图片轮廓 ，在打开图3-73所示的下拉列表中，可以设置图片轮廓的颜色、线型和粗细，为图片添加边框。

⑤单击"图片效果"下拉按钮 图片效果 ，在打开的下拉列表中选择需要的效果，如图3-74所示，为图片添加特效。

⑥在下拉列表中选择"更多设置"命令，打开图3-75所示的"属性"面板修改效果参数。

⑦单击"重设图片"按钮 ，取消对图片所做的所有更改。

⑧单击"更改图片"按钮 ，打开"更改图片"对话框，在对话框中选择替换图片，

单击"打开"按钮即可替换文档中的图片，但替换后的图片保留对原图片的所有更改，例如大小、颜色、边框和效果设置。

⑨图片的大小和角度调整以及环绕方式同图形对象的编辑，这里就不再详细介绍。

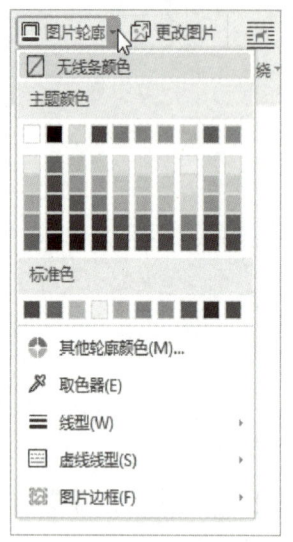

图3-73 "图片轮廓"下拉列表

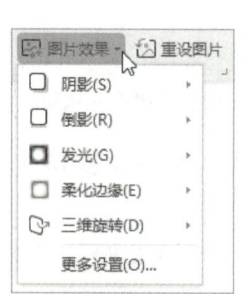

图3-74 "图片效果"下拉列表

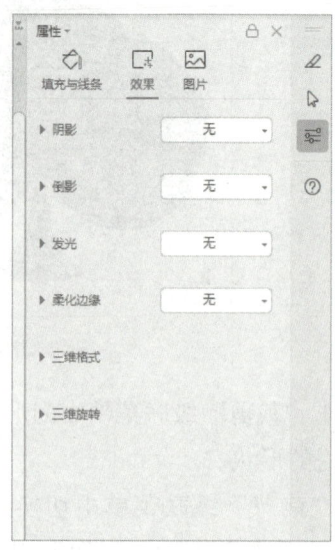

图3-75 "属性"面板

二、插入艺术字

在文档中，艺术字的运用能够赋予文字以超越常规的视觉魅力和表现力。它通过独特的字体风格、丰富的色彩搭配以及多变的形态设计，为标题、标语或其他需要强调的文字信息增添了一抹引人注目的艺术效果。

在WPS中创建艺术字有两种方式，一种是为选中的文字套用一种艺术字效果，另一种是直接插入艺术字。

1.创建艺术字

1）选中需要制作成艺术字的文本。如果不选中文本，将直接插入艺术字。

2）单击"插入"选项卡中的"艺术字"按钮 ，打开图3-76所示的下拉列表。

3）单击需要的艺术字样式，即可应用样式。如果应用样式之前选中了文本，则选中的文本可在保留字体的同时，应用指定的字号和效果，且文本显示在文本框中，如图3-77所示。

如果没有选中文本，则直接插入对应的艺术字编辑框，且自动选中占位文本"请在此放置您的文字"，如图3-78所示，需输入文字替换占位

图3-76 "艺术字"下拉列表

文本，然后修改文本字体。

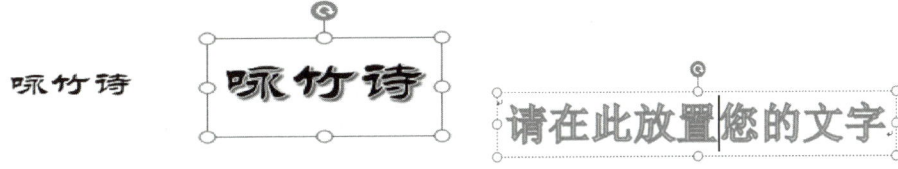

图3-77 套用艺术字样式前、后的效果　　图3-78 插入的艺术字编辑框

2.编辑艺术字

创建艺术字后，不仅可以编辑艺术字所在的文本框格式，还可以编辑艺术字的文本效果。

1）选中艺术字所在的文本框，单击"文本工具"选项卡中的"文本填充"按钮 文本填充 和"文本轮廓"按钮 文本轮廓，设置艺术字的效果。

2）在"文本工具"选项卡单击"文本效果"下拉按钮，在图3-79所示的下拉菜单中选择"转换（T）"命令，然后在级联菜单中选择一种文本排列方式，创建具有特殊排列方式的艺术字。

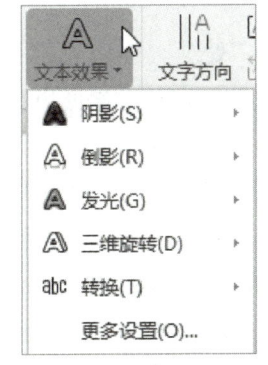

图3-79 "文本效果"下拉菜单

三、插入文本框

通过使用文本框，用户可以将文本很方便地放置到文档页面中的任意位置，而不必受到段落格式、页面设置等因素的影响。

插入文本框

1.插入文本框

1）单击"插入"选项卡"文本框"下拉按钮 文本框，打开图3-80所示的下拉列表框，选择任意选项。当鼠标指针变为一个十字形状时，把它移到要绘制文本框起点处，按住左键并拖动到目标位置，释放鼠标，即可绘制出以拖动的起始位置和终止位置为对角顶点的空白文本框，如图3-81所示。

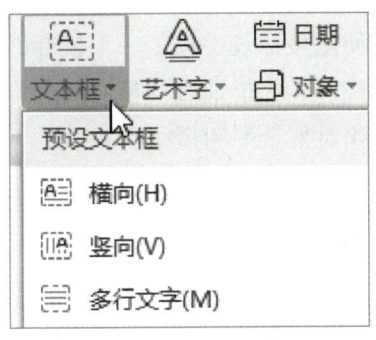
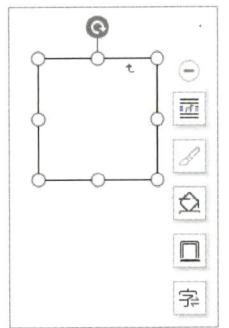

图3-80 "文本框"下拉列表　　图3-81 空白文本框

2）选中需要设置为文本框的内容，单击"插入"选项卡"文本框"下拉按钮 ![文本框]，在打开的下拉列表中选择"横向"或"竖向"命令，被选中的内容将被放置到文本框中。

在文本框中输入文本时会发现不同类型的文本框的区别："横向"和"竖向"文本框的大小是固定的，如果其中的内容超出了文本框的显示范围，超出的部分将不可见；而"多行文字"文本框则随其中内容的增加而自动扩展，以完全容纳所有内容。

如果在文本框中插入图片等非文本类型的内容，插入的内容将自动等比例缩小到文本框的宽度。

2. 设置文本框格式

处理文本框中的文字就像处理页面中的文字一样，可以在文本框中设置页边距，同时也可以设置文本框的文字环绕方式、大小等。

1）选中文本框中文本内容，利用"文本工具"选项卡中的工具按钮可以设置字符格式和段落格式。选中文本框，可以利用图3-81所示右侧的快速工具栏设置文本框的布局选项和外观效果。

2）右击文本框边框，打开快捷菜单，选择"设置对象格式"命令，将打开图3-82所示的"属性"窗格。

在"形状选项"的"填充与线条"选项卡中，可根据需要设置文本框的线条和颜色。

在"形状选项"的"效果"选项卡中，可根据需要设置文本框的显示效果，如阴影、发光、柔化边缘、三维旋转等。

在"文本选项"的"文本框"选项卡中，可以设置文本框格式内部边距，输入文本框与文本之间的各边间距数值即可。

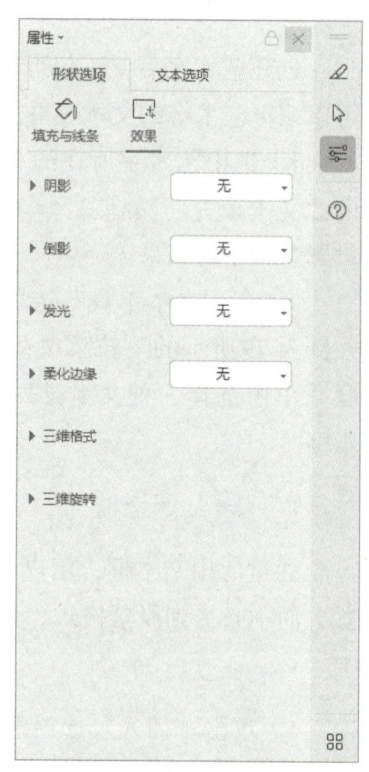

图3-82 "属性"窗格

四、绘制形状

WPS为用户提供了一系列丰富的内置形状库。借助这一功能，用户得以便捷地绘制出多种常用图形，且操作简便至极，仅需单击一下鼠标即可实现。即便用户缺乏绘图方面的专业知识或经验，亦能通过简单的图形组合以及编辑图形顶点的方式，轻松创建出一些相对复杂的图形结构。

绘制形状

1. 插入形状

单击"插入"选项卡中的"形状"下拉按钮 ![形状]，打开"形状"下拉列表，如图3-83所示。在面板中可选择线条、矩形、基本形状、箭头总汇、公式形状、流程图等图形，然后在绘图起始位置按住鼠标左键，拖动至结束位置就能完成所选图形的绘制，如图3-84所示。

注意

拖动鼠标的同时按住<Shift>键，可绘制宽和高相等的图形，如圆、正方形等。

2. 编辑形状

1）选中图形对象，图形对象四周出现控制手柄，如图3-85所示，拖动控制手柄调整图形对象大小和角度。

图3-84　绘制的形状

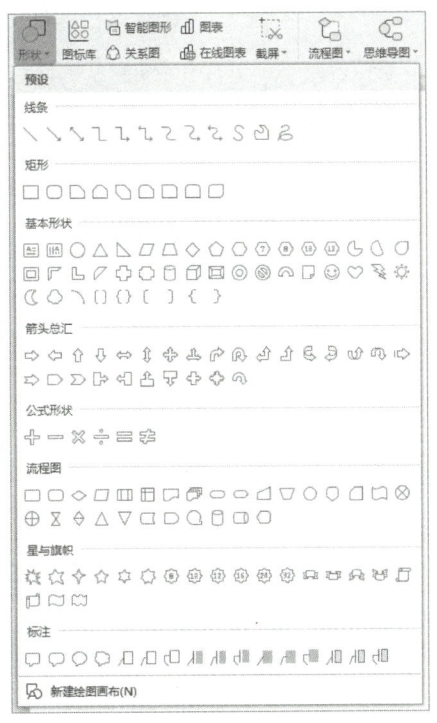

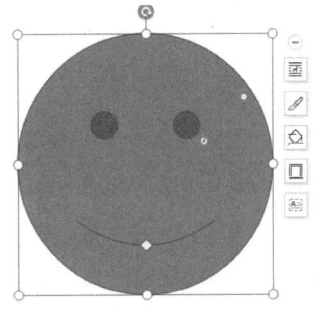

图3-83　"形状"下拉列表　　　图3-85　选中形状显示控制手柄

将鼠标指针移动到圆形控制手柄上，指针变成双向箭头时，按住左键拖动到合适位置释放，即可改变图形对象的大小。

提示

在图形对象四个角上的控制手柄上按下左键拖动，可约束比例缩放图片。

选中图形对象后，在"绘图工具"选项卡"大小和位置"功能组中可以分别设置图形对象的高度和宽度，精确地控制图形对象的尺寸。

单击"大小和位置"功能组右下角的扩展按钮 ⌐，在打开的"布局"对话框中也可以精确设置图形对象的尺寸和缩放比例，如图3-86所示。

2）将鼠标指针移到旋转手柄 ⌾ 上，指针显示为 ↻，按住左键拖动到合适角度后释放，图形对象绕中心点进行相应角度的旋转，如图3-87所示。

单击"大小和位置"功能组右下角的扩展按钮，打开图3-86所示的"布局"对话框，在"旋转"选项区域输入角度,可以将图形对象旋转到精确的角度。

单击"绘图工具"选项卡中的"旋转"下拉按钮 ,在打开的图3-88所示的下拉列表中选择需要旋转的角度,图形对象将进行相应的旋转和翻转。

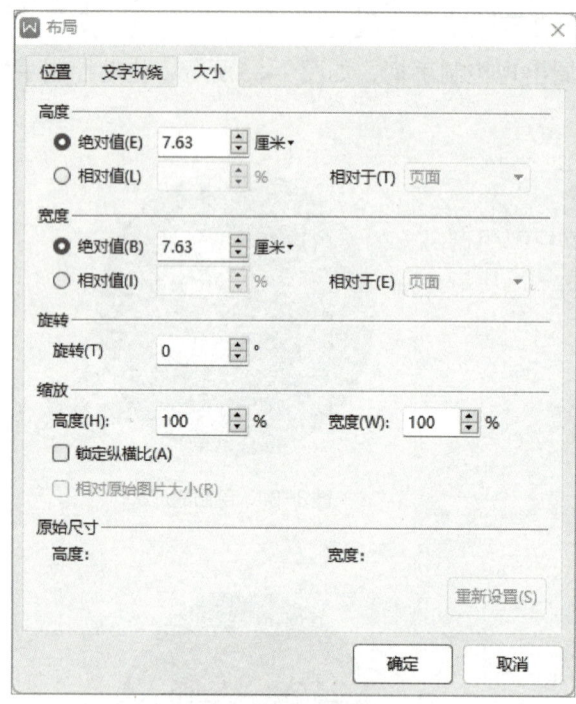

图3-86 "布局"对话框

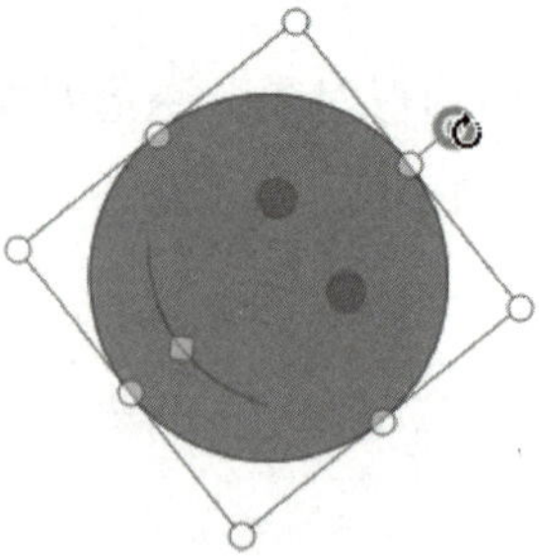

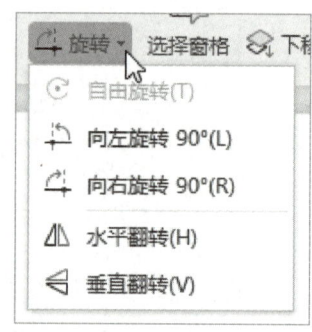

图3-87 旋转图形对象

图3-88 "旋转"下拉列表

3）单击图形对象右侧的"布局选项"按钮 ,在弹出的布局选项列表中可以看到,WPS提供了多种文字环绕方式,如图3-89所示,单击即可应用。单击"绘图工具"选项卡中的"环绕"下拉按钮 ,也可以打开文字环绕下拉列表,如图3-90所示。

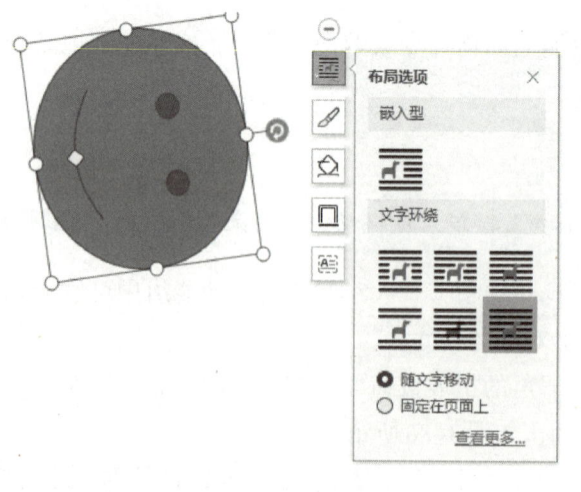

图3-89 布局选项

图3-90 文字环绕下拉列表

单击文字环绕方式图标按钮,可以大致了解各种环绕方式的效果。

①嵌入型：图形对象嵌入到某一行中，不能随意移动。

②四周型环绕：文字以矩形方式环绕在图形对象四周。

③紧密型环绕：文字根据图形对象轮廓形状紧密环绕在图片四周。当图形对象轮廓为不规则形状时，环绕效果与"穿越型环绕"相同。

④衬于文字下方：图形对象显示在文字下方，被文字覆盖。

⑤浮于文字上方：图形对象显示在文字上方，覆盖文字。

⑥上下型环绕：文字环绕在图形对象上方和下方显示，图形对象左、右两侧不显示文字。

⑦穿越型环绕：文字可以穿越不规则图形对象的空白区域环绕图形对象。

3. 修饰图形

如果需要进行形状填充、形状轮廓、颜色设置、阴影效果、三维效果、旋转和排列等基本操作，可先选定要编辑的图形对象，打开图3-91所示的"绘图工具"选项卡，选择相应功能按钮来实现。

图3-91 "绘图工具"选项卡

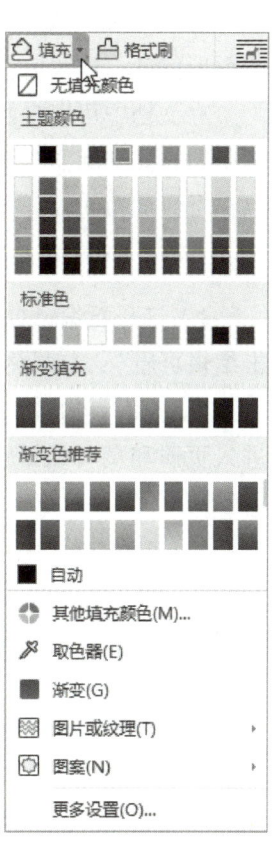

（1）形状填充　选择要填充的形状，单击"绘图工具"选项卡中的"填充"下拉按钮，打开图3-92所示的下拉列表。如果选择设置单色填充，可选择面板已有的颜色，或单击"其他填充颜色"命令选择其他颜色为填充色；如果选择设置图片填充，单击"图片或纹理"→"本地图片"命令，打开"选择纹理"对话框，选择一张图片填充图形；如果选择设置渐变填充，则单击"渐变"命令，打开图3-93所示"属性"窗格，选择"渐变填充"选项，选择一种渐变样式即可，也可自行设置渐变填充效果。

（2）形状轮廓　选择图形对象，单击"绘图工具"选项卡中的"轮廓"下拉按钮，打开图3-94所示的下拉列表，设置轮廓线的线型和颜色等。

（3）形状效果　形状效果包括阴影、倒影、发光、柔化边缘及三维旋转等多种类型效果。选择要设置形状效果的图形对象，单击"绘图工具"选项卡中的"形状效果"下拉按钮，打开图3-95所示的下拉列表，选择一种形状效果进行设置。

（4）应用内置样式　选择要形状填充的图片，在"绘图工具"选项卡的"形状样式"中选择一种内置样式即可应用到图片上。

图3-92 "填充"下拉列表

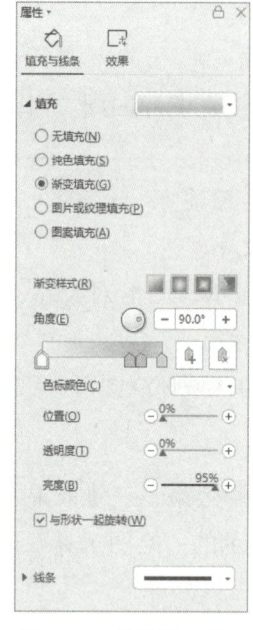
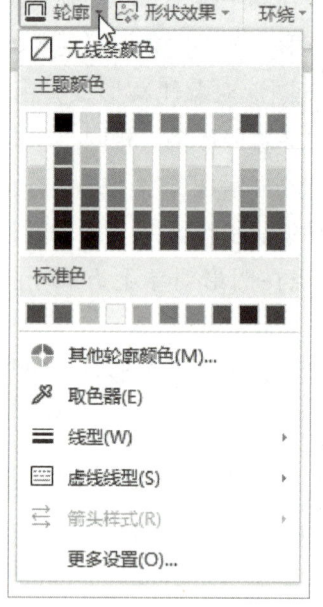
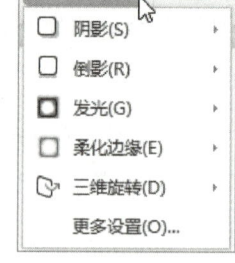

图 3-93 "属性"窗格　　图 3-94 "轮廓"下拉列表　　图 3-95 "形状效果"下拉列表

五、设置页眉、页脚和页码

在页眉和页脚中可以输入页码、日期、公司徽标、文档标题、文件名或作者名等文字或图形信息，这些信息通常打印在文档每页的顶部或底部。

在文档中可以自始至终用同一个页眉或页脚，也可以在文档的不同部分按节设置不同的页眉和页脚。例如，可以在首页上使用与众不同的页眉和页脚或者不使用页眉和页脚，还可以在奇数页和偶数页上使用不同的页眉和页脚，文档不同部分的页眉和页脚也可以不同。

1.插入页眉和页脚

1）打开要编辑页眉和页脚的文档。将鼠标指针移到页面顶端，WPS 显示提示信息"双击编辑页眉"，如果将指针移到页面底端，将显示"双击编辑页脚"。

2）双击页眉或页脚位置，或单击"插入"选项卡中的"页眉和页脚"按钮 ，即可进入页眉和页脚编辑状态，并自动切换到"页眉和页脚"选项卡。页眉编辑状态如图 3-96 所示。

图 3-96　页眉编辑状态

3）在"页眉和页脚"选项卡中，单击"页眉顶端距离"微调框中的 - 或 + 按钮，或直接输入数值调整页眉区域的高度；单击"页脚底端距离"微调框中的 - 或 + 按钮，或直接输入数值调整页脚区域的高度。

4）在页眉和页脚中输入并编辑内容。可以输入纯文字，也可以通过单击相应的按钮，插入横线、日期和时间、图片、域以及对齐制表位。

①单击"页眉横线"按钮，在图 3-97 所示的下拉列表中可以选择横线的线型和颜色。单击"删除横线"命令，可取消显示横线。

②单击"日期和时间"按钮，打开图 3-98 所示的"日期和时间"对话框，可以设置日期、时间的语言和格式。如果选中"自动更新"复选框，则插入的日期和时间会实时更新。

> **提示**
>
> 选择的语言不同，日期和时间的可用格式也会有所不同。

③单击"图片"按钮，在打开的下拉列表中选择图片来源，选择图片，可以在页眉或页脚中插入图片。

④单击"域"按钮，打开图 3-99 所示的"域"对话框，可以选择常用的域，也可手动编辑域代码，定制个性化的页眉和页脚内容。

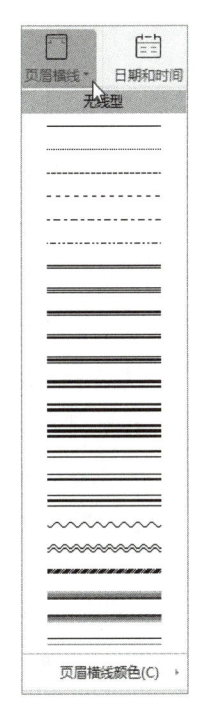

图 3-97 横线列表

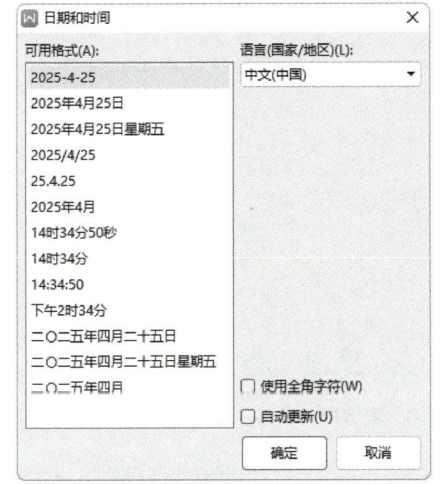

图 3-98 "日期和时间"对话框

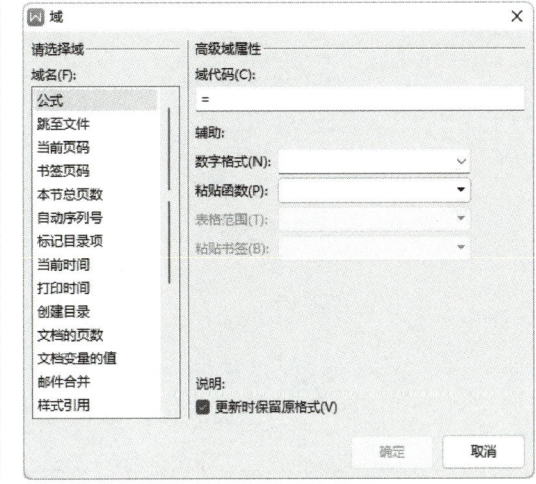

图 3-99 "域"对话框

⑤单击"插入对齐制表位"按钮，在图 3-100 所示的对话框中可以设置制表位的对齐方式和前导符。

插入的页眉内容可以像文档正文中的内容一样进行编辑修改和格式设置。

5）完成页眉内容的编辑后，单击"页眉和页脚"选项卡中的"页眉页脚切换"按钮，文档自动转至当前页的页脚编辑状态。

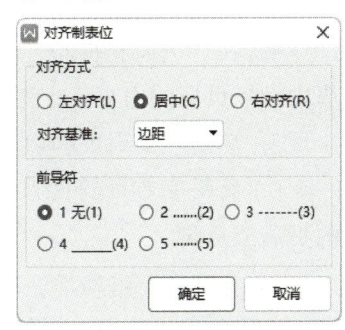

图 3-100 "对齐制表位"对话框

6）按照第4）步编辑页眉的方法编辑页脚内容。

7）如果对文档内容进行了分节或设置了首页的页眉和页脚不同，编辑完当前页面的页眉和页脚后，单击"显示前一项"按钮，可进入上一节的页眉或页脚编辑状态；单击"显示后一项"按钮，可以进入下一节的页眉或页脚编辑状态。

8）完成所有编辑后，单击"页眉和页脚"选项卡中的"关闭"按钮 ，即可退出页眉和页脚的编辑状态。

2. 创建首/奇偶页不同的页眉和页脚

为文档设置页眉和页脚后，默认情况下，所有页面在相同的位置显示相同的页眉和页脚。在编排长文档时，通常要求首页设置与其他页面不同的页眉、页脚样式。

1）在文档页眉或页脚处双击鼠标左键进入编辑状态。

2）单击"页眉和页脚"选项卡中的"页眉页脚选项"按钮 ，打开"页眉/页脚设置"对话框，选中"首页不同"复选框，如图3-101所示。如果要在首页页眉中显示横线，选中"显示首页页眉横线"复选框。

图3-101 选中"首页不同"复选框

3）设置完成后，单击"确定"按钮，关闭对话框。此时，在首页的页眉和页脚区域会标注"首页页眉"和"首页页脚"。

4）在"页眉和页脚"选项卡中，分别调整页眉区域和页脚区域的高度，然后在首页页眉中编辑页眉的内容。

5）单击"页眉页脚切换"按钮 ，自动转至首页的页脚，编辑页脚内容。

6）编辑完首页的页眉和页脚后，单击"显示后一项"按钮，可以进入下一页或下一节的页眉或页脚。

7）完成所有编辑后，单击"页眉和页脚"选项卡中的"关闭"按钮 ，退出页眉和页脚的编辑状态。

采用相同的方法，可以创建奇偶页不同的页眉和页脚。

3. 插入页码

为文档插入页码一方面可以统计文档的页数，另一方面便于读者快速定位和检索。页码通常添加在页眉或页脚中。

1）打开要插入页码的文档。单击"插入"选项卡中的"页码"下拉按钮，在打开的下拉列表中单击需要页码显示的位置，即可进入页眉和页脚编辑状态，在整篇文档所有页面的指定位置插入页码，如图3-102所示。

2）单击"重新编号"下拉按钮，设置页码的起始编号，如图3-103所示。如果在文档中插入了分节符，可以设置当前节的页码是否续前节排列。

图3-102　插入页码　　　　　　　　　图3-103　设置页码的起始编号

3）单击"页码设置"下拉按钮，在打开的下拉列表中修改页码的编号样式、显示位置以及应用范围，如图3-104所示。

4）如果要取消显示页码，单击"删除页码"下拉按钮，在打开的下拉列表中选择要删除的页码范围，如图3-105所示。

5）设置完成后，单击"页眉和页脚"选项卡中的"关闭"按钮，退出页眉和页脚的编辑状态。

如果要修改页码，双击页眉和页脚区域，按照步骤3）~5）进行重新设置，或单击"插入"选项卡中的"页码"下拉按钮，在打开的下拉列表中选择"页码"命令，打开图3-106所示的"页码"对话框进行修改。

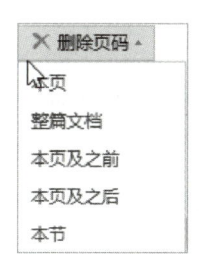
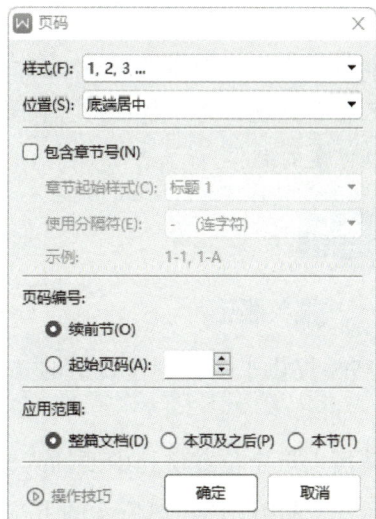

图3-104　设置页码格式　　图3-105　删除页码　　图3-106　"页码"对话框

任务要求

本任务制作"校园活动简报",要求掌握以下知识点:
1)新建空白文档。
2)页眉中插入背景图片,设置布局选项。
3)插入艺术字,设置布局选项。
4)绘制形状,设置布局选项。

制作完成的"校园活动简报"效果如图3-107所示。

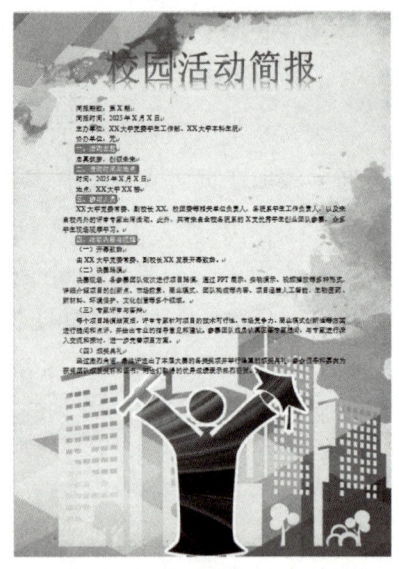

图3-107 "校园活动简报"效果

任务实施

"校园活动简报"的制作   "校园活动简报"的制作

任务4　制作学生个人信息登记表

情景引入

新学期伊始,学校为了更好地管理学生信息,要求各班级重新收集并整理学生的个人信息。小张是班级的班长,负责这项工作。他需要制作一份学生个人信息登记表,以便同学们填写个人基本信息、学习成绩、获奖情况等内容。可是,小张在设计表格时遇到了困难:如何确保表格的格式规范,能够准确收集到所需的信息?怎样设置表格的样式,使其看起来整齐美观?为了解决这些问题,小张打算借助 WPS Office 软件来完成这份学生个人信息登记表的制作。

知识准备

一、插入表格

插入表格

WPS 提供了多种创建表格的方法,读者可以根据自己的使用习惯灵活选择。

将插入点定位在文档中要插入表格的位置,然后单击"插入"选项卡中的"表格"下拉按钮,打开图3-113所示的下拉列表。

在"表格"下拉列表中可以看到,WPS在这里提供了3种创建表格的方式,下面分别进行简要介绍。

1）如果要快速创建一个无任何样式的表格，在下拉列表中的表格模型上移动鼠标，指定表格的行数和列数，选中的单元格区域显示为橙色，表格模型顶部显示当前选中的行列数，如图3-114所示。单击鼠标，即可在文档中插入表格，列宽按照窗口宽度自动调整。

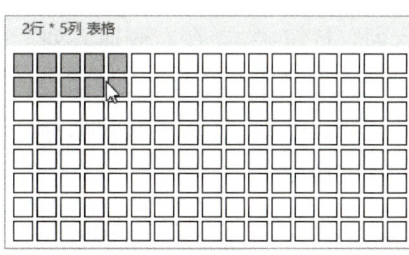

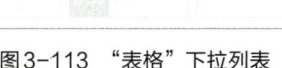

图3-113 "表格"下拉列表　　　　图3-114 使用表格模型创建表格

2）如果希望创建指定列宽的表格，在下拉列表中单击"插入表格"命令，在图3-115所示的"插入表格"对话框中分别指定表格的列数和行数，然后在"列宽选择"区域指定表格列宽。如果希望以后创建的表格自动设置为当前指定的尺寸，则选中"为新表格记忆此尺寸"复选框。设置完成后，单击"确定"按钮插入表格。

3）如果希望快速创建特殊结构的表格，选择"绘制表格"命令，此时鼠标指针显示为铅笔形 ✎，按住左键拖动，文档中将显示表格的预览图，指针右侧显示当前表格的行列数，如图3-116所示。释放鼠标，即可绘制指定行列数的表格。

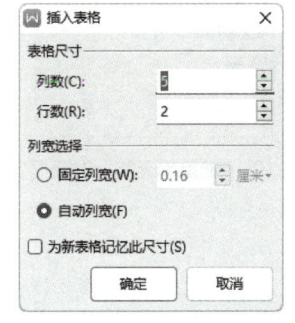

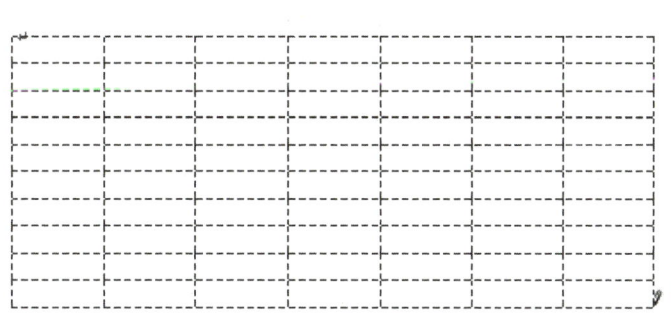

图3-115 "插入表格"对话框　　　　图3-116 绘制表格

在表格绘制模式下，按住键盘上的<Ctrl>键，在单元格中按住鼠标左键拖动，就可以很方便地绘制斜线表头。绘制完成后，单击"表格工具"选项卡中的"绘制表格"按钮，即可退出绘制模式。

编辑表格

二、编辑表格

建立表格后，如不满足要求，可以对表格进行编辑，如改变表格的大小和位置，插入或删除行、列、单元格，合并、拆分单元格等。

1. 改变表格的大小和位置

1）拖动表格右下角的控制点，可以调整表格的宽度和高度。

2）拖动表格左上角的移动标记，可以移动表格到所需位置。

2. 插入行和列

1）将插入点定位于表格中需要插入行、列或者单元格的位置。

2）在"表格工具"选项卡中单击"在上方插入行"按钮、"在下方插入行"按钮、"在左侧插入列"按钮、"在右侧插入列"按钮可方便地插入行或列。

3）如果要在表格底部添加行，可以直接单击表格底边框上的 + 按钮或将插入点置于末行行尾的段落标记前，直接按<Enter>键插入一行；如果要在表格右侧添加列，直接单击表格右边框上的按钮。

3. 插入单元格

将插入点置于要插入单元格的位置，单击功能组右下角按钮，打开"插入单元格"对话框，如图3-117所示。选择相应的插入方式后，单击"确定"按钮即可。

4. 删除行、列和单元格

如果要删除单元格、行或列，则选中相应的表格元素之后，单击"删除"下拉按钮，在图3-118所示的下拉列表中选择要删除的表格元素。选择"单元格"命令，在图3-119所示的"删除单元格"对话框中可以选择填补空缺单元格的方法。

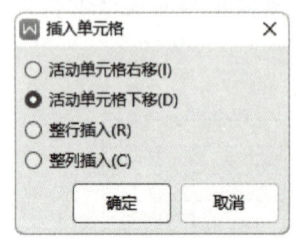 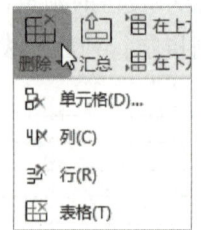 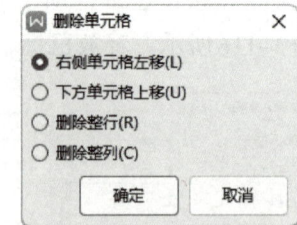

图3-117 "插入单元格"对话框　　图3-118 "删除"下拉列表　　图3-119 "删除单元格"对话框

> **提示**
>
> 选取单元格后，按<Del>键只能删除该单元格中的内容，不会从结构上删除单元格。使用"删除单元格"对话框不仅可以删除单元格内容，也会在表格结构上删除单元格。

5. 合并单元格

将多个单元格合并为一个叫作合并单元格。合并单元格有以下两种方法。

1）选中需要合并的单元格，单击"表格工具"选项卡中的"合并单元格"按钮，或者右击，在弹出的快捷菜单（见图3-120）中选择"合并单元格"命令。合并单元格后，原来单元格的列宽和行高合并为当前单元格的列宽和行高。

2）选中需要合并的单元格，单击"表格工具"选项卡中的"擦除"按钮，此时鼠标指针显示为橡皮擦形状，在要合并的两个单元格之间的边框线上按住左键拖动，选中的边框线变为红色粗线，释放鼠标，即可擦除边框线，共用该边框线的两个单元格合并为一个。

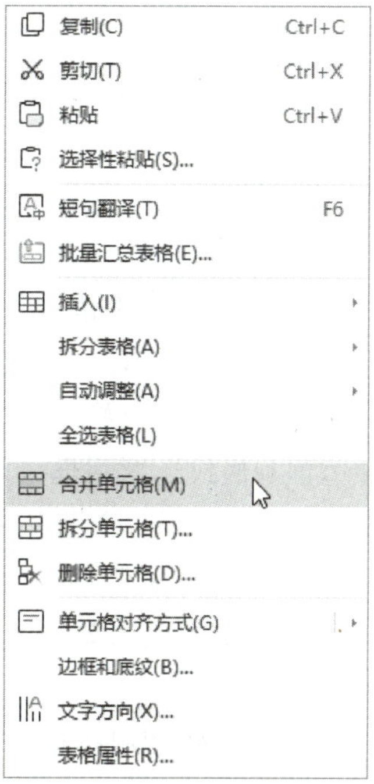

6. 拆分单元格

拆分单元格是将一个单元格拆分为多个。

1）选中要进行拆分的单元格。单击"表格工具"选项卡中的"拆分单元格..."按钮，或者右击，在快捷菜单中选择"拆分单元格"命令，打开图3-121所示的"拆分单元格"对话框。

2）指定将选中的单元格拆分的行数和列数。如果选择了多个单元格，选中"拆分前合并单元格"复选框，可以先合并选定的单元格，然后进行拆分。

3）单击"确定"按钮关闭对话框，即可看到拆分效果。

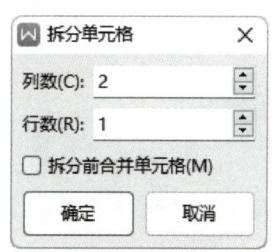

图3-120 快捷菜单

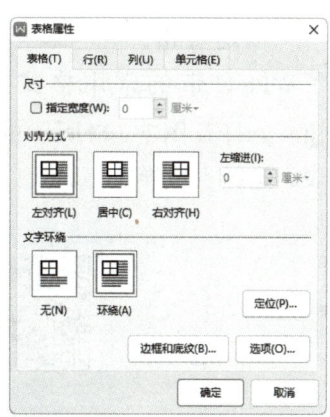

图3-121 "拆分单元格"对话框

7. 调整表格的列宽与行高

创建表格后，可以根据表格内容的需要调整表格的列宽与行高。

（1）使用鼠标调整表格的列宽与行高　若要改变列宽或行高，可以将指针停留在要更改其宽度的列的边框线上，直到鼠标指针变为形状时，按住鼠标左键拖动，达到所需列宽（或行高）时，松开鼠标即可。

（2）使用对话框调整行高与列宽　用鼠标拖动的方法直观但不易精确掌握尺寸，使用功能区中的命令或者表格属性，可以精确地设置行高与列宽。将插入点置于要改变列宽和行高的表格中，单击"表格工具"选项卡中的"表格属性"按钮，打开"表格属性"对话框，如图3-122所示，可以精确设置表格宽度；切换到"行"和"列"选项卡，可以分别设置行高与列宽。设置完成后，单击"确定"按钮关闭对话框。

图3-122 "表格属性"对话框

三、设置表格的边框和底纹

为美化表格或突出表格的某一部分,可以为表格添加边框和底纹。

设置表格的边框和底纹

选定要设置边框和底纹的单元格,单击"表格工具"选项卡中的"表格属性"按钮,打开"表格属性"对话框,在"表格"选项卡中单击"边框和底纹"按钮,打开"边框和底纹"对话框,如图3-123所示。在"边框"选项卡中可以设置边框的样式,选择边框线的类型、颜色和宽度,在"底纹"选项卡中可以设置填充色、底纹的图案和颜色,若是只应用于所选单元格,则在"应用于"下拉列表中选择"单元格"选项。

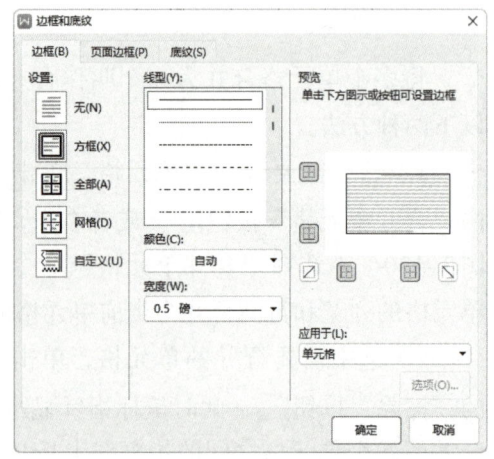
图3-123 "边框与底纹"对话框

另外可以使用功能区中的命令按钮设置边框和底纹。选定要设置边框和底纹的单元格,单击"表格样式"选项卡中"边框"下拉按钮 边框 ,在打开的下拉列表中选择相关的边框命令设置边框,边框命令区还可以设置线型、线宽和颜色。单击"表格样式"选项卡中"底纹"下拉按钮 底纹 ,在打开的下拉列表中设置底纹。

> **知识拓展**
>
> 上述有关表格的操作,还可以在选定表格(或行、列、单元格)的条件下,右击使用相应的快捷菜单命令实现。

四、表格的自动套用格式

使用上述方法设置表格格式,有时比较麻烦,因此,WPS提供了很多现成的表格样式供用户选择,这就是表格的自动套用格式。

选定表格,在"表格样式"选项卡中列出了WPS自带的常用格式,可以单击右边的按钮 ,打开图3-124所示的"表格样式"下拉列表,选择表格样式,表格自动套用所选样式。

表格的自动套用格式

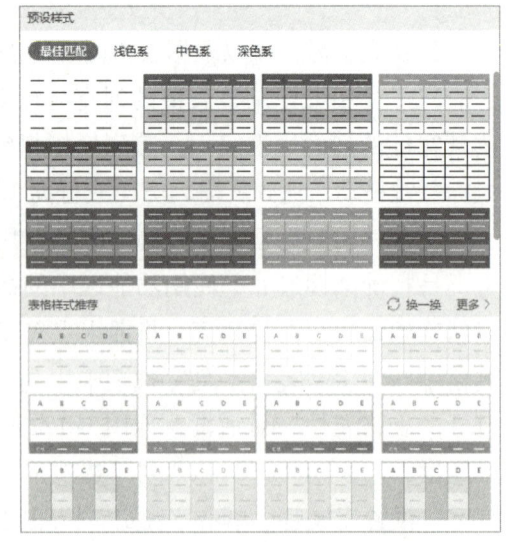
图3-124 "表格样式"下拉列表

任务要求

本任务制作"学生个人信息登记表",要求掌握以下知识点:

1)表格的创建。
2)表格的编辑。
3)设置表格格式。

制作完成的"学生个人信息登记表",效果如图3-125所示。

任务实施

"学生个人信息登记表"的制作

"学生个人信息登记表"的制作

学生个人信息登记表

姓名		性别		出生年月		
曾用名		籍贯		民族		(照片)
是否入党		入党时间		年龄		
身份证号						
父母信息	父亲姓名			职业		
	母亲姓名			职业		
	备注					
学历信息	学历学位			毕业院校系及专业		
爱好						
联系方式	户籍所在地					
	家庭住址					
	手机号码			QQ号或微信号		

图3-125 "学生个人信息登记表"效果

任务5 编辑毕业论文

情景引入

小赵是一名大四的学生,经过长时间的研究和撰写,他的毕业论文初稿已经完成。然而,他深知毕业论文的质量对于自己的学业和未来发展至关重要,需要进行精心的编辑和修改。在编辑过程中,小赵遇到了一系列问题:如何确保论文的格式符合学校的要求,包括字体、字号、行距、页边距等?怎样对论文的内容进行优化,使其逻辑更加清晰、论证更加严谨?为了顺利完成毕业论文的编辑工作,小赵决定运用 WPS Office 软件的各种功能来对论文进行细致的打磨。

知识准备

一、分页与分节

长篇文档通常包含多个并列或层级的组成部分,在编排这类文档时,合理地进行分页和分节能使文档结构更清晰。将文档内容分页或分节后,还可以在不同的内容部分采用不同的页面布局和版面设置。

分页与分节

1. 使用分页符分页

分页符用于标记本页终止并开始下一页。默认情况下，文档内容超出页面能容纳的行数时，会自动进入下一页。如果希望文档中指定位置之后的内容在新的一页开始显示，可以利用分页符进行精准分页。

1）将插入点定位在需要分页的位置，单击"插入"选项卡中的"分页"下拉按钮，打开图3-132所示的下拉列表。

2）选择"分页符"命令，或直接按<Ctrl+Enter>组合键，即可在指定位置显示分页符标记。分页符前、后的页面属性默认保持一致。

分栏符通常用于分栏文档中，将分栏符之后的内容移至另一栏显示。如果文档为单栏，效果与分页符相同。

使用换行符可以从指定位置强制换行，并在换行位置显示换行标记↵。换行符前后的文本段落仍属于同一个段落。

图3-132 "分页"下拉列表

2. 使用分节符分节

使用分节符可以将文档内容按结构分为不同的"节"，在不同的"节"使用不同的页面设置或版式。

1）将插入点定位在文档中需要分节的位置。

2）单击"插入"选项卡中的"分页"下拉按钮，在打开的下拉列表中选择需要的分节符。

选择"下一页分节符"命令，插入点之后的内容作为新节内容移到下一页。

选择"连续分节符"命令，插入点之后的内容换行显示，但可设置新的格式或版面，通常用于混合分栏的文档。

选择"偶数页分节符"命令，插入点之后的内容转到下一个偶数页开始显示。如果插入点在偶数页，将自动插入一个空白页。

选择"奇数页分节符"命令，插入点之后的内容转到下一个奇数页开始显示。如果插入点在奇数页，将自动插入一个空白页。

插入分节符后，上一页的内容结尾处显示分节符的标记。如果要删除分节符，可将插入点定位在分节符左侧，然后按<Del>键。

利用"章节"选项卡中的"新增节"下拉列表（见图3-133），也可以很方便地创建分节符。

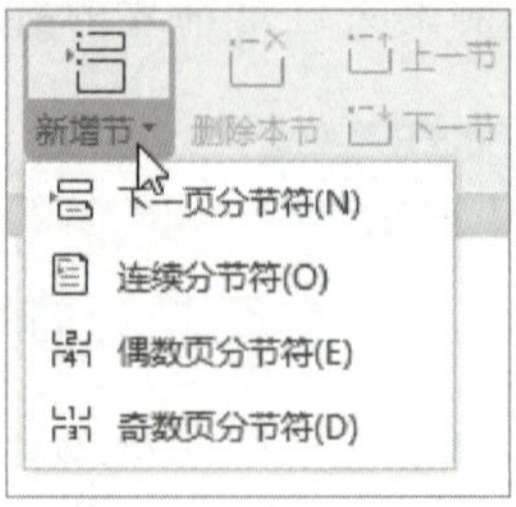

单击"章节"选项卡中的"删除本节"按钮，可删除当前插入点定位点所在的节内容以及分节符标记。单击"上一节"按钮或"下一节"按钮，可将插入点定位点移到上一节或下一节的开始位置。

图3-133 "新增节"下拉列表

二、编制目录和索引

1. 编制目录

编制目录和索引

目录是文档中标题的列表,通过目录,可以在目录的首页按<Ctrl>键同时单击目录链接跳到目录所指向的章节,也可以打开视图导航窗格,把整个文档结构列出来。

1)选中需要显示在目录中的标题,单击"引用"选项卡中的"目录"下拉按钮,打开图3-134所示的下拉列表。WPS内置了几种目录样式,单击即可插入指定样式的目录。

2)选择"自定义目录"命令,打开图3-135所示的"目录"对话框,自定义目录标题与页码之间的分隔符、显示级别和页码显示方式。

"显示级别"下拉列表框用于指定在目录中显示的标题的最低级别,低于此级别的标题不会显示在目录。

如果选中"使用超链接"复选框,目录项将显示为超链接,单击目录跳转到相应的标题内容。

如果要将目录项的级别和标题样式的级别对应起来,单击"选项"按钮,打开图3-136所示的"目录选项"对话框进行设置。

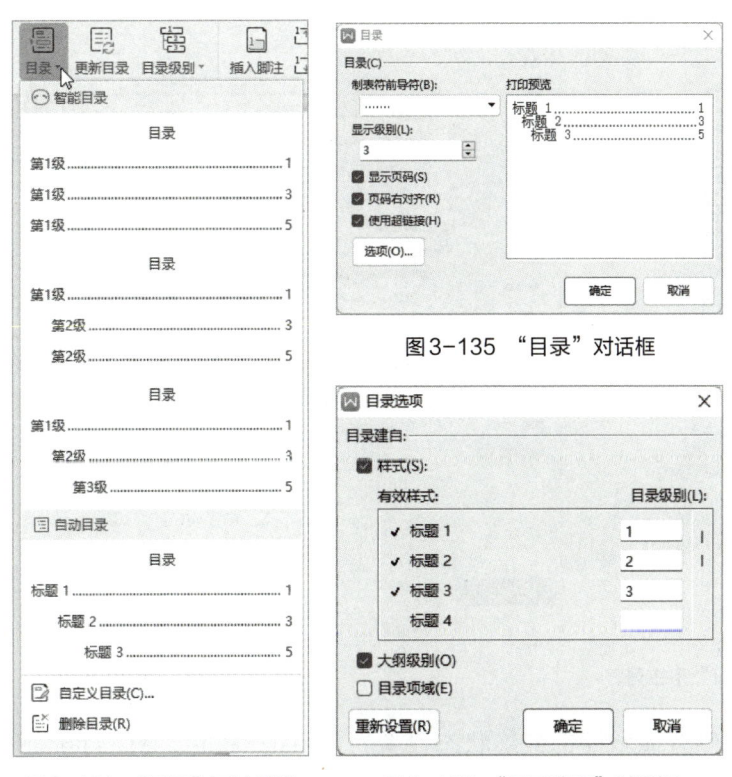

图3-134 "目录"下拉列表　　图3-135 "目录"对话框

图3-136 "目录选项"对话框

3)设置完成后,单击"确定"按钮,即可插入目录。此时,按住<Ctrl>键单击目录项,即可跳转到对应的位置。

2. 编制索引

目录可以帮助读者快速了解文档的主要内容，索引可以帮助读者快速查找需要的信息。

单击"引用"选项卡中的"插入索引"按钮，打开图3-137所示的"索引"对话框，在对话框中设置选择相关的项，单击"确定"按钮即可。

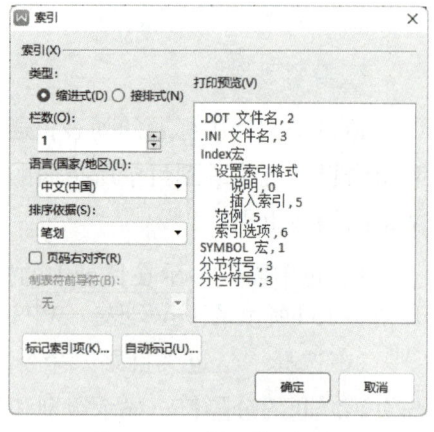

图3-137 "索引"对话框

三、文档修订与批注

1. 修订操作

启动修订功能可以显示文档中所操作过的如删除、插入或其他编辑、更改的位置的标记。

单击"审阅"选项卡中的"修订"下拉按钮，打开图3-138所示的"修订"下拉列表，选择"修订"命令或按<Ctrl+Shift+E>组合键启动修订功能。

启动"修订"功能后，文字删除、增加、空格等都会自动呈现备注等信息。

选择"修订选项"命令，打开"选项"对话框的"修订"选项卡（见图3-139），用户可以根据自己的设置标记、标记和打印。

文档修订与批注

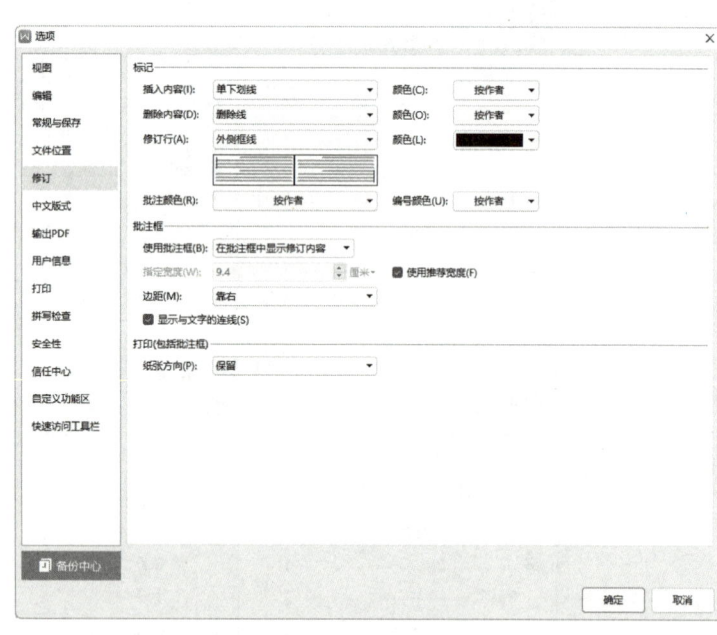

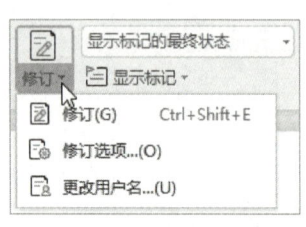

图3-138 "修订"下拉列表

图3-139 "修订"选项卡

在修订的右侧有显示标记最终状态设置栏，单击 · 按钮，打开图3-140所示的下拉列表，可设置显示标记的原始状态和最终状态，或者不显示标记的原始状态和最终状态。

启动修订功能后，再次单击"修订"按钮，或按<Ctrl+Shift+E>组合键可关闭修订功能。

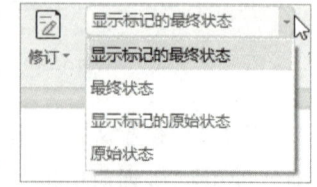

图3-140 显示标记状态

用户可对修订的内容选择接收或拒绝修订，单击"审阅"选项卡中的单击"接受"或"拒绝"按钮，在打开的下拉列表中可以设置"接受或拒绝单个修订""接受或拒绝所有格式的修订""接受或拒绝所有显示的修订""接受或拒绝对文档所做的所有修订"。

2. 批注操作

批注指作者或审阅者为文档添加的注释。

（1）插入批注　选中要插入批注的文字或插入点，单击"审阅"选项卡中的"插入批注"按钮，插入批注，批注可以是意见、建议或疑问等。

（2）删除批注　若要快速删除单个批注，右击批注，然后从弹出的快捷菜单中选择"删除批注"按钮即可。或者单击"审阅"选项卡中的"删除"下拉按钮，在打开的下拉列表中选择"删除批注"命令，删除所选批注；如果选择"删除文档中的所有批注"命令，将删除文档中的所有批注。

任务要求

本任务制作的"编辑毕业论文"要求掌握以下知识点：

1）新建和保存文档。

2）设置分页符和分节符。

3）设置页眉、页脚和页码，插入目录。

4）使用修订与批注。

5）添加水印。

制作完成的"编辑毕业论文"效果如图3-141所示。

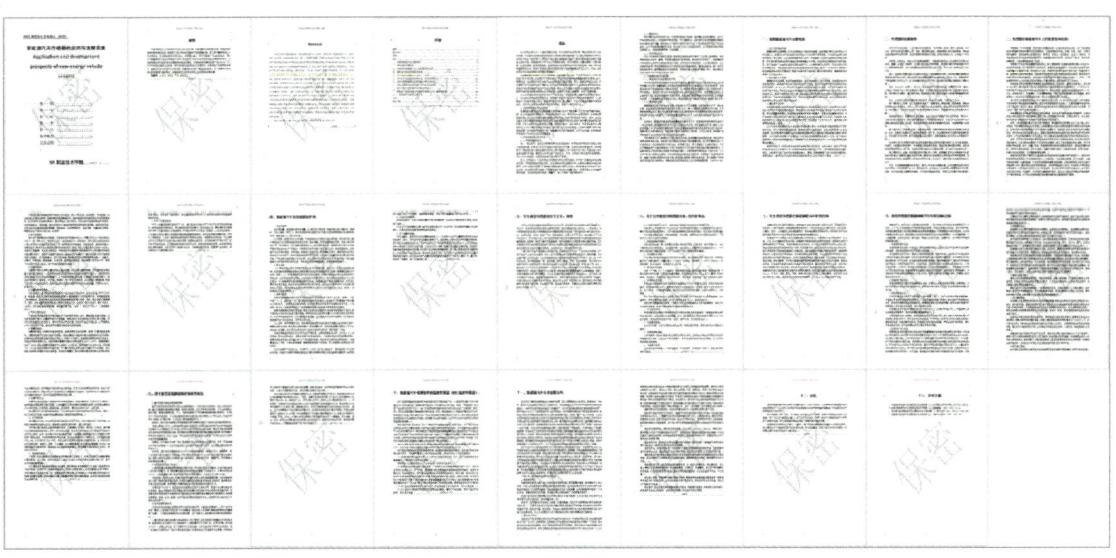

图3-141　"编辑毕业论文"效果

> **任务实施**

"编辑毕业论文"
的制作

"编辑毕业论文"
的制作

任务6　批量制作学生期末成绩单

> **情景引入**

小周作为班里的学习委员，收到老师的各科考试单后，需要将每位学生的期末成绩制作成规范的成绩单，并发放到学生手中。小周深知，必须找到一种高效的方法来完成这项任务。他思考着：怎样才能快速将成绩数据整合到统一的成绩单模板中？如何确保每位学生的信息准确无误，且成绩单格式整齐规范？这时，他想到了可以利用WPS Office的强大功能来实现批量制作。于是，他决定深入学习相关操作，运用所学知识高效完成批量制作学生期末成绩单的工作，为老师的教学管理工作提供有力支持。

> **知识准备**

一、邮件合并

使用"邮件合并"功能可以快捷地制作出大量的信函、信封、标签、工资条、成绩单以及大宗电子邮件和传真分发，并且将客户的信息保存，以便今后重复使用。

邮件合并

1.选取数据源文档

1）单击"引用"选项卡的"邮件"按钮✉，打开"邮件合并"选项卡，如图3-154所示。

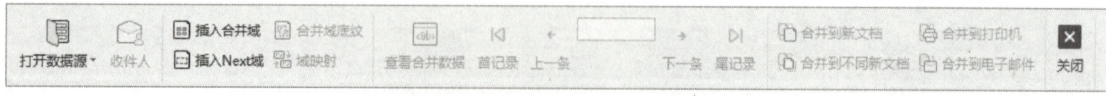

图3-154　"邮件合并"选项卡

2）单击"打开数据源"按钮，打开"选取数据源"对话框，选择需要的源文档，单击"打开"按钮，将文档表格或电子表格导入。

3）单击"收件人"按钮✉，打开"邮件合并收件人"对话框，可以看到表格的数据已经被设计到文字文档，方便筛选，如图3-155所示。

2. 插入合并域

1）数据导入文档中只是将相应的数据信息准备到位，仍然需要手动将对应字段数据插入对应位置，也就是插入合并域。

2）将插入点定位到数据内容需要变化的位置。单击"邮件"选项卡中的"插入合并域"按钮，打开"插入域"对话框，如图3-156所示，"域"列表框中域由上文导入的表格数据文档所生成，选择需要的域，单击"插入"按钮，会在插入点处生成域，如图3-157所示。

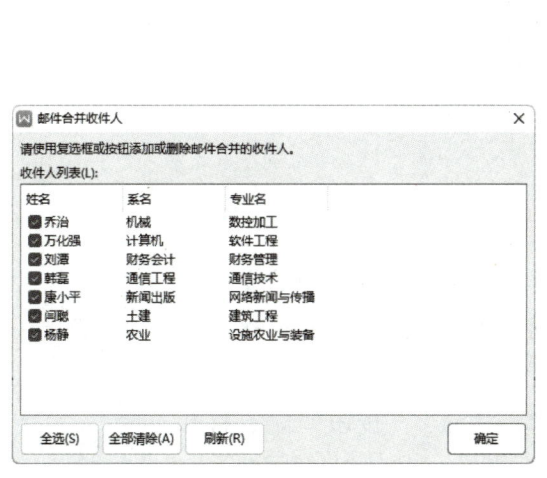

图3-155 "邮件合并收件人"对话框

图3-156 "插入域"对话框

图3-157 插入域

3. 合并文档

为了保证准确性，单击"查看合并数据"按钮，进行预览。确认无误后，选择合并方式。软件提供了合并到新文档、不同新文档、打印机和邮箱等方式。

1）单击"合并到新文档"，邮件合并内容分别输出到一个新文档中。

2）单击"合并到不同新文档"，邮件合并内容分别输出到不同的新文档中。

3）单击"合并到打印机"按钮，直接关联至打印机打印。

4）单击"合并到电子邮件"按钮，打开"合并到电子邮件"对话框，如图3-158所示，选择收件人为"被邀请人"，输入主题，单击"确定"按钮，将邮件内容直接发送到指定人的邮箱。

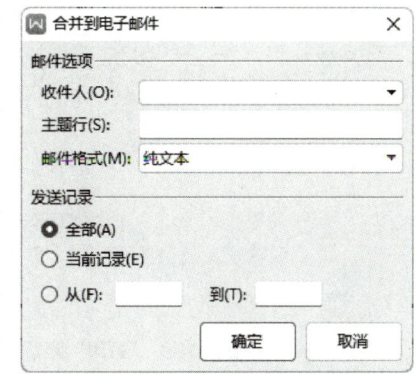

图3-158 "合并到电子邮件"对话框

二、文档打印

打印文档之前,要确定打印机的电源已经接通,并且处于联机状态。为了稳妥起见,最好先打印文档的一页看到实际效果,确定没有问题时,再将文档的其余部分打印出来。

1)打开要打印的文档。

2)选择"文件"→"打印"→"打印"命令,打开图3-159所示的"打印"对话框。

3)在"名称"下拉列表中选择计算机中安装的打印机。

4)若仅想打印部分内容,选择"页码范围"选项,在"页数"文本框中输入页码范围,用逗号分隔不连续的页码,用连字符连接连续的页码。例如,要打印页码"2,5,6,7,11,12,13",可以在文本框中输入"2,5-7,11-13"。

5)如果需打印多份,在"份数"数值框中设置打印的份数。

6)如果要双面打印文档,勾选"双面打印"复选框。

7)单击"确定"按钮,即可开始打印。

文档打印

三、分享文档

在WPS中,通过将文档上传到WPS云端,不仅可实现文档的安全备份,以便实时追踪文档版本记录和跨设备访问,还能将制作好的WPS文档分享给QQ、微信好友或联系人。前提是必须有可应用的网络环境。

登录WPS账号后,打开要共享的文档,单击"分享"按钮,打开图3-160所示的分享设置对话框。

分享文档

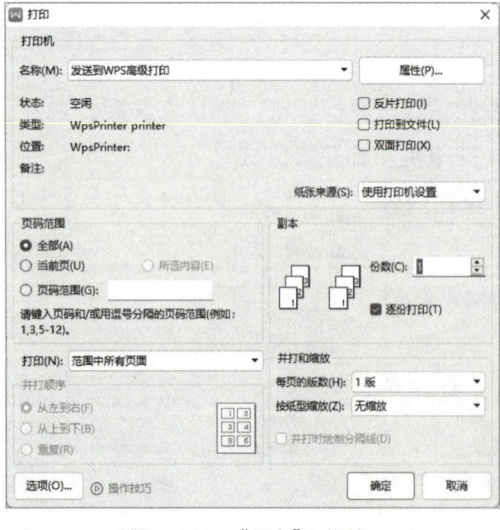

图3-159 "打印"对话框

图3-160 分享设置对话框

如果选择"任何人可查看"选项,分享的文件只能被查看不能被编辑。

如果选择"任何人可编辑"选项,分享的文件可以被编辑内容并实时更新。

任务要求

本任务制作"学生期末成绩单",要求掌握以下知识点:

1)新建数据源。
2)制作学生期末成绩单模板。
3)导入数据源。
4)批量制作学生期末成绩单。
5)打印学生期末成绩单。
6)保存文档。

制作完成的"学生期末成绩单"效果如图3-161所示。

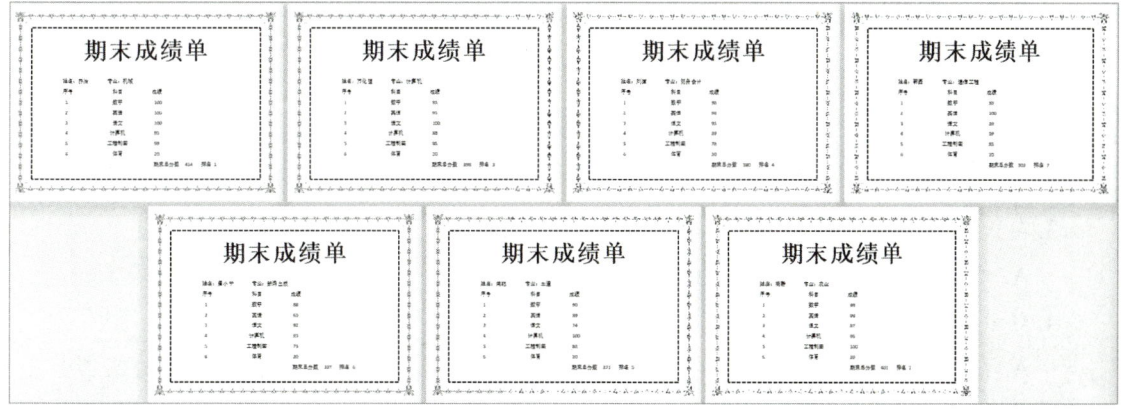

图3-161 "学生期末成绩单"效果

任务实施

能力训练

一、填空题

1. WPS文字除了页面视图外,还包括_____、_____、Web版式等视图方式。
2. 用常用工具栏中的_____按钮可以快速复制文本格式。
3. 复制的快捷键是_____,粘贴的快捷键是_____。
4. 在_____中选择_____选项,单击_____按钮,即可新建一个空白Word文档。

5. _____是针对整篇文档的格式而设置；_____是针对段落或字符的格式而设置。

6. WPS文字中的分隔符包括_____、_____、换行符3种。

7. 在WPS文字的大纲工具栏中，单击向左箭头按钮可_____，单击向右箭头按钮可_____。

8. 格式工具栏中的B按钮用于_____文本，I按钮用于_____文本。

9. 若多个段落属于并列关系，则可以为这些段落添加_____来提高文档的可读性。

10. 双击"改写"图标或按_____键，可在文本的改写状态和插入状态间转换。

二、选择题

1. WPS文字"文件"菜单底部显示的文件名是（　　）。
   A. 最近被WPS文字处理过的文件　　B. 正在打印的文件
   C. 正在使用的文件　　D. 扩展名为 .docx 的所有文件

2. 下面关于分栏叙述正确的是（　　）
   A. 最多可分三栏　　B. 栏间距是固定不变的
   C. 各栏的宽度必须相同　　D. 各栏的宽度可以不同

3. 在WPS文字文档中要选定一块矩形区域，应按住（　　）键拖动鼠标。
   A. <Shift>　　B. <Ctrl>　　C. <Alt>　　D. <Tab>

4. 对于仅设置了修改权限密码的文档，如果不输入密码，该文档（　　）。
   A. 不能打开　　B. 能打开且修改后能保存为其他文档
   C. 能打开但不能修改　　D. 能打开且能修改原文档

5. 复制对象后，信息被保留到（　　），可以进行多次粘贴。
   A. 硬盘　　B. 文件　　C. 内存　　D. 剪贴板

6. WPS文字中最接近打印结果的视图是（　　）。
   A. 阅读视图　　B. 页面视图　　C. 大纲视图　　D. Web版式

7. 若需要创建结构复杂的表格，则更好的操作方法是（　　）。
   A. 通过快速插入功能插入表格　　B. 手动绘制表格
   C. 通过"插入表格"对话框进行精确设置　　D. 以上方法均正确

8. 当要在WPS文字文档中加选多个形状对象时，应配合按（　　）键进行操作。
   A. <Alt>　　B. <Ctrl>　　C. <Enter>　　D. <Tab>

9. 要快速进入页眉和页脚的编辑状态，可通过双击（　　）来实现。
   A. 文本编辑区　　B. 功能区
   C. 标尺　　D. 页面上方的空白区域

10. 若想强制将某些内容显示到下一页，则应该插入的是（　　）。
    A. 分页符　　B. 自动换行符　　C. 分栏符　　D. 分节符

三、操作题

1. 打开"信息与计算机.docx"文档，按照下列要求对文档进行操作。

1）添加标题"信息与电脑"，格式设置为"黑体、二号、加粗、红色、居中对齐"。

2）正文中，中文字体设置成"楷体、四号"，西文字体设置成"Arial、四号"，首行缩进2字符，1.25倍行距。

3）将正文中第三段文本内容移到第二段文本内容前。

4）将全文中的"电脑"替换为"计算机"，且字体颜色为"红色"。

5）在第三段开始处，插入特殊字符"▇"。

6）为最后一段文字添加文本填充效果"红色–栗色渐变"，阴影效果"外部–居中偏移、红色"的文字效果。

2.打开"散文个性化排版.docx"文档，按照下列要求对文档进行操作。

1）页面背景为浅绿色，设置标题文字为"方圆硬笔行书简"，字号为"小一"，文字颜色为"蓝色"。

2）设置正文的字体为"楷体"，字号为"四号"，段落行距为"18磅"。

3）选中第二段文字，设置字体下划线为"波浪线"，颜色为"黄色"。在第三段中根据文字描述更改字体颜色。设置第四段文字为"斜体"；在第六段的"一年之计在于春"文字下方加红色的双下划线。

4）插入图片，根据需要裁剪图片，然后设置图片的布局。

3.打开文件"图文混排素材.docx"文档，按照下列要求对文档进行操作。

1）纸张大小设置为"16开"，上、下、左、右边距都为"2厘米"。

2）文字和段落格式要求：正文各段，小四号；首行缩进2字符，行距25磅。

3）将第一段文字底纹设置成绿色。

4）将第二段文字设置成分二栏。

5）插入艺术字标题，艺术字样式为"填充–沙橙色，着色2，轮廓–着色2"，字体格式为"宋体、40磅"，文本填充颜色为"红色、透明度30%"，文本轮廓为"'巧克力黄，着色2'、1.5磅、实线"，文本效果为"转换"→"两端近"。

6）页眉设置文字"散文欣赏"（字号小五，位置居右）；页脚：居中插入文本"作者：本人班级+姓名"。

7）插入图片"大树"，设置笑脸项目符号。

4.打开文件"公司考勤制度.docx"文档，按照下列要求对文档进行操作。

1）为文档插入封面，在"标题""副标题""作者""日期"文本框中输入相应的文本，将其他文本框删除。

2）为整个文档应用"暗香扑面"主题。

3）在文档中为每一节的标题应用"标题1"样式。

4）使用大纲视图显示两级大纲内容，并退出大纲视图模式。

5）将插入点定位至"考勤管理制度"文本前面，插入一个分页符，并在分页符的起始位置输入文本"目录"，按<Enter>键。

6）添加目录。

7）为文档添加"花丝"样式的页眉，并添加"奥斯丁"样式的页脚。

项目4 WPS表格处理

信息技术基础

01 知识目标

1. 熟悉WPS表格工作界面，掌握工作簿、工作表及行和列的操作。
2. 学会不同类型数据的输入与填充，以及数据有效性设置和工作表格式化操作。
3. 理解单元格引用，掌握常用函数计算和条件格式设置。
4. 掌握数据的排序、筛选、分类汇总等操作。
5. 掌握图表创建与编辑、页面设置与打印，以及数据透视表和透视图的使用。

02 能力目标

1. 能独立创建各类表格，高效输入和编辑数据。
2. 运用功能美化规范表格，清晰展示数据。
3. 熟练使用函数公式计算数据，制作分析表。
4. 能通过排序、筛选、分类汇总对数据进行处理与分析。
5. 合理选择图表展示数据，完成数据图表分析。

03 素质目标

1. 养成严谨细致的工作态度，确保数据处理质量。
2. 提升逻辑思维，有条理地解决数据处理问题。

04 思维导图

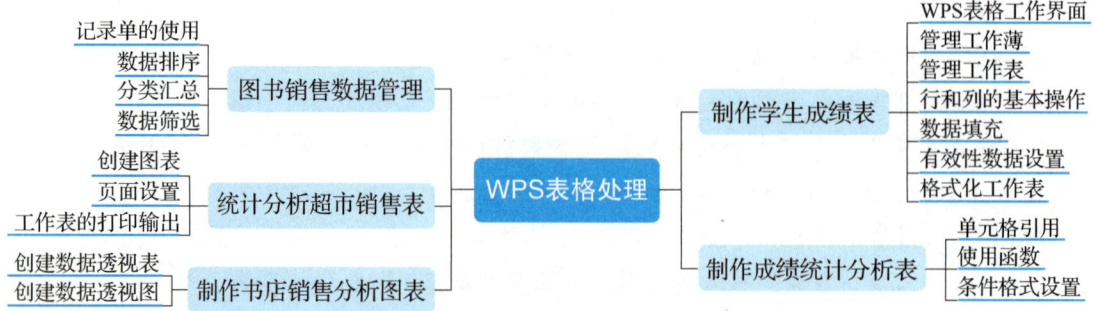

任务1　制作学生成绩表

情景引入

小郑是一名大学教师，每学期期末都要负责统计学生的成绩。面对众多学生的各科成绩数据，他需要将这些数据整理成规范的成绩表，以便进行成绩分析和教学评估。然而，手工记录和整理不仅效率低下，还容易出错。小郑思考着：怎样才能快速、准确地创建一个包含学生学号、姓名、各科成绩以及总分、平均分和排名的成绩表呢？如何利用工具让数据输入更便捷，避免重复劳动？为了解决这些问题，小郑决定学习使用WPS表格来制作学生成绩表。

知识准备

一、WPS表格工作界面

WPS电子表格，作为WPS软件的重要组成部分，提供了一个功能强大且用户友好的数据管理和分析平台。它不仅兼容多种电子表格文件格式，包括Microsoft Excel的".xls"和".xlsx"文件，还提供了丰富的数据处理功能，如复杂数学、统计函数、数据分析工具以及宏编程支持。在WPS首页左侧窗格中单击"新建"命令，系统将打开一个标签名称为"新建"的界面选项卡，单击"表格"按钮，在模板列表中单击"新建空白表格"按钮，即可创建一个名称为"工作簿1"的电子表格。

WPS表格工作界面由上至下主要有标题栏、功能区、名称框、编辑栏、工作区和状态栏六部分组成，如图4-1所示。

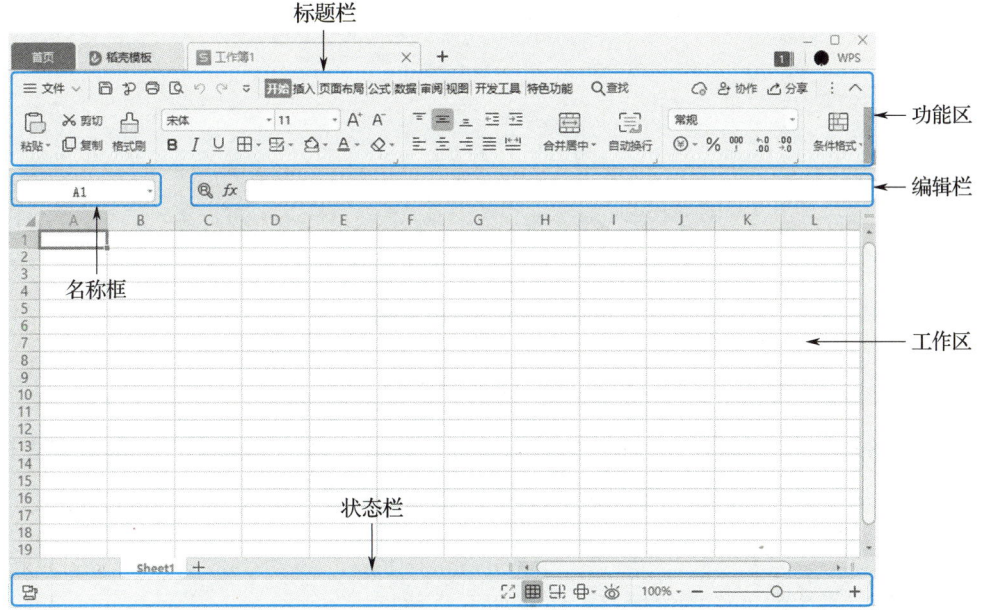

图4-1　WPS表格工作界面

1.名称框

名称框用于定义单元格或单元格区域的名称。如果单元格没有定义名称，在名称框中则显示活动单元格的地址名称（例如A1）。如果选中的是单元格区域，则名称框显示单元格区域左上角的地址名称。

2.编辑栏

编辑栏用于显示活动单元格的内容或使用的公式。单元格的宽度不能显示单元格的全部内容时，通常在编辑栏中编辑内容。

3.工作区

工作区是编辑表格和数据的主要工作区域，左侧显示行号，顶部为列号，绿框包围的单元格为活动单元格，底部的工作表标签用于标记工作表的名称，白底绿字的标签为当前活动工作表的标签。

二、管理工作簿

工作簿是WPS中用来计算和存储数据的文件，它是用户的工作平台。每个工作簿可以包含一个或多个工作表，如图4-2所示。

管理工作簿

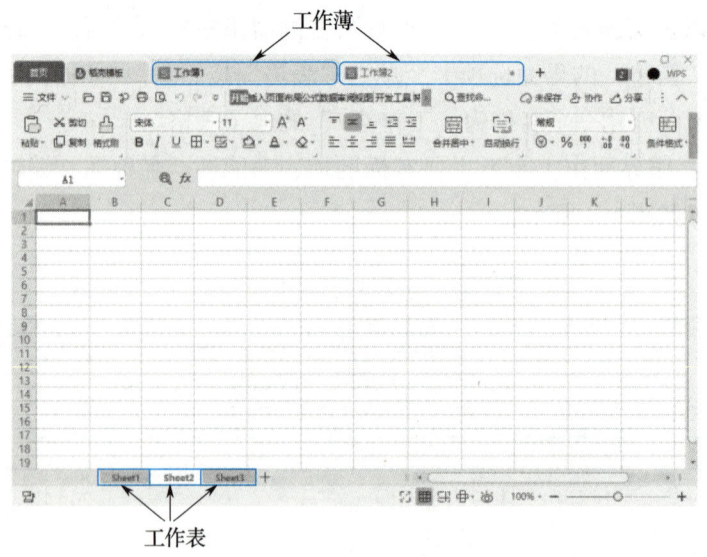

图4-2　工作簿和工作表

1.新建工作簿

启动WPS，单击"首页"上的"新建"按钮，打开"新建"选项卡，单击"表格"按钮，进入创建表格界面，单击"新建空白表格"按钮，新建工作簿。

2.保存工作簿

对于新建或修改的工作簿的保存方法有如下几种。

1）单击"快速访问工具栏"上的"保存"按钮。

2）选择"文件"→"保存"命令。

3）使用<Ctrl+S>组合键，快速保存工作薄。

3. 打开工作簿

打开工作簿的方法有如下几种。

1）打开该工作簿所在的文件夹，直接双击该工作簿的图标即可打开该工作簿。

2）启动WPS后，选择"文件"→"打开"命令。

3）单击"快速访问工具栏"中的"打开"按钮。

4）使用<Ctrl+O>组合键，打开工作薄。

4. 关闭工作簿

关闭工作薄的方法有如下几种。

1）单击工作簿标签右侧的"关闭"按钮。

2）在工作簿标签上右击，在弹出的快捷菜单中选择"关闭"命令。

三、管理工作表

工作表又称为电子表格，一个工作表由若干行、若干列组成。一个工作簿本身就是多张工作表的集合，工作表之间是相互独立的，通过单击工作表标签可以方便地在各工作表之间进行切换。

工作簿建立后，根据需要，可以对工作表进行插入、重命名、移动、复制、隐藏和显示、冻结、删除等操作。

插入和删除工作表

1. 插入工作表

在默认情况下，每个工作薄中只包含1个工作表"Sheet1"。根据需要，用户可以在一个工作簿中插入多张工作表，常用的方法有以下2种。

1）单击工作表标签右侧的"新工作表"按钮，即可在当前活动工作表右侧插入一个新的工作表。新工作表的名称依据活动工作簿中工作表的数量自动命名。

2）在工作表标签上右击，在弹出的快捷菜单（见图4-3）上选择"插入"命令，打开图4-4所示的"插入工作表"对话框，设置插入数目以及插入位置，然后单击"确定"按钮，即可插入新的工作表。

2. 选择工作表

如果要选择多个连续的工作表，可以选中一

选择工作表

图4-3 快捷菜单

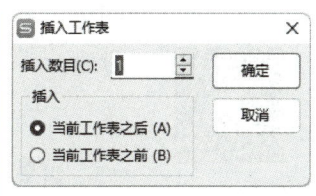

图4-4 "插入工作表"对话框

个工作表之后，按下<Shift>键并单击最后一个要选中的工作表。

如果要选择不连续的工作表，可以选中一个工作表之后，按下<Ctrl>键并单击其他要选中的工作表。

如果要选中当前工作簿中所有的工作表，可以在工作表标签上单击鼠标右键，然后在弹出的快捷菜单中选择"选定全部工作表"命令。

3. 重命名工作表

重命名工作表

如果一个工作簿中包含多张工作表，给每个工作表指定一个具有代表意义的名称是很有必要的。重命名工作表有以下2种常用方法。

1）双击要重命名的工作表名称标签，键入新的名称后按<Enter>键。

2）在要重命名的工作表名称标签上右击，在弹出的快捷菜单中选择"重命名"命令，输入新名称后按<Enter>键。

4. 移动和复制工作表

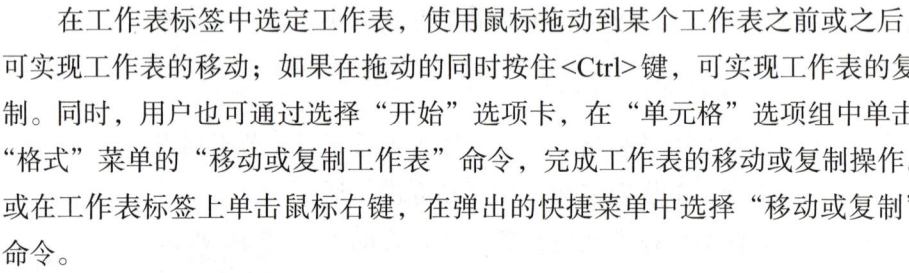
移动和复制工作表

在工作表标签中选定工作表，使用鼠标拖动到某个工作表之前或之后，可实现工作表的移动；如果在拖动的同时按住<Ctrl>键，可实现工作表的复制。同时，用户也可通过选择"开始"选项卡，在"单元格"选项组中单击"格式"菜单的"移动或复制工作表"命令，完成工作表的移动或复制操作。或在工作表标签上单击鼠标右键，在弹出的快捷菜单中选择"移动或复制"命令。

5. 删除工作表

将鼠标指针指向要删除的工作表，右击，在弹出的快捷菜单中选择"删除工作表"命令。

6. 隐藏和取消隐藏工作表

隐藏和取消隐藏工作表

将鼠标指针指向要隐藏的工作表，右击，在弹出的快捷菜单中选择"隐藏工作表"命令，可将选定的工作表隐藏；如果要显示隐藏的工作表，可在任意工作表名称上右击，在弹出的快捷菜单中选择"取消隐藏工作表"命令，选择要取消隐藏的工作表即可。

7. 设置工作表标签颜色

设置工作表标签颜色

将工作表标签设置为不同的颜色，是一种更加直观的区别工作表的方式。设置方法如下：在工作表标签上右击，在快捷菜单中选择"工作表标签颜色"命令，然后在子菜单中选择所需颜色，即可完成工作表标签颜色的设置。

8. 冻结工作表

冻结工作表

如果在滚动工作表时，希望某些行或列始终显示在可视区域，可以将这些行或列冻结。被冻结的部分通常是标题行或列，也就是表头部分。

选中要冻结的行和列交叉处的单元格的右下方单元格。例如，要冻结第1行和第1列，则选中B2单元格。单击"视图"菜单选项卡中"冻结窗格"下拉按钮，弹出图4-5所示的"冻结窗格"下拉列表。

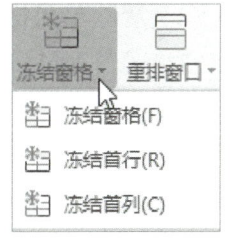

图4-5 "冻结窗格"下拉列表

 注意

该下拉菜单中的第一项命令会根据当前选中的单元格位置自动变化。例如，选中A1单元格时显示为"冻结窗格"；选中D5单元格时显示为"冻结至第4行C列"。

根据需要选择要冻结的范围。选中的单元格左上方显示两条相互垂直的绿色拆分线，将窗口拆分为四部分。此时，无论怎样拖动滚动条，冻结的行和列都会固定显示在窗口中。

如果要撤销被冻结的窗口，单击"冻结窗格"下拉列表中的"取消冻结窗格"命令。

四、行和列的基本操作

工作表是一个二维表格，由行和列构成，行和列相交形成的方格称为单元格。单元格中可以填写数据，是存储数据的基本单位，也是Excel用来存储信息的最小单位。单元格的地址是用列标和行号标识的，例如，A2单元格表示该单元格为A列的第2行。

1. 选定单元格区域

在输入和编辑单元格内容之前，必须使单元格处于活动状态。所谓活动单元格，是指可以进行数据输入的选定单元格，特征是被绿色粗边框围绕。

2. 插入单元格

在需要插入单元格的位置，右击，弹出图4-6所示的快捷菜单，选择不同的插入方式，插入单元格。

1）如果选择"插入单元格，活动单元格右移"或"插入单元格，活动单元格下移"选项，将新单元格插入到活动单元格左侧或上方。

2）如果选择"插入行"选项，在活动单元格上方插入一个或多个空行。

3）如果选择"插入列"选项，在活动单元格左侧插入一个或多个空列。

选定和插入单元格

3. 清除或删除单元格

清除单元格只是删除单元格中的内容、格式或批注，单元格仍然保留在工作表中；删除单元格则是从工作表中移除这些单元格，并调整周围的单元格，填补删除后的空缺。

（1）清除单元格内容　选中要清除的单元格区域，按<Del>键即可清除指定单元格区域的内容。

清除或删除单元格

（2）清除单元格中的格式和批注　选中要清除的单元格、行或列。单击"开始"选项卡"格式"下拉列表中的"清除"命令，然后在图4-7所示的级联菜单中选择要清除的内容。

图4-6　快捷菜单

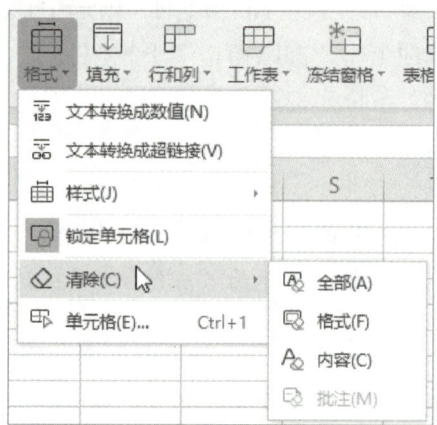

图4-7　"清除"命令级联菜单

（3）删除单元格　选中要删除的单元格、行或列，右击，在弹出的快捷菜单中选择"删除"命令，然后在图4-8所示的级联菜单中选择需要删除单元格的方式。

4.移动或复制单元格

移动单元格是指把某个单元格（或区域）的内容从当前的位置移动到另外一个位置；而复制是指当前内容不变，在另外一个位置生成一个副本。

移动或复制单元格

用鼠标拖动的方法可以方便地移动或复制单元格。

1）选定要移动或复制的单元格。

2）将鼠标指向选定区域的边框，此时鼠标的指针变为 。

3）按住鼠标左键拖动到目的位置，释放鼠标，即可将选中的区域移到指定位置。

4）如果要复制单元格，则在拖动鼠标的同时按住<Ctrl>键。

如果要将选定区域拖动或复制到其他工作表上，可以选定区域后单击"剪切"按钮 或"复制"按钮 ，然后打开要复制到的工作表，在要粘贴单元格区域的位置单击"粘贴"按钮 。

5.合并单元格

合并单元格

WPS表格中的单元格默认大小一样，排列规整。如果希望某些单元格占用多行或多列，可以将一个矩形区域中的多个单元格合并为一个单元格。

1）选择要合并的多个连续的单元格，且这些单元格组成一个矩形区域。

2）单击"开始"选项卡中的"合并居中"下拉按钮 ，弹出图4-9所示的下拉列表，选择需要的合并方式。

如果要取消合并单元格，选中合并后的单元格，单击"开始"选项卡中"合并居中"下拉按钮 ，在下拉列表中选择"取消合并单元格"命令。

> **注意**
>
> 取消合并之后，单元格将被拆分为合并之前的样子。如果合并后的单元格中仅保留了最左侧或左上角单元格中的数据，则取消合并后，其他单元格中的数据会丢失。

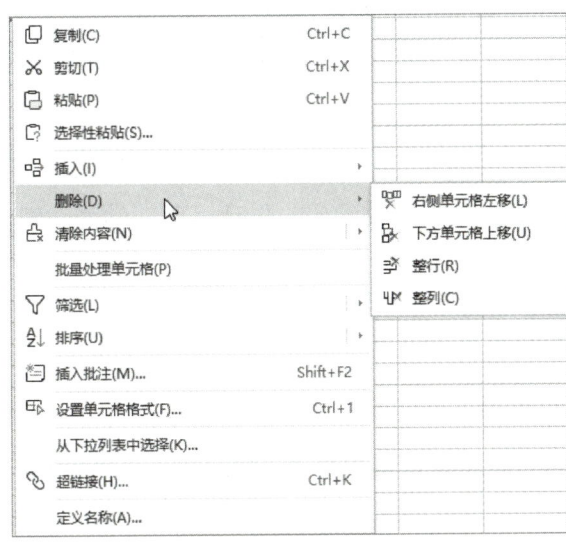

图4-8 "删除"命令级联菜单

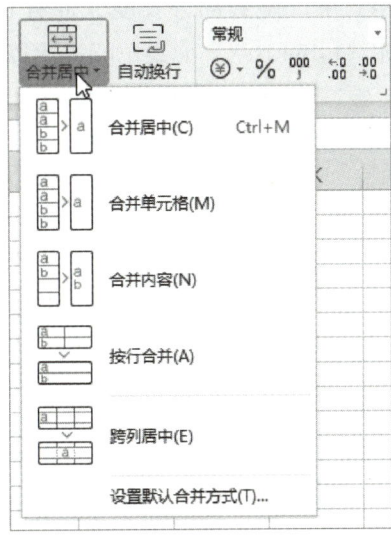

图4-9 "合并居中"下拉列表

6. 调整行高与列宽

WPS工作表中的所有单元格默认拥有相同的行高和列宽，如果要在单元格中容纳不同大小和类型的内容，就需要调整行高和列宽。

如果对行高与列宽的要求不高，可以利用鼠标拖动进行调整。

1）将鼠标指针移到行号的下边界上，指针显示为纵向双向箭头 ↕ 时，按住左键拖动到合适位置释放，可改变指定行的高度。

2）将鼠标指针移到列标的右边界上，指针显示为横向双向箭头 ↔ 时，按住左键拖动到合适位置释放，可改变指定列的宽度。

调整行高与列宽

> **提示**
>
> 双击列标题的右边界，可使列宽自动适应单元格中内容的宽度。如果要一次改变多行或多列的高度或宽度，只需要选中多行或多列，然后用鼠标拖动其中任何一行或一列的边界即可。

五、数据填充

WPS支持多种数据类型，在活动单元格中输入的数据可由数字、字母、汉字、标点和

数据填充

特殊符号等组成。在单元格中输入数据结束后，按<Enter>键或单击编辑栏中的"√"按钮可以确定输入，按<Esc>键或单击编辑栏中的"×"按钮可以取消输入。

1.数值型数据的输入

在WPS表格中，单元格中输入的数值自动向右对齐。表示数值的字符有0~9中的数字、小数点、正号、负号、货币符号（¥）、百分号（%）和千分位符号等。常规格式下，整数部分长度允许有11位，整数部分超过11位的单元格将以科学计数法表示，如"1.4E+10"。如果单元格中以"#"显示，表示该单元格所在列的宽度不能足够显示数值，需调整所在列宽度或改变数字显示格式。

2.文本型数据的输入

对于数字形式的文本型数据，如身份证号码、邮政编码、电话号码、学号、编号等，输入时应先在数字前输入英文状态的单引号"'"，以区别于数值型数据。例如，输入编号0506，应输入"'0506"，其中单引号不在单元格中显示，只在编辑框中显示，其显示形式为 0506 。

3.日期、时间型数据的输入

日期型数据用形式"yy/mm/dd"表示，时间型数据用形式"hh:mm"表示，WPS表格会自动将输入的日期型和时间型数据采用向右对齐显示。若要输入当前系统日期，可以按<Ctrl+;>组合键；输入当前系统时间，可以按<Ctrl+Shift+:>组合键。

4.快速填充相同数据

选中已输入数据的单元格，将鼠标指针移到单元格右下角的绿色方块（称为"填充手柄"）上，指标显示为黑色十字形+。按住左键拖动选择要填充的单元格区域，释放左键，即可在选择区域的所有单元格中填充相同的数据。

六、有效性数据设置

设置有效性条件

WPS中提供了数据的有效性检查功能，用于在表格数据输入过程中发现重复的身份证号码、超出范围的无效数据等，以提高输入数据的有效性。

1.设置有效性条件

1）选中要设置有效性条件的单元格或区域。

2）选择"数据"选项卡"有效性"下拉列表中的"有效性"命令，打开图4-10所示的"数据有效性"对话框。

3）在"允许"下拉列表框中指定允许输入的数据类型，如图4-11所示。

设置有效性提示信息

2.设置有效性提示信息

在单元格中输入数据时，如果能显示数据有效性的提示信息，可以帮助用户输入正确的数据。

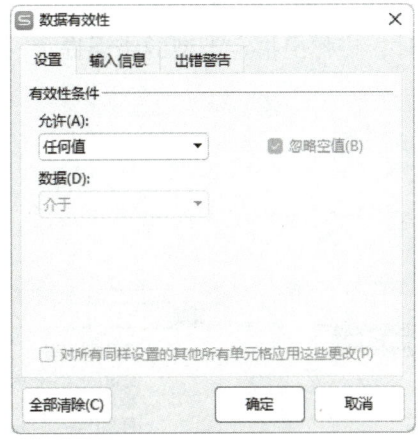

图 4-10 "数据有效性"对话框

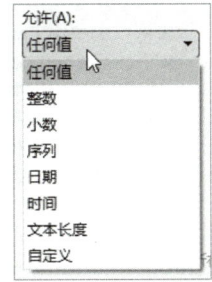

图 4-11 有效性条件列表

1）选中要设置有效性条件的单元格或区域。

2）选择"数据"选项卡"有效性"下拉列表中的"有效性"命令，打开"数据有效性"对话框。然后切换到"输入信息"选项卡。

3）选中"选定单元格时显示输入信息"复选框，在选中单元格时显示提示信息。

4）在"标题"文本框中键入文本，则在信息中显示黑体的提示信息标题。

5）在"输入信息"文本框中键入要显示的提示信息，如图 4-12 所示。

6）单击"确定"按钮完成设置。

3. 定制出错警告

WPS 允许用户定制出错警告内容，并控制用户响应。

1）选中要定制出错警告的单元格或区域，然后在"数据有效性"对话框中切换到图 4-13 所示的"出错警告"选项卡。

定制出错警告

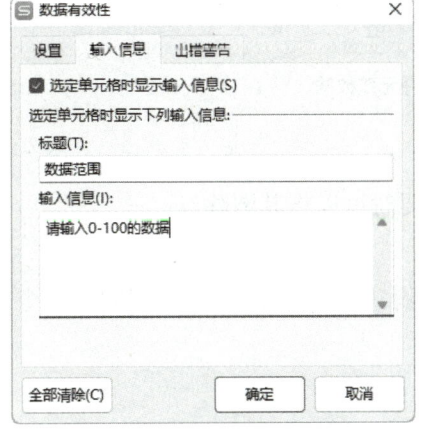

图 4-12 输入标题和提示信息

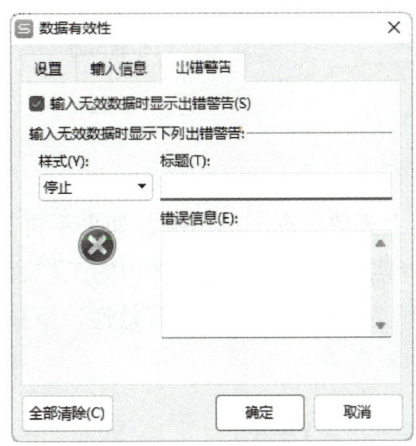

图 4-13 "出错警告"选项卡

2）选中"输入无效数据时显示出错警告"复选框。

3）在"样式"下拉列表框中选择出错警告的信息类型。

4）在"错误信息"文本框中键入所需的文本，如图4-14所示。单击"确定"按钮关闭对话框。在指定单元格中输入无效数据时，将弹出指定类型的错误提示，如图4-15所示。

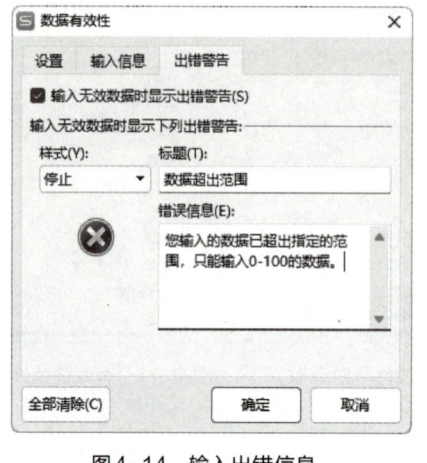

图4-14 输入出错信息

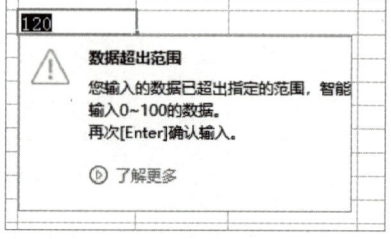

图4-15 输入数据错误时警告

标识和清除无效数据

4. 快速标识无效数据

对于已经输入的大批量数据，如果在输入时未设置数据的有效性检查，现需要对其进行有效性审核，用户可以利用WPS的数据有效性检查功能，快速从表格中标识出无效数据。

1）选中需进行有效性检查和标识的区域。

2）选择"数据"选项卡"有效性"下拉列表中"圈释无效数据"命令，表格中所有无效数据将被红色的椭圆圈释出来，错误数据一目了然，如图4-16所示。

	A	B	C	D	E
1	序号	班次	语文	数学	英语
2	1	春蕾班	90	80	-98
3	2	远航班	92	89	96
4	3	远航班	120	70	97
5	4	朝阳班	89	-90	92
6	5	朝阳班	91	95	89

图4-16 圈释无效数据

5. 清除无效数据标识

对于以上无效数据的标识圈，如果不再需要时可以将其清除。

1）选择需要清除无效数据标识的工作表。

2）选择"数据"选项卡"有效性"下拉列表中的"清除验证标识圈"命令，即可将所有标识圈清除。

七、格式化工作表

在表格编辑过程中需要对表格进行必要的格式设置和美化，WPS提供了包括文本、数字和表格等多种手动及自动格式设置方法。

1. 设置对齐方式

单元格中不同类型的数据对齐方式也会有所不同，可利用"单元格格式"对话框进行设置。

设置对齐方式

1）在单元格上右击，在弹出的快捷菜单中选择"设置单元格格式"命令，打开"单元格格式"对话框，切换到"对齐"选项卡，如图4-17所示。

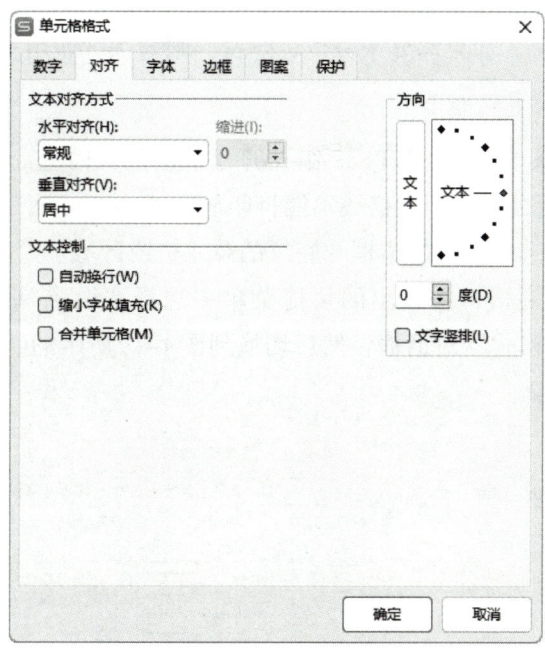

图4-17 "对齐"选项卡

2）分别在"水平对齐"和"垂直对齐"下拉列表框中选择一种对齐方式。

3）在"文本控制"区域进一步设置文本格式选项。

> **注意**
>
> 如果先选择了"自动换行"复选框，"缩小字体填充"复选框将不可用。使用"缩小字体填充"选项容易破坏工作表整体的风格，最好不要采用这种办法显示多行或长文本。

4）在"方向"区域设置文本的排列方向。除了可以直接设置竖排文本或指定旋转角度，还可以用鼠标拖动方向框中的文本指针直观地设置文本的方向。

> **提示**
>
> 在"度"数值框中输入正数可以使文本顺时针旋转，输入负数则逆时针旋转。

2. 设置数据格式

WPS能在我们输入数据时自动实现数据格式的转换，也可以先输入数据再统一进行

设置数据格式

设置。

1）选取需要设置数值表格的工作表。

2）右击，在弹出的快捷菜单中选择"设置单元格格式"命令，打开"单元格格式"对话框，然后切换到图4-18所示的"数字"选项卡。

3）在"分类"列表中选取分类，然后根据需要设置数据格式。例如，设置数值格式，在"分类"列表中选择"数值"，在"小数位数"微调框中进行小数位数输入或微调。如果需要千分位分隔符，则勾选"使用千位分隔符"复选框。

3.设置边框和底纹

设置边框和底纹

默认情况下，WPS工作表的背景颜色为白色，各个单元格由浅灰色网格线进行分隔，但网格线不能打印显示。

1）选中要添加边框和底纹的单元格或区域。

2）右击，在弹出的快捷菜单中选择"设置单元格格式"命令，打开"单元格格式"对话框，然后切换到图4-19所示的"边框"选项卡，设置边框线的样式、颜色和位置。

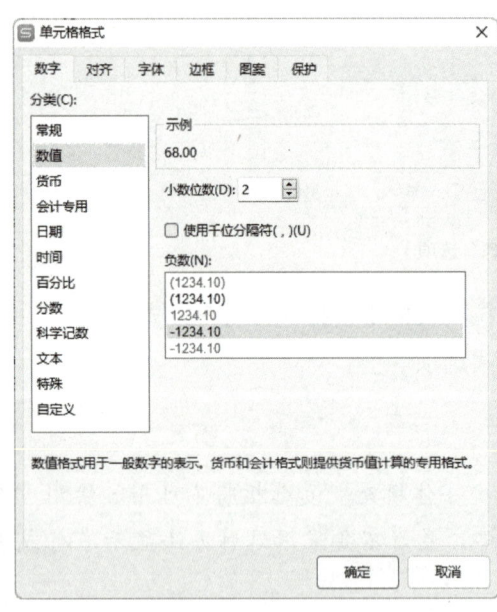

图4-18 "数字"选项卡

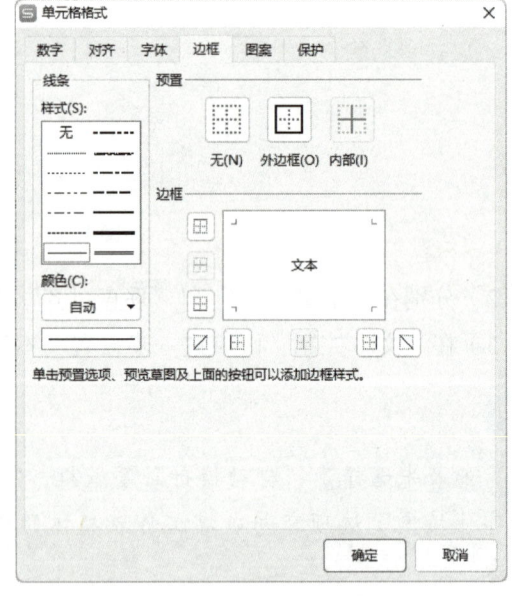

图4-19 "边框"选项卡

设置边框线的位置时，在"预置"区域单击"无"可以取消已设置的边框；单击"外边框"可以在选定区域四周显示边框；单击"内部"设置分隔相邻单元格的网格线样式。

在"边框"区域的预览草图上单击，或直接单击预览草图四周的边框线按钮，即可在指定位置显示或取消显示边框。

3）切换到图4-20所示的"图案"选项卡，在"颜色"列表中选择底纹的背景色；在"图案样式"列表框中选择底纹图案；在"图案颜色"列表框中选择底纹的前景色。

4）设置完成后，单击"确定"按钮 关闭对话框。

4.套用样式

WPS预置了丰富的表格样式和单元格样式，单击即可一键改变单元格的格式和表格外观。

套用样式

1）选择要格式化的单元格，单击"开始"选项卡中"格式"下拉按钮，在其下拉列表中选择"样式"按钮，在打开的下拉列表中选择需要的样式图标，即可在选中的单元格中应用指定的样式，如图4-21所示。

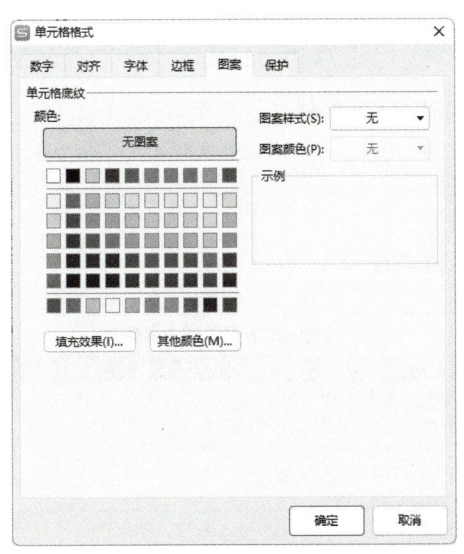

图4-20 "图案"选项卡

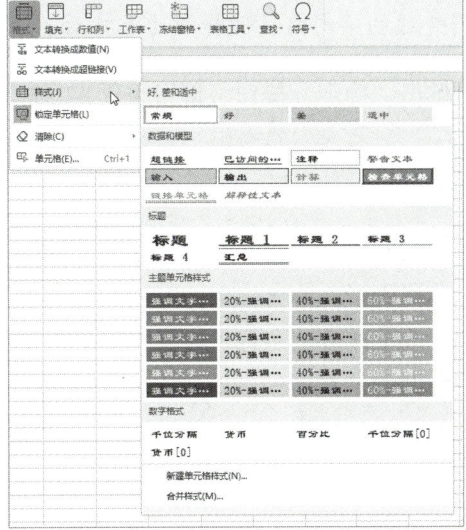

图4-21 单元格样式

2）选择要格式化的表格区域，或选中其中一个单元格，单击"开始"选项卡中的"表格样式"下拉按钮，打开图4-22所示的下拉样式列表。单击需要的样式，打开图4-23所示的"套用表格样式"对话框。

图4-22 表格样式列表

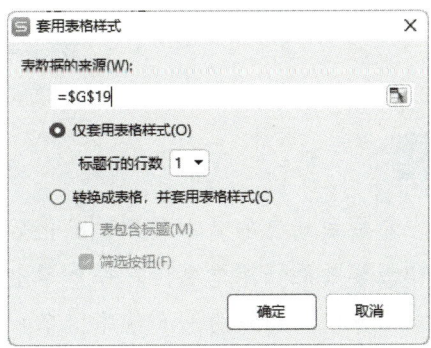

图4-23 "套用表格样式"对话框

"表数据的来源"文本框中将自动识别并填充要套用样式的单元格区域，可以根据需要修改。

在"标题行的行数"下拉列表框中指定标题的行数，如果没有标题行，则选择0。

选中"转换成表格，并套用表格样式"单选按钮，如果第一行是标题行，选中"表包含标题"复选框，否则WPS会自动添加以"列1""列2"等命名的标题行。

> **注意**
> 将普通的单元格区域转换为表格后，有些操作将不能进行，例如分类汇总。

3）单击"确定"按钮，即可关闭对话框，并应用表格样式。

任务要求

本任务制作"学生成绩表"，要求掌握以下知识点：
1）新建表格。
2）修改工作表的名称。
3）数据的填充。
4）设置单元格格式。
5）设置数据有效性。

制作完成的"学生成绩表"效果如图4-24所示。

序号	学号	姓名	高数	大学英语	形势与政策	化学	体育	总分	平均分	排名
1	230101	王明	68.0	85.0	77.0	83.0	88.0			
2	230102	李丽	78.0	72.0	68.0	76.0	86.0			
3	230103	高英	85.0	67.0	78.0	63.0	75.0			
4	230104	张雪	92.0	78.0	65.0	62.0	72.0			
5	230105	马刚	56.0	89.0	71.0	87.0	70.0			
6	230106	张一恒	95.0	75.0	86.0	76.0	68.0			
7	230107	胡晓玲	86.0	78.0	74.0	70.0	65.0			
8	230108	郑春玲	81.0	52.0	85.0	95.0	64.0			
9	230109	马晓丽	79.0	68.0	73.0	87.0	62.0			
10	230110	郭金华	72.0	74.0	69.0	65.0	77.0			
11	230111	周光荣	66.0	88.0	72.0	78.0	79.0			
12	230112	李庆泰	63.0	75.0	88.0	82.0	58.0			
13	230113	杨丽娜	95.0	99.0	55.0	86.0	78.0			
14	230114	何晓燕	53.0	73.0	76.0	64.0	90.0			
15	230115	白晓生	74.0	64.0	63.0	71.0	65.0			

图4-24 "学生成绩表"效果

任务实施

制作学生成绩表

制作学生成绩表

任务2　制作成绩统计分析表

情景引入

小郑在完成成绩表的基本制作和美化后，需要对学生成绩进行深入分析，了解学生的学习情况和教学效果。他想要计算每个学生的总分、平均分、排名，还要统计各科成绩的最高分、最低分以及班级的总人数等信息。同时，他希望通过一些函数和条件格式，更直观地展示成绩数据的分布情况，例如对成绩进行等级划分、圈出异常成绩等。但这些复杂的计算和分析让小郑感到困惑，他不知道如何运用WPS表格的相关功能来实现。为了完成这些任务，小郑决定进一步探索WPS表格在成绩统计分析方面的功能。

知识准备

单元格引用

一、单元格引用

本节所说的引用，是指使用单元格地址标识公式中使用的数据的位置。在公式可以引用同一工作表中的单元格、同一工作簿中不同工作表的单元格，甚至其他工作簿中的单元格。

在WPS表格中，常用的单元格引用有三种类型，下面分别进行介绍。

1. 相对引用

相对引用是基于公式和单元格引用所在单元格的相对位置。

在公式中引用单元格时，可以直接输入单元格的地址，也可以单击该单元格。

例如，在计算第一个学生的总分时，可以直接在"I3"单元格中输入"=D3+E3+F3+G3+H3"，也可以在输入"="后，单击"D3"单元格，然后输入加号"+"，再单击"E3"单元格，等等，一直加到H3单元格，如图4-43所示。按<Enter>键得到计算结果。

图4-43 在公式中引用单元格

如果公式所在单元格的位置改变，引用也随之自动调整。例如，使用填充手柄将"I3"单元格中的公式"=D3+E3+F3+G3+H3"复制到"I4"和"I5"单元格，"I4"和"I5"单元格中的公式将自动调整为"=D4+E4+F4+G4+H4"和"=D5+E5+F5+G5+H5"，如图4-44所示。

图4-44 复制相对引用的效果

> **提示**
>
> 默认情况下，单元格中显示的是计算结果，如果要查看单元格中输入的公式，可以双击单元格，或者选中单元格后在编辑栏中查看。

2. 绝对引用

绝对引用顾名思义，引用的地址是绝对的，不会随着公式位置的改变而改变。绝对引用在单元格地址的行、列引用前显示有绝对地址符"$"。

例如，将"I3"单元格中的公式"=SUM($D$3:$H$3)"复制到"I4：I5"，可以看到"I4：I5"单元格中的公式也是"=SUM($D$3:$H$3)"，如图4-45所示。也就是说，复制绝对引用的公式后，公式中引用的仍然是原单元格数据。

图4-45 复制包含绝对引用的公式

如果移动包含绝对引用的公式，单元格中的公式不会变化。

3. 混合引用

混合引用与绝对引用类似，不同的是单元格引用中有一项为绝对引用，另一项为相对引用，因此，可分为绝对引用行（采用A$1、B$1等形式）和绝对引用列（采用$A1、$B1等形式）。

如果复制混合引用，相对引用自动调整，而绝对引用不变。例如，如果将一个混合引用"=B$3"从"E3"复制到"F3"，它将自动调整为"=C$3"；如果复制到"F4"单元格，也自动调整为"=C$3"，因为列为相对引用，行为绝对引用。

如果移动混合引用，公式不会变化。

二、使用函数

WPS中的函数是一些预定义的公式，是对计算过程中一些较为复杂的公式的封装，函数使用一些被称为参数的特定变量按特定的顺序或结构进行计算。利用系统函数可以进行常规的数据统计、财务计算、日期与时间的计算以及三角函数的计算等。

1. 常用函数

（1）SUM函数

使用函数

- 函数名称：SUM。
- 主要功能：计算所有参数数值的和。
- 使用格式：SUM（Number1,Number2,…）。
- 参数说明：Number1,Number2,…代表需要计算的值或单元格（区域）。
- 应用举例：在"B8"单元格中输入公式"=SUM（D3:H3）"，确认后，即可求出"D3"至"H3"区域的总和。

（2）AVERAGE函数

- 函数名称：AVERAGE。
- 主要功能：求出所有参数的算术平均值。
- 使用格式：AVERAGE（number1,number2,…）。

- 参数说明：number1,number2,…仅表需要求平均值的数值或引用单元格（区域），参数不超过30个。
- 应用举例：在"B8"单元格中输入公式：=AVERAGE（B7:D7,F7:H7,7,8），确认后，即可求出"B7"至"D7"区域、"F7"至"H7"区域中的数值和7、8的平均值。
- 特别提醒：如果引用区域中包含"0"值单元格，则计算在内；如果引用区域中包含空白或字符单元格，则不计算在内。

（3）MAX 函数
- 函数名称：MAX。
- 主要功能：求出一组数中的最大值。
- 使用格式：MAX（number1,number2,…）。
- 参数说明：number1,number2,…代表需要求最大值的数值或引用单元格（区域），参数不超过30个。
- 应用举例：输入公式"=MAX（E44:J44,7,8,9,10）"，确认后即可显示出"E44"至"J44"单元格区域和数值7，8，9，10中的最大值。
- 特别提醒：如果参数中有文本或逻辑值，则忽略。

（4）MIN 函数
- 函数名称：MIN。
- 主要功能：求出一组数中的最小值。
- 使用格式：MIN（number1,number2,…）
- 参数说明：number1,number2,…代表需要求最小值的数值或引用单元格（区域），参数不超过30个。
- 应用举例：输入公式"=MIN（E44:J44,7,8,9,10）"，确认后即可显示出"E44"至"J44"单元格区域和数值7，8，9，10中的最小值。
- 特别提醒：如果参数中有文本或逻辑值，则忽略。

（5）IF 函数
- 函数名称：IF。
- 主要功能：根据对指定条件的逻辑判断的真假结果，返回相对应的内容。
- 使用格式：=IF（Logical,Value_if_true,Value_if_false）。
- 参数说明：Logical代表逻辑判断表达式；Value_if_true表示当判断条件为逻辑"真（TRUE）"时的显示内容，如果忽略返回"TRUE"；Value_if_false表示当判断条件为逻辑"假（FALSE）"时的显示内容，如果忽略返回"FALSE"。
- 应用举例：在"C29"单元格中输入公式"=IF（C26>=18,"符合要求","不符合要求"）"，确认以后，如果"C26"单元格中的数值大于或等于18，则C29单元格显示"符合要求"字样，反之显示"不符合要求"字样。
- 特别提醒：本文中类似"在'C29'单元格中输入公式"中指定的单元格，读者在使用时，并不需要受其约束，此处只是配合本文所附的实例需要而给出的相应单元格，具体请大家参考所附的实例文件。

（6）COUNT函数

- 函数名称：COUNT。
- 主要功能：统计所有参数中包含的数值的单元格个数。
- 使用格式：COUNT（number1,number2,…）
- 参数说明：number1,number2,…代表需要统计的数值或引用单元格（区域），参数不超过30个。
- 应用举例：在"B8"单元格中输入公式"=COUNT（B2:D8）"，确认后，即可求出"B2"至"D8"区域中所有数值型数据的个数。
- 特别提醒：如果引用区域中包含空白或字符单元格，则不统计在内。

（7）COUNTIF函数

- 函数名称：COUNTIF。
- 主要功能：统计某个单元格区域中符合指定条件的单元格数目。
- 使用格式：COUNTIF（Range,Criteria）。
- 参数说明：Range代表要统计的单元格区域；Criteria表示指定的条件表达式。
- 应用举例：在C15单元格中输入公式"=COUNTIF（C1:C12,">=90"）"，确认后，即可统计出"C1"至"C12"单元格区域中，数值大于等于90的单元格数目。
- 特别提醒：允许引用的单元格区域中有空白单元格出现。

（8）RANK函数

- 函数名称：RANK。
- 主要功能：返回某一数值在一列数值中的相对于其他数值的排位。
- 使用格式：RANK（Number,ref,order）。
- 参数说明：Number代表需要排序的数值；ref代表排序数值所处的单元格区域；order代表排序方式参数（如果为"0"或者忽略，则按降序排名，即数值越大，排名结果数值越小；如果为非"0"值，则按升序排名，即数值越大，排名结果数值越大）。
- 应用举例：如在"C2"单元格中输入公式"=RANK（B2,$B$2:$B$31,0）"，确认后即可得出"B2"的值在"$B$2"至"$B$31"区域中的排名结果。
- 特别提醒：在上述公式中，我们让Number参数采取了相对引用形式，而让ref参数采取了绝对引用形式（增加了"$"符号），这样设置后，选中"C2"单元格，将鼠标移至该单元格右下角，成细十字线状时（通常称之为"填充柄"），按住左键向下拖拉，即可将上述公式快速复制到C列下面的单元格中，完成其他单元格值的排名统计。

2.使用函数

1）选中要输入函数的单元格。

2）在编辑栏中单击"插入函数"按钮 ，打开图4-46所示的"插入函数"对话框。

3）在"选择类别"下拉列表框中选择需要的函数类别，然后在"选择函数"列表框中选择需要的函数，在对话框底部可以查看对应函数的语法和说明。

> **提示**
>
> 如果对需要使用的函数不太了解或者不会使用，可以在"插入函数"对话框顶部的"查找函数"文本框中输入一条自然语言，例如"排名"，在"选择函数"列表框中可能看到相关的函数列表，例如RANK、RANK.AVG、RANK.EQ。

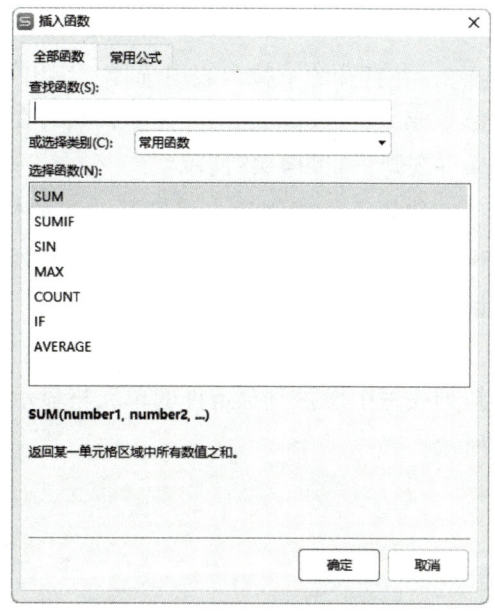

图4-46 "插入函数"对话框

4）单击"确定"按钮，打开图4-47所示的"函数参数"对话框。输入参数的单元格名称或单元格区域，或者单击参数文本框右侧的按钮，在工作表中选择参数所在的数据区域。

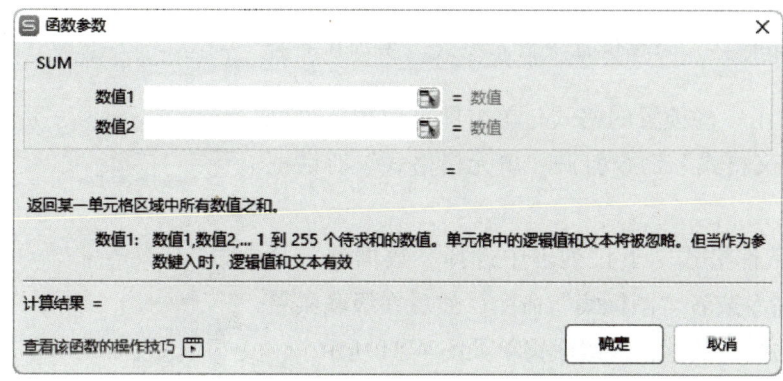

图4-47 "函数参数"对话框

5）参数设置完成后，单击"确定"按钮，即可输入函数，并得到计算结果。

三、条件格式设置

利用条件格式可以使满足指定条件的单元格自动应用指定的底纹、字体、颜色等格式，或使用数据条、色阶或图标突出显示满足条件的单元格，从而增强数据的可读性。

条件格式设置

1. 设置条件格式

1）选中要设置条件格式的单元格区域，通常是同一标题列的数据。

2）单击"开始"选项卡中的"条件格式"下拉按钮 ，在打开的下拉列表中选择"突出显示单元格规则"命令或"项目选取规则"命令，然后在级联菜单中选择条件规则，如图4-48所示。

选择条件规则后，将打开对应的格式设置对话框，例如选择"介于"规则，打开图4-49所示的"介于"对话框。

设置要突出显示的数据范围之后，在"设置为"下拉列表框中设置符合条件的单元格显示格式，如图4-50所示。

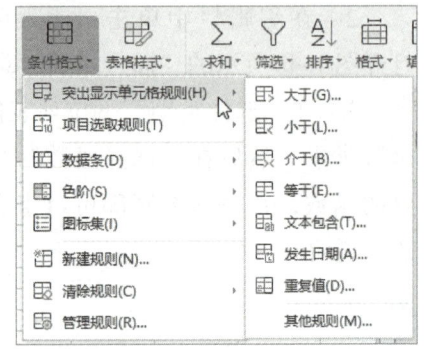

图4-48　突出显示单元格规则

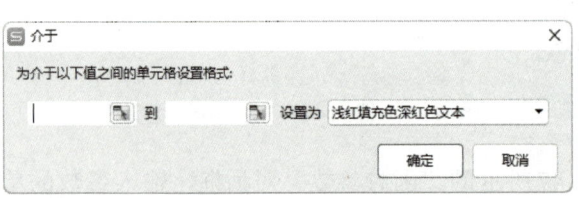

图4-49　"介于"对话框

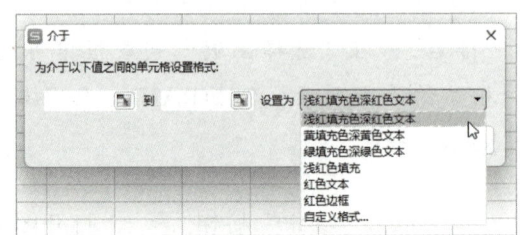

图4-50　设置符合条件的单元格格式

提示

如果在条件格式的数值框中输入公式，要加前导符"="。

WPS提供了一些预置的格式，单击即可应用，也可以单击"自定义格式"命令打开"单元格格式"对话框设置格式。

3）在"条件格式"下拉列表中选择"数据条"命令、"色阶"命令或者"图标集"命令，然后在级联菜单中选择格式样式，"数据条"级联菜单如图4-51所示。

选择一种填充样式或图标样式后，所选单元格区域即可根据单元格值的大小显示长短不一或颜色各异的数据条或图标。

图4-51　"数据条"级联菜单

注意

如果对同一列数据设定了多个条件，且不止一个条件为真，WPS自动应用最后一个为真的条件。

2.删除条件格式

对于设置了条件格式的表格，如果需要去掉条件格式，则可以采用如下步骤进行删除：

1）打开需要删除条件格式的表格，选中设置了条件格式的区域。

2）选择"开始"选项卡"条件格式"下拉列表中的"清除规则"命令，打开图4-52所示的级联菜单。选择"清除所选单元格的规则"命令，清除单元格区域的条件格式；选择"清除整个工作表的规则"命令，清除当前工作表中的所有条件格式。

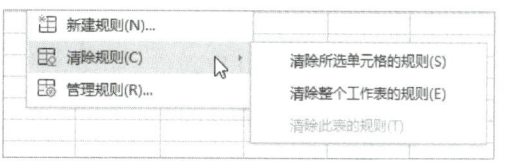

图4-52 "清除规则"命令级联菜单

3.管理条件规则

利用"条件格式规则管理器"，可以很方便地对当前工作簿中定义的所有条件格式进行编辑，还可以新建或删除条件格式。

1）选中要修改的条件格式中的任一单元格，单击"开始"选项卡"条件格式"下拉列表中的"管理规则"命令，打开"条件格式规则管理器"对话框。

"条件格式规则管理器"对话框中默认仅显示当前所选的条件规则，在"显示其格式规则"下拉列表框中可以选择"当前工作表"，或当前工作簿中的其他工作表，显示对应范围中的条件规则，如图4-53所示。

2）在"规则"区域选中要进行管理的规则，然后单击"编辑规则"按钮，在图4-54所示的"编辑规则"对话框中更改条件的运算符、数值、公式及格式。修改完毕后，单击"确定"按钮返回"条件格式规则管理器"对话框。

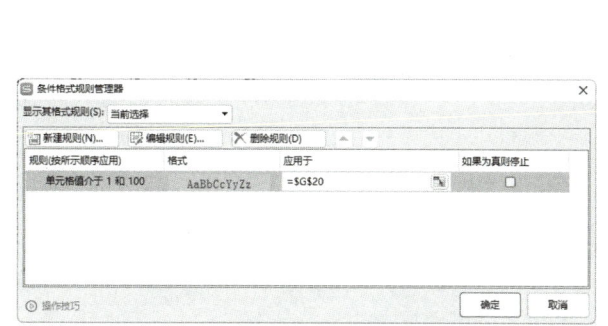

图4-53 显示当前工作表中的所有规则

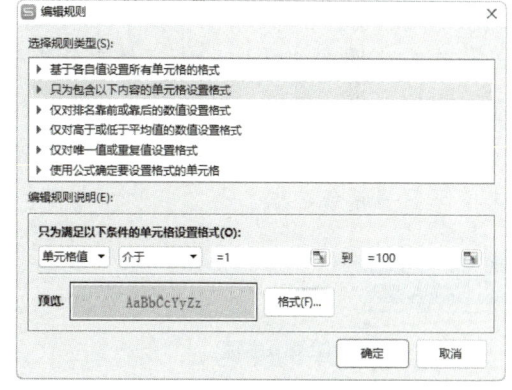

图4-54 "编辑规则"对话框

3）单击"删除规则"按钮，删除当前选中的条件格式。

4）修改完成后，单击"确定"按钮关闭对话框。

任务要求

本任务制作"学生成绩统计分析表"，要求掌握以下知识点：

1）单元格的绝对引用和相对引用。

2）单元格中输入与编辑公式。

3）使用函数来计算数据。

4）圈出无效数据。

制作完成的"学生成绩统计分析表"如图4-55所示。

任务实施

制作学生成绩统计分析表

制作学生成绩统计分析表

图4-55 学生成绩统计分析表

任务3　图书销售数据管理

情景引入

在书店兼职的学生小林，负责分析书店的销售数据。在书店销售管理中，为了及时了解各类图书销售情况，对畅销书籍及时补货或更新，需要对图书销售数据进行排序、筛选、分类汇总等操作，为了更好地完成销售数据分析工作，小林打算借助 WPS 表格的强大功能来管理图书销售数据。

知识准备

一、记录单的使用

WPS 表格中的记录单使用对话框的形式，将表格中的记录一条一条地显示，用户可通过记录单对表格中的记录进行添加、删除、查看或修改等操作。

1）单击"快速访问"工具栏扩展按钮，在弹出的下拉菜单中选择"其他命令"，打开"选项"对话框；或单击"文件"菜单，选择"选项"命令，打开"选项"对话框，在左侧列表中选择"快速访问工具栏"。

2）在搜索框中输入"记录单"，选中列表中的记录单，单击"添加"按钮，将"记录单"命令添加到快速访问工具栏中，如图4-74所示，单击"确定"按钮完成添加。

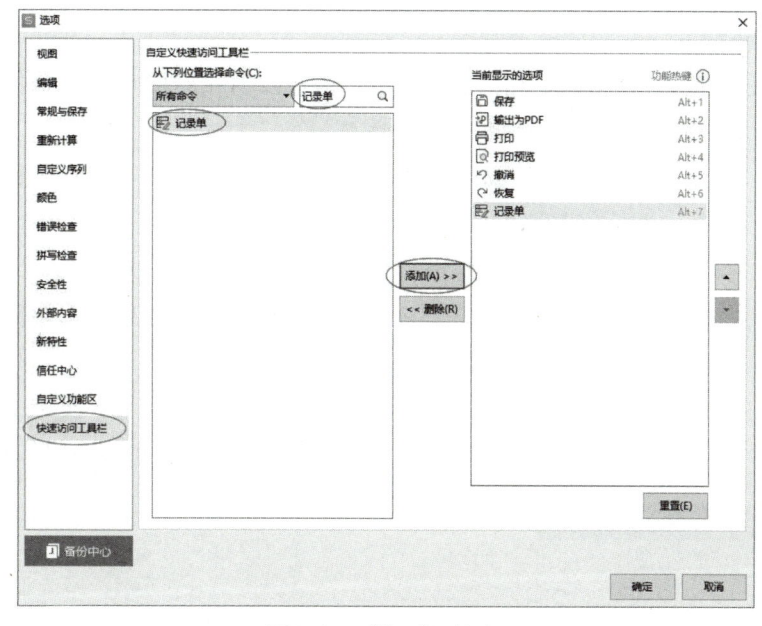

图 4-74 "选项"对话框

数据排序

二、数据排序

排序是按照工作表中数据的一定顺序重新进行排列,排序不改变数据记录的内容,只改变记录在数据表中的位置。在"图书销售情况"工作表中,按主要关键字"季度"的升序和次要关键字"图书名称"笔画的降序进行排序,操作步骤如下。

1)选中"图书销售情况表"工作表中的数据区域"A2:F22",选择"数据"选项卡,单击"排序"按钮的扩展按钮,选择"自定义排序"命令,打开"排序"对话框。在"主要关键字"下拉列表中选择"季度",在"次序"下拉列表中选择"升序"。

2)单击"添加条件"按钮,在"次要关键字"下拉列表中选择"图书名称",在"次序"下拉列表中选择"降序",如图 4-75 所示。

3)由于"图书名称"是按笔画降序排序,需要设置"排序选项"。单击"选项"按钮,打开"排序选项"对话框,选择"笔画排序"单选钮,如图 4-76 所示。单击"确定"按钮,返回"排序"对话框。

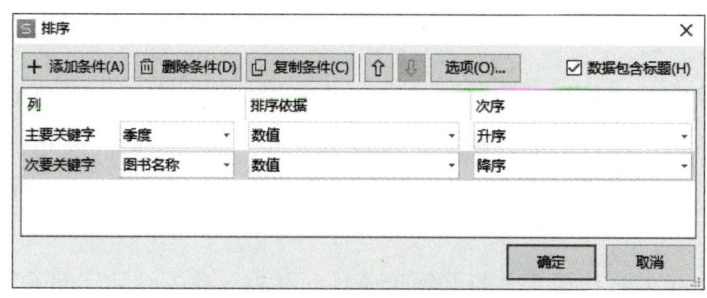

图 4-75 "排序"对话框

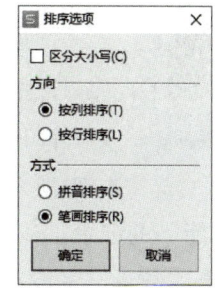

图 4-76 "排序选项"对话框

三、分类汇总

分类汇总是对数据清单按某字段进行分类，将字段值相同的连续记录作为一类，进行求和、求平均值、计数等汇总运算。

分类汇总

1）选择"学生成绩"工作表，按主要关键字"课程名称"笔画的递增次序、次要关键字"成绩"的递减次序进行排序。

2）对排序后的数据进行分类汇总，分类字段为"课程名称"，汇总方式为"平均值"，选定汇总项为"成绩"，汇总结果显示在数据下方，其他设置参数如图4-77所示。

3）单击"确定"按钮，完成分类汇总操作，结果如图4-78所示。此时表格中的数据自动分成了三级，在编辑区左侧单击数字按钮"1""2""3"，可以折叠或展开相应级别。

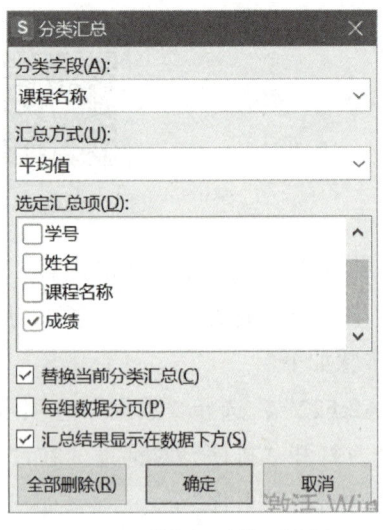

图4-77 "分类汇总"对话框　　　　图4-78 "学生成绩表"汇总结果

四、数据筛选

数据筛选是把数据清单中满足筛选条件的数据显示出来，把不满足筛选条件的数据暂时隐藏起来。当筛选条件被删除时，隐藏的数据便又恢复显示。数据筛选有自动筛选和高级筛选两种方式。

数据筛选

1.自动筛选

自动筛选是对各个字段建立筛选，单击"系别"字段右上角的筛选箭头，打开筛选条件对话框，选中"计算机"和"人工智能"复选框，如图4-79所示，单击"确定"按钮，筛选出系别为"计算机"且课程名称为"人工智能"的记录。

单击"数量"字段右上角的筛选箭头，打开筛选条件对话框，单击"数字筛选"，选择"自定义筛选"命令，如图4-80所示。筛选出系别为"自动控制"，且成绩大于90或小于等于60的记录，结果如图4-81所示。

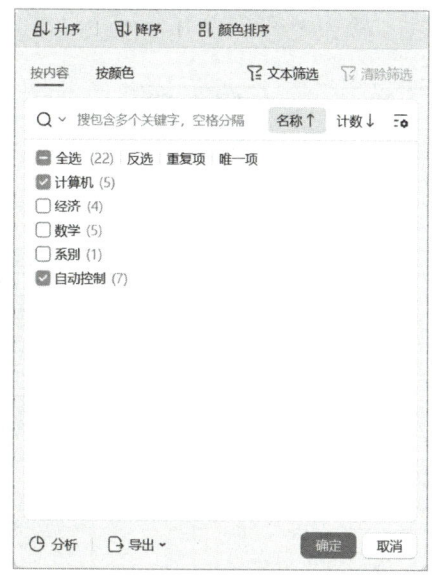
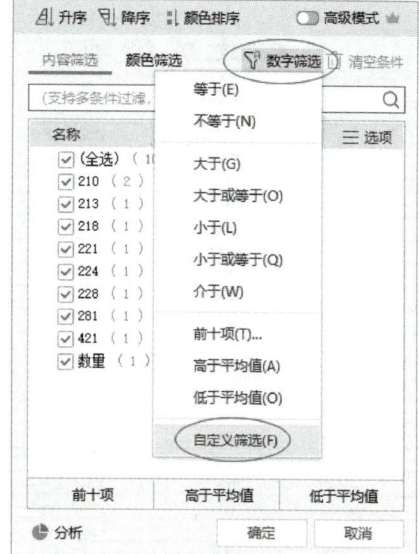

图4-79 设置"成绩表"筛选条件　　图4-80 "自定义筛选"命令

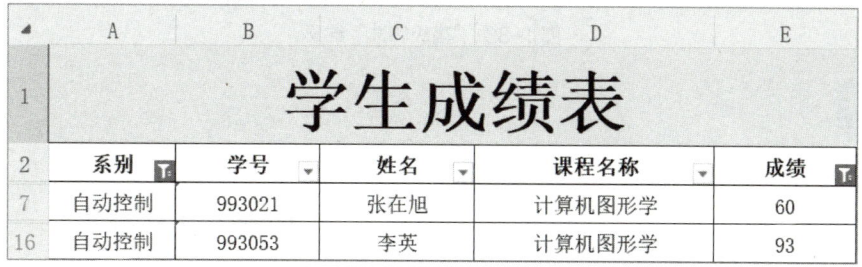

图4-81 "自定义筛选"结果

2.高级筛选

自动筛选对各字段的筛选是"逻辑与"的关系,即同时满足多个条件。但若要实现字段间"逻辑或"的关系,即满足任一条件,则必须借助于高级筛选。

1)筛选出系别为"计算机"或"数学",且成绩大于75的记录,筛选条件写在G2开始的区域内,筛选结果显示在当前工作表G9开始的区域内。高级筛选条件如图4-82所示。

系别	成绩
计算机	>75
数学	>75

图4-82 高级筛选条件

2)选中数据区域"A2:E23",选择"数据"选项卡,单击"筛选"按钮的扩展按钮,选择"高级筛选"命令,打开"高级筛选"对话框,在"方式"区域中选择"在原有区域显示筛选结果",单击"条件区域"右侧的折叠按钮，拖动鼠标选择"G2:H4"区域,按<Enter>键或单击"还原"按钮返回"高级筛选"对话框,如图4-83所示。

图4-83 "高级筛选"结果

任务要求

本任务制作"图书销售情况表",要求掌握以下知识点:

1)工作表的格式设置。

2)排序、分类汇总数据管理的方法。

3)各种数据筛选的设置方法。

制作完成的"图书销售情况表"效果如图4-84所示。

图4-84 "图书销售情况表"效果

任务实施

制作图书销售情况表

制作图书销售情况表

任务4　统计分析超市销售表

情景引入

在一家超市兼职的学生小林,负责分析超市的销售数据。每月超市都会积累大量的销售记录,包括不同商品在各个月份的销售数量。小林需要根据这些数据制作销售分析图表,以便直观地了解商品的销售趋势和不同商品之间的销售对比情况。为了更好地完成销售数据分析工作,小林打算借助WPS表格的强大功能来创建和处理超市销售图表。

知识准备

一、创建图表

图表能将工作表数据之间的复杂关系用图形表示出来,与表格数据相比,能更加直观、形象地反映数据的趋势和对比关系。

创建图表

1. 打开"插入图表"对话框

选择要创建为图表的单元格区域,单击"插入"选项卡中的"全部图表"按钮 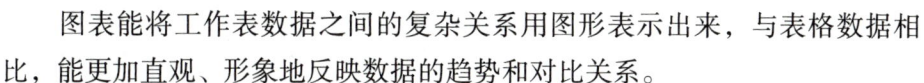,打开图4-93所示的"插入图表"对话框。

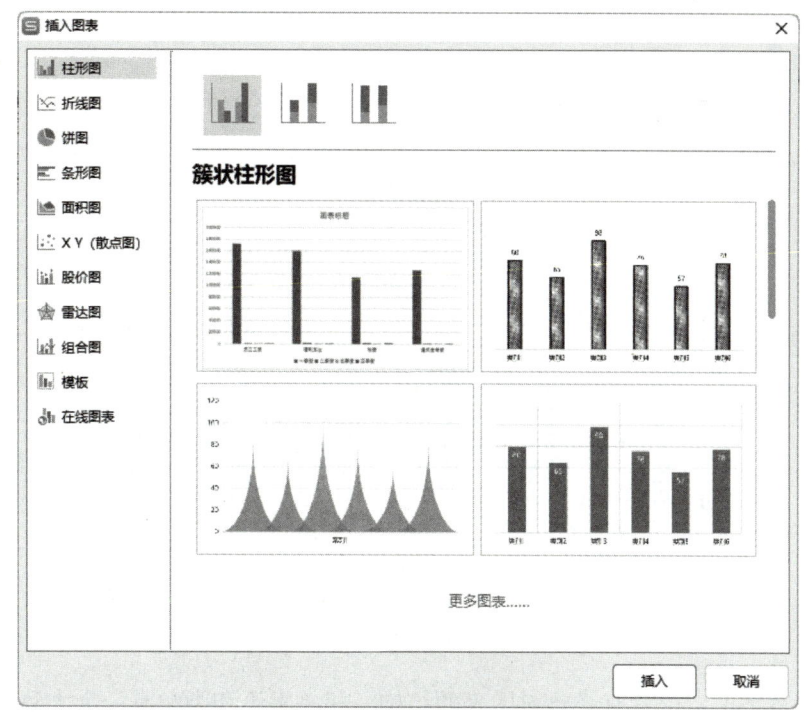

图4-93　"插入图表"对话框

在左侧窗格中可以看到WPS提供了丰富的图表类型,在右上窗格中可以看到每种图表类型还包含一种或多种子类型。

选择合适的图表类型能恰当地表现数据，更清晰地反映数据的差异和变化。各种图表的适用情况简要介绍如下。

①柱形图：簇状柱形图常用于显示一段时间内数据的变化，或者描述各项数据之间的差异。堆积柱形图用于显示各项数据与整体的关系。

②折线图：以等间隔显示数据的变化趋势。

③饼图：以圆心角不同的扇形显示某一数据系列中每一项数值与总和的比例关系。

④条形图：显示特定时间内各项数据的变化情况，或者比较各项数据之间的差别。

⑤面积图：强调幅度随时间的变化量。

⑥XY（散点图）：多用于科学数据，显示和比较数值。

⑦股价图：描述股票价格走势，也可以用于科学数据。

> **注意**
>
> 在制作股价图时，要注意数据源必须完整，而且排列顺序必须与图表要求的顺序一致。例如，要创建"成交量–开盘–盘高–盘低–收盘图"股价图，则选中的数据也应按照成交量、开盘、盘高、盘低、收盘价的顺序排列。

⑧雷达图：用于比较若干数据系列的总和值。

⑨组合图：用不同类型的图表显示不同的数据系列。

2.插入图表

选择需要的图表类型后，双击即可插入图表，如图4-94所示。

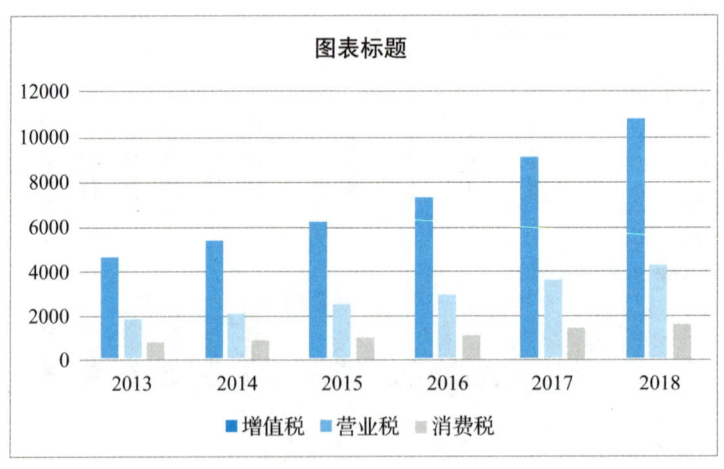

图4-94 插入的图表

在编辑图表之前，读者有必要对图表的结构、相关术语和类型有一个大致的了解。

①图表区：图表边框包围的整个图表区域。

②绘图区：以坐标轴为界，包含全部数据系列在内的区域。

③网格线：坐标轴刻度线的延伸线，以方便用户查看数据。主要网格线标示坐标轴上

的主要间距，次要网格线可以标示主要间距之间的间隔。

④数据标志：代表一个单元格值的条形、面积、圆点、扇面或其他符号，例如图4-94中各种颜色的条形。相同样式的数据标志形成一个数据系列。

将鼠标停在某个数据标志上，会显示该数据标志所属的数据系列、代表的数据点及对应的值，如图4-95所示。

⑤数据系列：对应于数据表中一行或一列的单元格值。每个数据系列具有唯一的颜色或图案，使用图例表示。例如，图4-94中的图表有3个数据系列，分别代表不同的税收。

⑥分类名称：通常是行或列标题。例如，在图4-94中的图表中，年份2013、2014……2018为分类名称。

⑦图例：用于标识数据系列的颜色、图案和名称。

⑧数据系列名称：通常为行或列标题，显示在图例中。

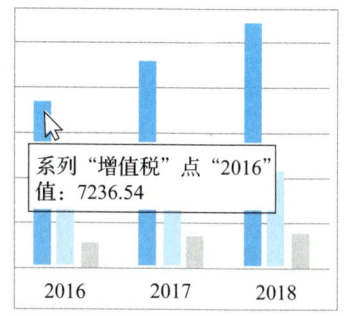

图4-95 显示数据标志的值及有关信息

3.调整图表的大小和位置

创建的图表与图形对象类似，选中图表，图表边框上会出现8个控制点。将鼠标指针移至控制点上，指针显示为双向箭头时，按住左键拖动，可调整图表的大小；将指针移到图表区或图表边框上，指针显示为四向箭头时，按住左键拖动，可以移动图表。

4.设置图表格式

创建图表后，通常会对图表的外观进行美化。WPS内置了一些颜色方案和图表样式，可很方便地设置图表格式。

①单击"图表工具"选项卡中"更改颜色"下拉按钮，在打开的颜色列表中单击一种颜色方案，图表中的数据系列颜色随之更改，如图4-96所示。

图4-96 更改图表的颜色方案

②单击"图表工具"选项卡中"更改类型"按钮，打开"更改图表类型"对话框，单击需要的样式，即可套用样式格式化图表，如图4-97所示。

利用图表右侧的"图表样式"按钮，也可以很方便地更改颜色方案，套用内置样式，如图4-98所示。

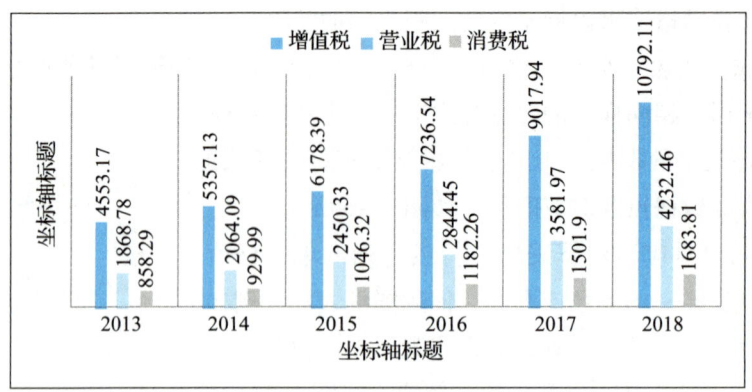

图4-97 使用内置样式

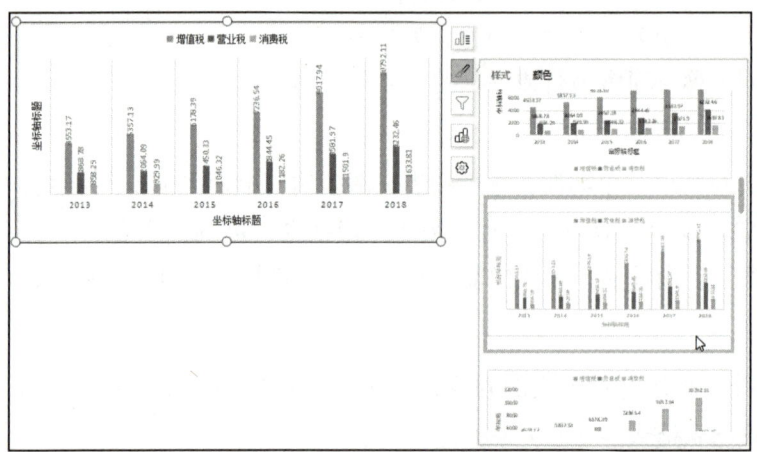

图4-98 套用内置的图表样式

5. 编辑图表数据

创建图表后,可以随时根据需要在图表中添加、更改和删除数据。

①选中图表,在"图表工具"选项卡中单击"选择数据"按钮,打开图4-99所示的"编辑数据源"对话框。

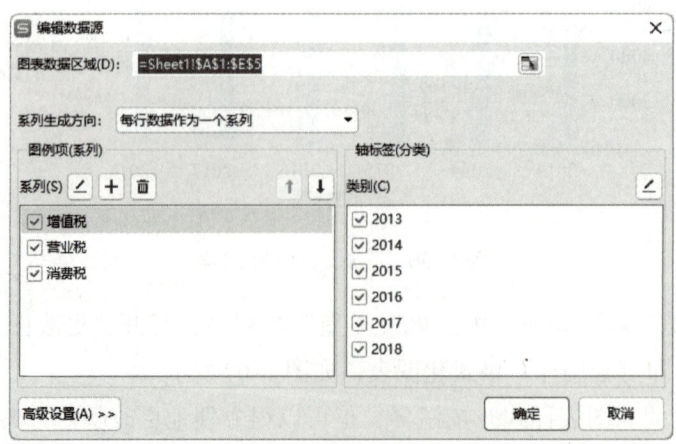

图4-99 "编辑数据源"对话框

②单击"图表数据区域"文本框右侧的按钮，在工作表中重新选择要包含在图表中的数据。

③默认情况下，每列数据显示为一个数据系列。在"系列生成方向"下拉列表框中选择"每行数据作为一个系列"，将每行数据显示为一个数据系列。

④在"系列"列表框右侧单击"编辑"按钮，在图4-100所示的"编辑数据系列"对话框中进行更改，设置完成后，单击"确定"按钮关闭对话框，修改数据系列的名称和对应的值。

⑤单击"添加"按钮，在图4-101所示的"编辑数据系列"对话框中指定系列名称和对应的系列值。设置完成后，单击"确定"按钮，即可在图表中显示添加的数据系列。

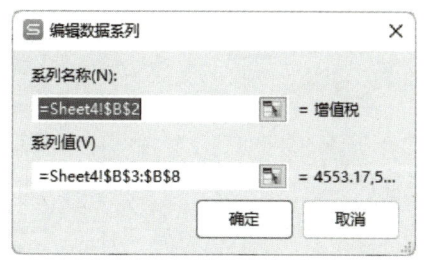
图4-100 "编辑数据系列"对话框1

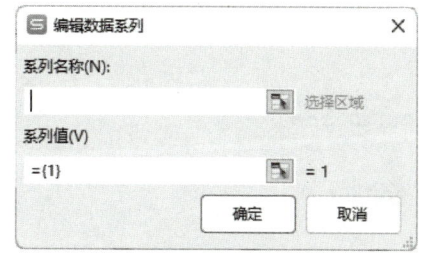
图4-101 "编辑数据系列"对话框2

⑥在"系列"列表框中选中要删除的数据序列，然后单击"删除"按钮，图表中对应的数据系列随之消失。

⑦在"类别"列表框中取消选中不要显示的类别复选框，然后单击"确定"按钮，图表中仅显示指定分类的数据。

⑧单击"类别"列表框右侧的"编辑"按钮，在图4-102所示的"轴标签"对话框中修改标签名称。设置完成后，单击"确定"按钮关闭对话框，修改类别轴的显示标签。

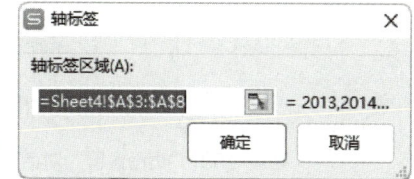
图4-102 "轴标签"对话框

二、页面设置

在打印工作表之前需要对工作表页面进行设置。页面设置主要包括设置页边距、纸张方向和大小、打印区域、分隔符、页眉页脚及打印标题等。

1.设置页面基本属性

1）单击"页面布局"选项卡"页面设置"功能组的右下角按钮，打开图4-103所示的"页面设置"对话框。

2）在"页面"选项卡的"方向"区域，可以设置纸张方向为"横向"或"纵向"，也可以单击"页面布局"选项卡"纸张方向"下拉列表中的"纵向"命令或"横向"命令来修改纸张方向。

> **提示**
>
> "纵向"和"横向"是相对于纸张而言的，并非针对打印内容。如果工作表的数据行较多而列较少，可以使用纵向打印；如果列较多而行较少，通常使用横向打印。

3）在对话框"纸张大小"下拉列表框中可以选择一种内置的纸张规格，也可以单击"页面布局"选项卡"纸张大小"下拉按钮，在打开的下拉列表中选择一种内置的纸张规格，如图4-103所示，设置纸张大小。

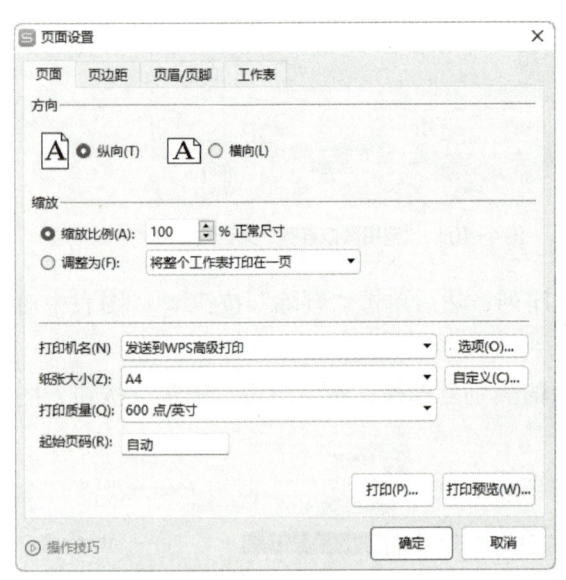

图4-103 "页面设置"对话框

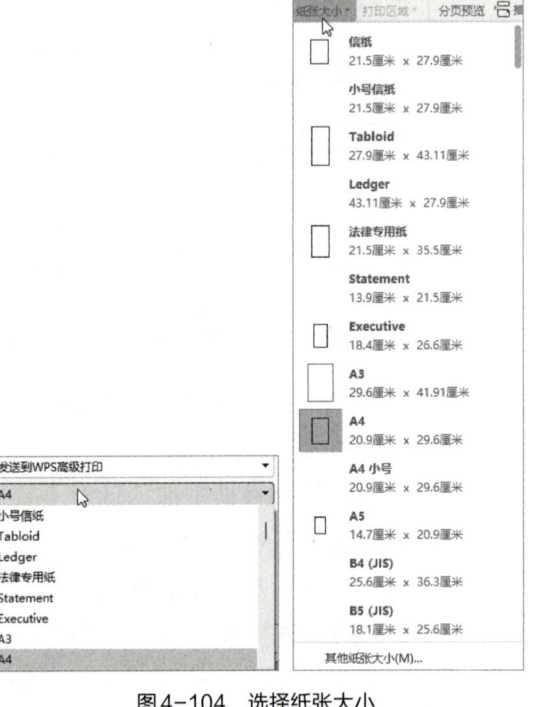

图4-104 选择纸张大小

> **注意**
>
> 选择的纸张大小并非实际打印用纸的尺寸。选择的纸张大小不同，打印的数据表大小和位置也不同。

4）在"打印质量"下拉列表中指定打印分辨率，设置打印质量。

5）在"起始页码"文本框中键入页码指定从哪一页开始打印。默认为"自动"。

6）在"页边距"选项卡，可以在图4-105所示的页边距选项中分别设置上、下、左、右边距值。

7）在"页眉"和"页脚"数值框中设置页眉和页脚距页面顶端和底端的高度。

8）在"居中方式"区域指定要打印的内容在页面中的居中对齐方式，可同时选中两个复选框。

9）设置完成后，单击"确定"按钮关闭对话框。

2. 添加页眉和页脚

页眉是显示在每一个打印页顶部的工作表附加信息，例如单位名称和徽标；页脚是显示在每一个打印页底部的附加信息，例如页码和版权声明等。

1）单击"页面布局"选项卡中"打印页眉和页脚"按钮 打印页眉和页脚，打开"页面设置"对话框的"页眉/页脚"选项卡。

2）在"页眉"和"页脚"下拉列表框中选择要应用WPS预置的页眉/页脚样式，如图4-106所示。

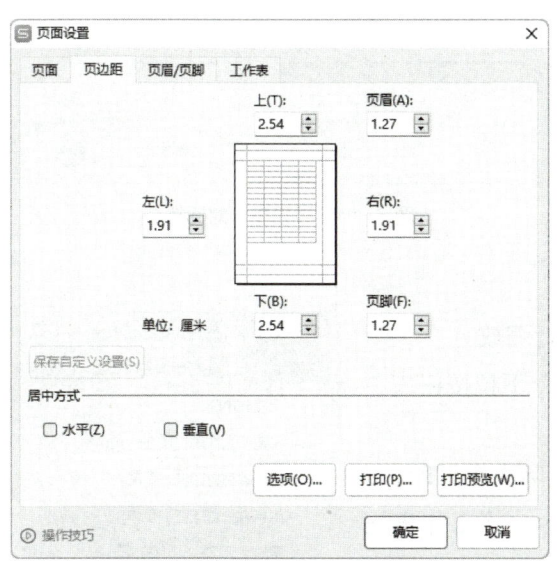

图4-105 "页边距"选项卡

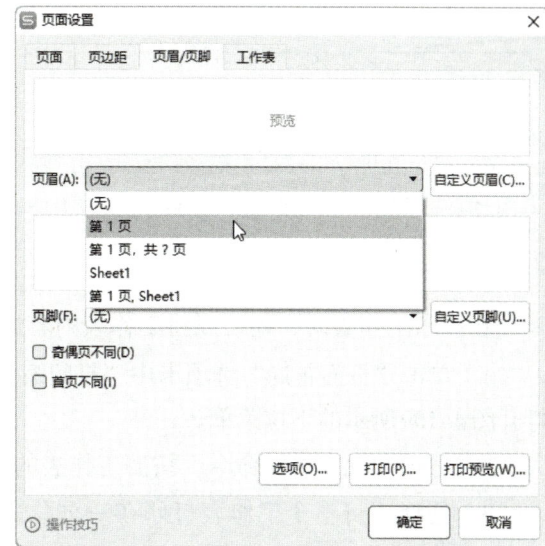

图4-106 使用预置的页眉/页脚样式

3）单击"自定义页眉"按钮，打开图4-107所示的"页眉"对话框，分别将插入点定位在"左""中""右"编辑框中，然后单击编辑框顶部的命令按钮插入相应的代码，或直接在编辑框中输入内容。例如，单击"日期"按钮 ，即可在当前编辑框中插入当前日期的域代码"&[日期]"。

4）设置完成后，单击"确定"按钮关闭对话框，在"页眉"下拉列表框中自动选中自定义的页眉。

5）单击"自定义页脚"按钮，打开如图4-108所示的"页脚"对话框，分别在"左""中""右"编辑框中输入或插入需要的内容。设置完成后，单击"确定"按钮返回到"页面设置"对话框。

6）勾选"奇偶页不同"复选框，可以分别设置奇数页和偶数页的页眉/页脚。勾选"首页不同"复选框，可以设置首页的页眉/页脚与其他页不同。

7）设置完毕，单击"确定"按钮关闭对话框。

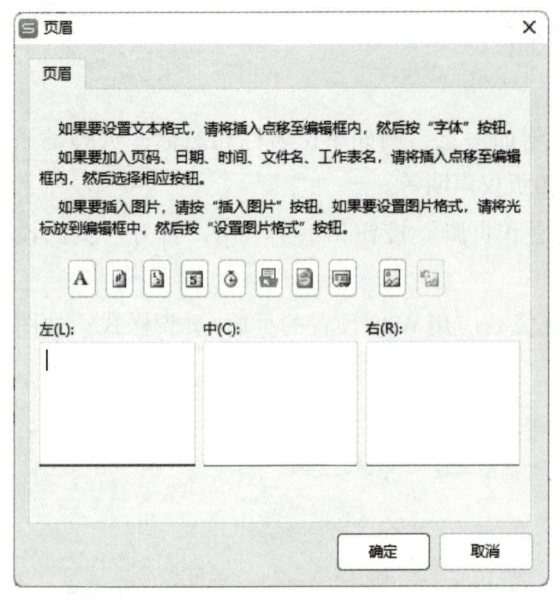

图4-107 "页眉"对话框　　　　图4-108 "页脚"对话框

3. 设置缩放打印

在打印工作表时，还可以将工作表内容进行缩放。

1）单击"页面布局"选项卡中"打印缩放"下拉按钮，打开图4-109所示的下拉菜单。

2）选择"无缩放"命令，按照工作表的实际大小打印。

3）选择"将整个工作表打印在一页"命令，将工作表缩小在一个页面上打印。

4）选择"将所有列打印在一页"命令，将工作表所有列缩小到一个页面宽，可能会将一页不能显示的行拆分到其他页。

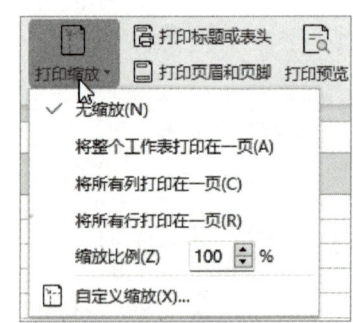

图4-109 设置显示比例

5）选择"将所有行打印在一页"命令，将工作表所有行缩小为一个页面高，可能会将一页不能显示的列拆分到其他页。

6）选择"自定义缩放"命令，打开"页面设置"对话框。在"缩放"区域，可以指定将工作表按比例缩放，或调整为指定的页宽或页高。

4. 设置打印区域

默认情况下，打印工作表时，会打印整张工作表。如果只要打印工作表的一部分数据，就需要设置打印区域。

1）在工作表编辑窗口中选定要打印的单元格或单元格区域。如果要设置多个打印区域，可以选中一个区域后，按住<Ctrl>键选中其他区域。

2）选择"页面布局"选项卡"打印区域"下拉列表中的"设置打印区域"命令。此时，选中的区域四周显示虚线边框，如图4-110所示。

图 4-110 设置打印区域

如果设置了多个打印区域，可以看到每个区域中显示分页说明，表明每个打印区域都在单独的一页打印。

3）选择"页面布局"选项卡"打印区域"下拉列表中的"取消打印区域"命令，取消打印选中的区域。

三、工作表的打印输出

对工作表进行了页面设置，现在可以对工作表（包括图表）实施打印了。由于打印预览功能具有"所见即所得"的页面效果，因此，我们应充分使用打印预览功能，在屏幕上预先观察打印效果。通过"观察—修改设置—观察"的不断重复过程将文档打印设置得更加满意，之后再打印输出。

工作表的打印输出

1. 打印预览

1）单击"页面布局"选项卡中的"打印预览"按钮，打开"打印预览"选项卡，如图 4-111 所示。纸张方向、页边距等设置都可以通过预览区域查看效果，这个效果也是打印机打印的实际效果。用户还可以通过调整预览区下面的滑块改变预览视图的大小。

图 4-111 "打印预览"选项卡

2）若用户对打印效果不满意，可在"打印预览"选项卡中对电子表格页面设置做进一步调整，直到预览效果满意为止。

3）单击"返回"按钮，或单击"打印预览"选项卡中的"关闭"按钮，关闭打印预览，返回到文档编辑。

2. 打印设置

1）选择"文件"→"打印"命令，打开图 4-112 所示的"打印"对话框。

2）在"名称"下拉列表中选择计算机中安装的打印机。

3）若打印全部表格，勾选全部，若想指定打印某几页，输入页码范围即可。

4）可以设置只打印选定区域、整个工作簿和选定工作表。

5）如果需打印多份，在"份数"数值框中设置打印的份数。

6）如果要双面打印文档，勾选"双面打印"复选框。

7）单击"确定"按钮，即可开始打印。

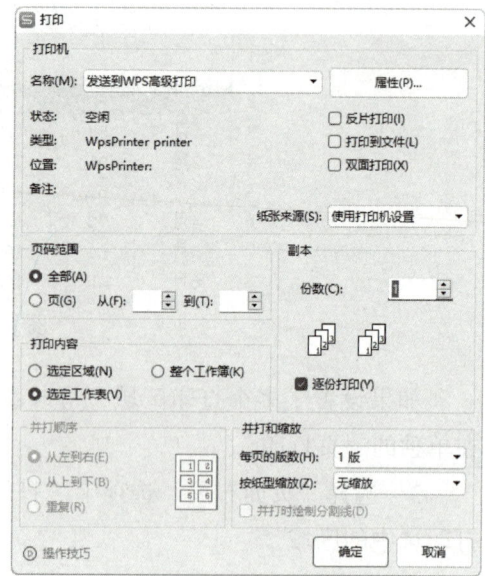

图4-112 "打印"对话框

任务要求

本任务制作"统计分析超市销售表"，要求掌握以下知识点：

1）创建柱状图。

2）设置图表样式。

3）打印设置和打印。

制作完成的"统计分析超市销售表"效果如图4-113所示。

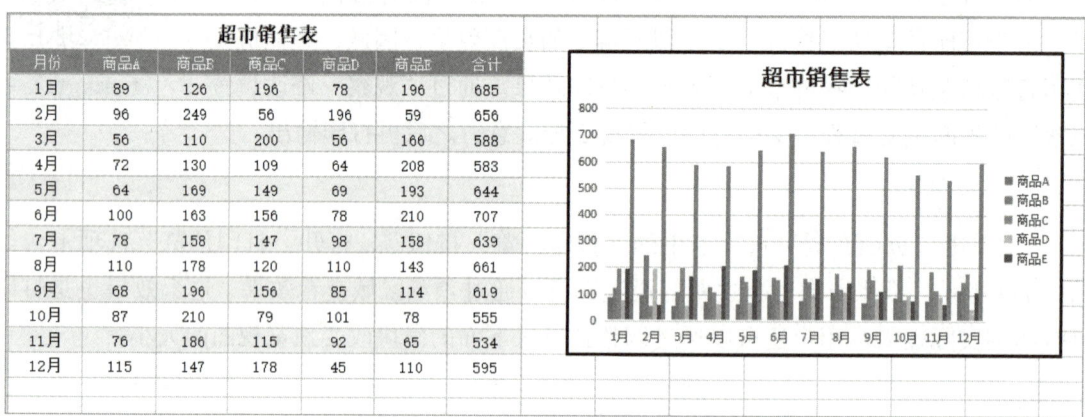

图4-113 "统计分析超市销售表"效果

任务实施

制作统计分析超市销售表

制作统计分析超市销售表

任务5 制作书店销售分析图表

情景引入

在一家书店担任销售数据分析员的兼职学生小孙,需要定期对书店的销售数据进行分析,为书店的采购和营销策略提供依据。他手头有各类书籍的销售数据,包括书籍名称、作者、销售数量等信息。小孙希望通过创建数据透视表和数据透视图,能够从不同角度对销售数据进行汇总和分析,比如按照作者统计销售数量,筛选出畅销书籍等。小孙决定学习 WPS 表格中的数据透视表和数据透视图功能,以提升销售数据分析的效率和准确性。

知识准备

一、创建数据透视表

分类汇总的特点是按一个字段分类,一个或多个字段汇总。如果要实现按多个字段分类、多个字段汇总的问题,就需要使用"数据透视表"和"数据透视图"的功能来实现了。

创建数据透视表

数据透视表是具有交互性的数据报表,可以汇总较多的数据,同时可以筛选各种汇总结果以便查看源数据的各种统计结果。使用切片器可以快速实现筛选功能。

1. 新建透视表

1)单击"数据"选项卡中的"数据透视表"按钮 ,打开图 4-130 所示的"创建数据透视表"对话框。

2)选择创建数据透视表的数据源。默认为选中的单元格区域,用户也可以自定义新的单元格区域、使用外部数据源或选择多重合并计算区域。

3)选择放置数据透视表的位置。如果选择"新工作表"选项,将数据透视表插入到一张新的工作表中。如果选择"现有工作表"选项,则将数据透视表插入到当前工作表中的指定区域。

4)单击"确定"按钮,即可创建空白的透视表,工作表右侧显示"数据透视表"任务窗格,功能区显示"分析"选项卡,如图 4-131 所示。如果在新工作表中创建数据透视表,默认起始位置为"A3"单元格;如果在当前工作表中创建数据透视表,则起始位置为指定的单元格或区域。

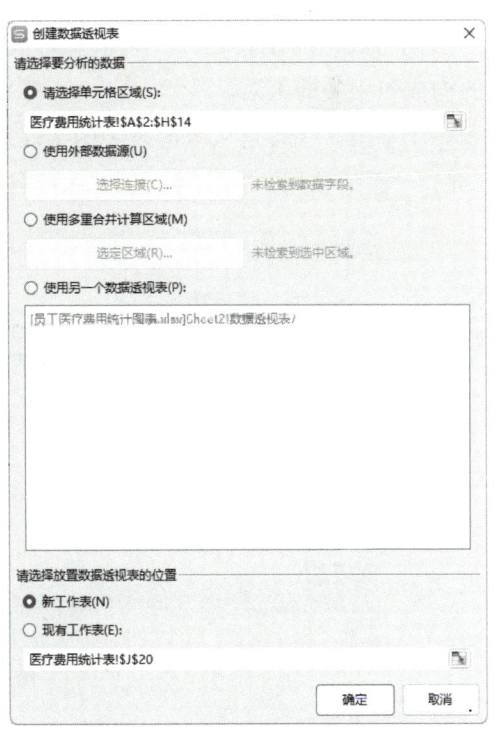

图 4-130 "创建数据透视表"对话框

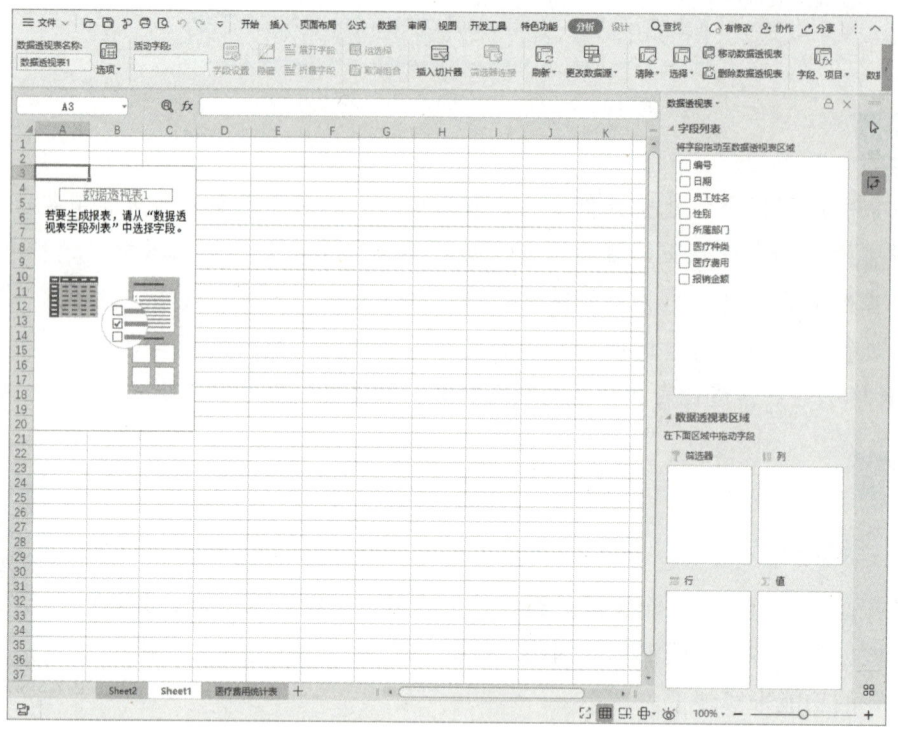

图4-131 创建空白数据透视表

5）在"数据透视表"任务窗格的"字段列表"区域选中需要的字段，拖放到"数据透视表区域"，即可自动生成数据透视表。

创建数据透视表之后，如果要对数据透视表进行查看或编辑，需要先了解数据透视表的构成和相关的术语。

①字段。字段是从数据表中的字段衍生而来的数据的分类，例如图4-132所示的"所属部门""医疗费用""员工姓名""医疗种类"等。

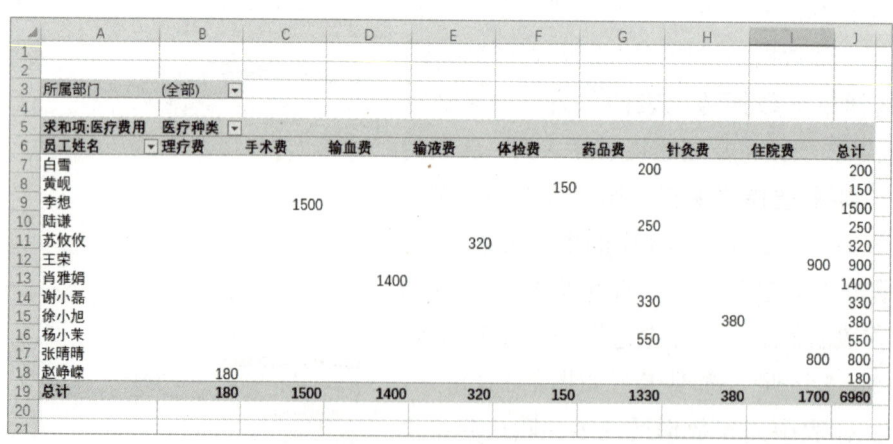

图4-132 字段示例

字段包括页字段、行字段、列字段和数据字段。

a. 页字段：用于对整个数据透视表进行筛选的字段，以显示单个项或所有项的数据。

b. 行字段：指定为行方向的字段。

c. 列字段：指定为列方向的字段。

d. 数据字段：提供要汇总的数据值的字段。数据字段通常包含数字，用"Sum函数"汇总这些数据；也可包含文本，使用"Count函数"进行计数汇总。

②项。项是字段的子分类或成员。

③数据区域。数据区域是指包含行和列字段汇总数据的数据透视表部分。

2. 在透视表中筛选数据

利用数据透视表不仅可以很方便地按指定方式查看数据，并能查询满足特定条件的数据。

1）单击筛选器所在的单元格右侧的下拉按钮，打开图4-133所示的下拉列表。

2）单击选择要筛选的数据，如果要筛选多项，先选中"选择多项"复选框，然后在分类列表中选择要筛选的数据。单击"确定"按钮，数据透视表即可仅显示满足条件的数据。

3）如果要对列数据进行筛选，单击列标签右侧的下拉按钮，在图4-134所示的下拉列表中选择筛选数据，并设置筛选结果的排序方式。

除了可以严格匹配进行筛选，还可以对行列标签和单元格值指定范围进行筛选。选择"标签筛选"命令，打开图4-135所示的级联菜单；选择"值筛选"命令，打开图4-136所示的级联菜单。

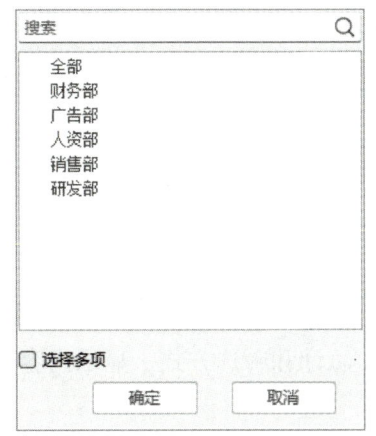
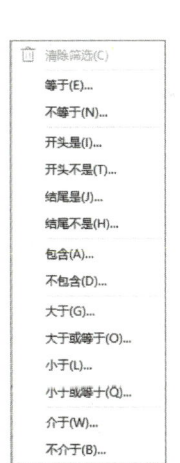
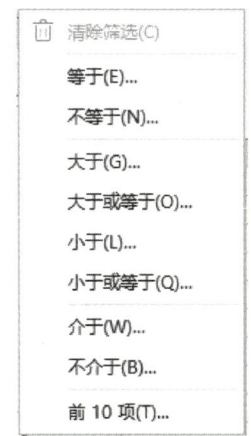

图4-133　筛选器下拉列表　　图4-134　列标签下拉列表　　图4-135　"标签筛选"级联菜单　　图4-136　"值筛选"级联菜单

4）设置完成后，单击"确定"按钮，即可在数据透视表中显示筛选结果。

5）使用筛选列数据的方法可以对行数据进行筛选。

3. 编辑数据透视表

创建数据透视表之后，可以根据需要修改行（列）标签和值字段名称、排序筛选结果，以及设置透视表选项。

1）修改数据透视表的行（列）标签和值字段名称。

数据透视表的行、列标签默认为数据源中的标题字段，值字段通常显示为"求和项：标题字段"，可以根据查看习惯修改标签名称。

双击行、列标签所在的单元格，当单元格变为可编辑状态时，输入新的标签名称，然后按<Enter>键。

双击值字段名称打开图4-137所示的"值字段设置"对话框，在"自定义名称"文本框中输入字段名称。

在该对话框中还可以修改值字段的汇总方式，默认为"求和"。设置完成后，单击"确定"按钮关闭对话框。

2）设置数据透视表选项。

在数据透视表的任意位置右击，在打开的快捷菜单中选择"数据透视表选项"命令，打开图4-138所示的"数据透视表选项"对话框。

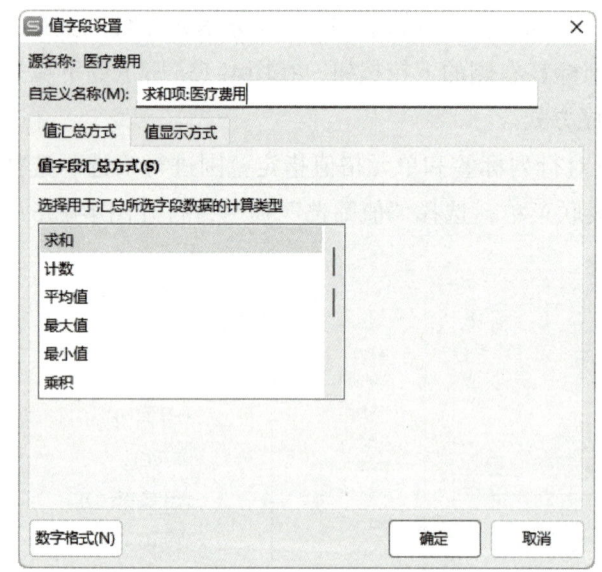

图4-137 "值字段设置"对话框

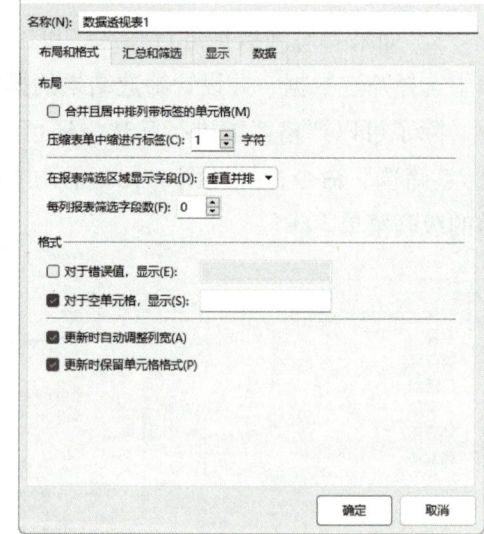

图4-138 "数据透视表选项"对话框

在该对话框中可以设置数据透视表的名称、布局和格式、总计和筛选方式、显示内容，以及是否保存、启用源数据和明细数据。

4.删除数据透视表

使用数据透视表查看、分析数据时，可以根据需要删除数据透视表中的某些字段。如果不再使用数据透视表，可以删除整个数据透视表。

1）打开数据透视表。右击数据透视表中的任一单元格，在弹出的快捷菜单中选择"显示字段列表"命令，打开"数据透视表"任务窗格。

2）在透视表字段列表中取消选中要删除的字段复选框，或在"数据透视表区域"中单击要删除的字段标签，在弹出的菜单中选择"删除字段"命令，如图4-139所示，删除指定的字段。

3）如果要删除整个透视表，选中数据透视表中的任一单元格，单击"分析"选项卡中的"删除数据透视表"按钮。

二、创建数据透视图

数据透视图是一种交互式的图表，以图表的形式表示数据透视表中的数据。不仅保留了数据透视表的方便和灵活，而且与其他图表一样，能以一种更加可视化和易于理解的方式直观地反映数据，以及数据之间的关系。

创建数据透视图

1. 新建数据透视图

创建数据透视图有两种方法：一种是直接利用数据源（例如单元格区域、外部数据源和多重合并计算区域）创建数据透视图；另一种是在数据透视表的基础上创建数据透视图。

图4-139 选择"删除字段"命令

如果要直接利用数据源创建数据透视图，选中需要的数据源类型，然后指定单元格区域或外部数据源。

如果要基于当前工作簿中的一个数据透视表创建数据透视图，则选中"使用另一个数据透视表"，然后在下方的列表框中单击数据透视表名称。

1）在工作表中单击任意一个单元格，单击"插入"选项卡中的"数据透视图"按钮，打开图4-140所示的"创建数据透视图"对话框。

2）选择要分析的数据。

3）选择放置透视图的位置。

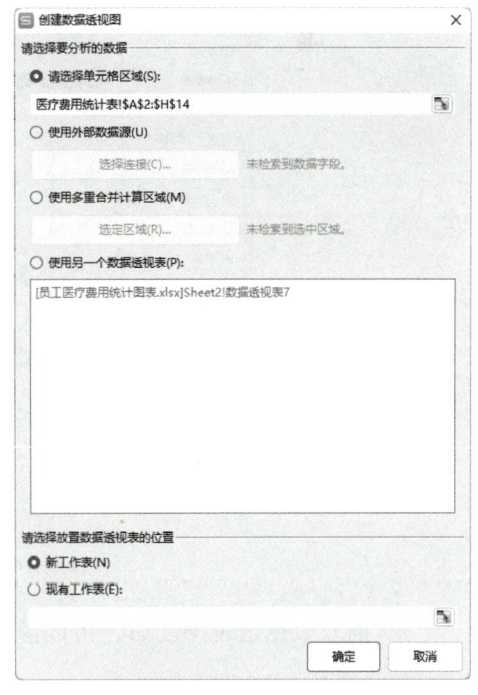

4）单击"确定"按钮，即可创建一个空白数据透视表和数据透视图，工作表右侧显示"数据透视图"任务窗格，且菜单功能区自动切换到"图表工具"选项卡，如图4-141所示。

图4-140 "创建数据透视图"对话框

5）设置数据透视图的显示字段。在"字段列表"中将需要的字段分别拖放到"数据透视图区域"的各个区域中。在各个区域间拖动字段时，数据透视表和透视图将随之进行相应的变化。

6）WPS默认生成柱形透视图，如果要更改图表的类型，单击"图表工具"选项卡中的"更改类型"按钮，打开图4-142所示的"更改图表类型"对话框，在该对话框中可以选择图表类型。

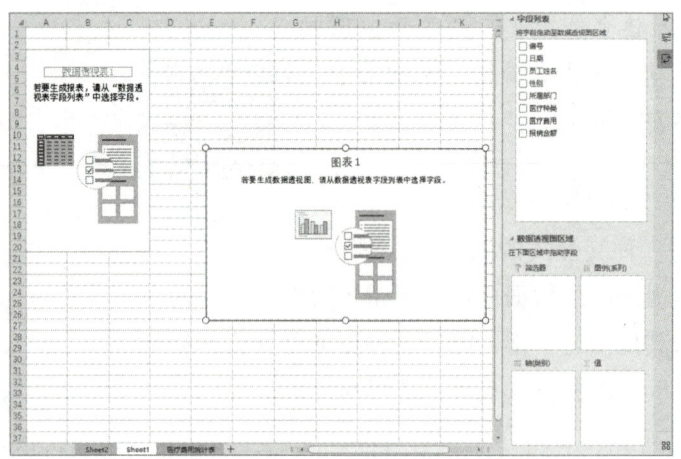

图4-141 创建空白数据透视表和透视图

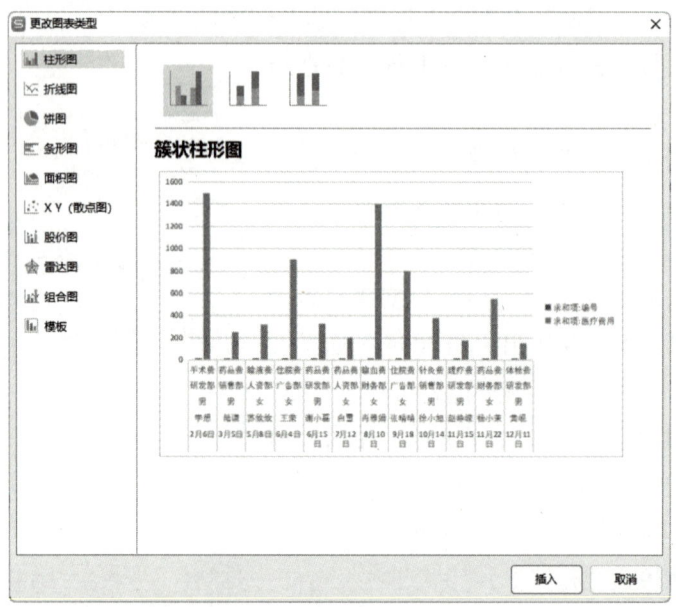

图4-142 "更改图表类型"对话框

7）插入数据透视图之后，可以像普通图表一样设置图表的布局和样式。

2.在透视图中筛选数据

数据透视图与普通图表最大的区别是：数据透视图可以通过单击图表上的字段名称下拉按钮，筛选需要在图表上显示的数据项。

1）在数据透视图上单击要筛选的字段名称，打开图4-143所示的下拉列表，选择要筛选的内容。如果要同时筛选多个字段，选中"选择多项"复选框，再选择要筛选的字段。

2）单击"确定"按钮，筛选的字段名称右侧显示筛选图标，数据透视图中仅显示指定内容的相关信息，数据透视表也随之更新。

3）如果要取消筛选，单击要清除筛选的字段下拉按钮，在打开的下拉列表中单击"全部"，然后单击"确定"按钮关闭对话框。

4）如果要对图表中的标签进行筛选，单击标签字段右侧的下拉按钮，在打开的下拉列表中选择"标签筛选"，然后在图4-144所示的级联菜单中选择筛选条件，并设置筛选条件。

图4-143　筛选字段　　　　　　图4-144　选择筛选条件

5）如果要取消标签筛选，可以单击要清除筛选的标签下拉按钮，在打开的下拉列表中选择"清空条件"命令。

任务要求

本任务制作"书店销售分析图表"，要求掌握以下知识点：

1）创建折线图。

2）设置数据透视图的布局。

3）美化数据透视表和数据透视图。

4）筛选数据。

制作完成的"书店销售分析图表"效果如图4-145所示。

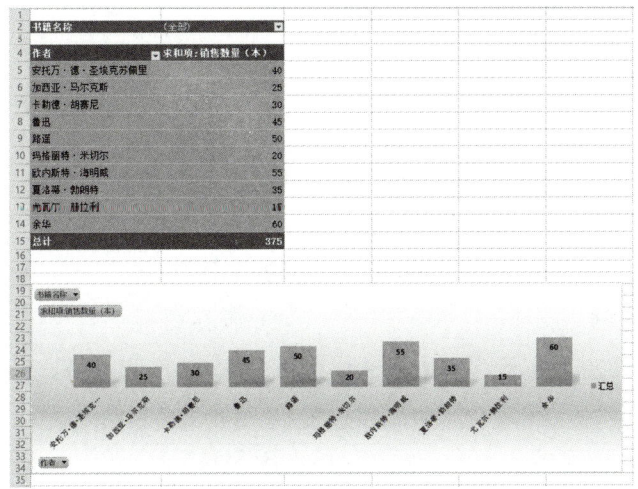

图4-145　"书店销售分析图表"效果

任务实施

制作书店销售分析图表

制作书店销售分析图表

能力训练

一、填空题

1. 相对地址与绝对地址混合使用，称为_____。

2. 工作表是WPS电子表格用来存储和处理数据的表格，通常称为_____。

3. 保护一个WPS电子表格工作簿时，可以保护工作簿的_____和_____。

4. 在_____组中单击_____按钮，在打开的下拉列表中选择选项，即可打开"单元格格式"对话框。

5. _____是在工作表中对数据进行分析和运算的等式。

6. 筛选是一种用于查找符合条件的数据的快速方法，WPS电子表格中有_____和_____两种方法。

7. 在WPS电子表格中输入身份证号码时，应首先将单元格数据类型设置为_____，以保证数据的准确性。

8. 要在WPS电子表格中选取多个连续的单元格，在单击鼠标左键的同时应按键盘上的_____键。

9. 使用WPS电子表格的_____功能可以把暂时不需要的数据隐藏起来，只显示符合设置条件的数据记录。

10. 选择_____菜单命令，可以创建图表。

二、选择题

1. 在WPS电子表格中，图表是数据的一种视觉表示形式，图表是动态的，改变了图表（ ）后，WPS电子表格会自动更改图表。

    A. X轴数据　　　　　　　　　　B. Y轴数据
    C. 所依赖的数据　　　　　　　　D. 表标题

2. 在WPS电子表格工作表第D列第4行交叉位置处的单元格，其绝对单元格名应是（ ）。

    A. D4　　　　　　　　　　　　B. $D4
    C. $D$4　　　　　　　　　　　D. D$4

3. 在WPS电子表格工作表的公式中,"SUM（B3:C4）"的含义是（　　）。

   A. B3与C4两个单元格中的数据求和

   B. 将从B3与C4的矩阵区域内所有单元格中的数据求和

   C. 将B3与C4两个单元格中的数据求平均

   D. 将从B3到C4的矩阵区域内所有单元格中的数据求平均

4. 在WPS电子表格中,最适合反映数据的发展趋势的一种图表类型是（　　）。

   A. 散点图　　　　　　　　　　B. 折线图

   C. 柱形图　　　　　　　　　　D. 饼图

5. 在WPS电子表格中建立数据透视表,默认的字段汇总方式是（　　）。

   A. 最小值　　　　　　　　　　B. 平均值

   C. 求和　　　　　　　　　　　D. 最大值

6. 对于WPS电子表格数据库,排序是按照（　　）来进行的。

   A. 记录　　　　　　　　　　　B. 工作表

   C. 字段　　　　　　　　　　　D. 单元格

7. 在下列操作可以使选定的单元格区域输入相同数据的是（　　）

   A. 在输入数据后按<Ctrl＋空格>组合键　　B. 在输入数据后按<Enter>键

   C. 在输入数据后按<Ctrl＋Enter>组合键　　D. 在输入数据后按<Shift＋Enter>组合键

8. 合并单元格是指将选定的连续单元区域合并为（　　）

   A. 1个单元格　　　　　　　　B. 1行2列

   C. 2行2列　　　　　　　　　　D. 任意行和列

9. WPS电子表格中第二列第三行单元格使用标号表示为（　　）

   A. C2　　　　　　　　　　　　B. B3

   C. C3　　　　　　　　　　　　D. B2

10. 在WPS电子表格中,进行分类汇总之前,要先对工作表进行（　　）处理。

    A. 筛选　　　　　　　　　　　B. 设置格式

    C. 排序　　　　　　　　　　　D. 计算

三、操作题

1. 打开"生产成本分析表.xlsx"工作簿,按照下列要求对表格进行操作。

   1）设置第1行行高为"42",其他行的行高为"20",A到G列的列宽为最适合的列宽。

   2）设置"A3:E8"各单元格水平居中,垂直居中。

   3）设置所有单元格的数据为"等线""11号"。

   4）设置"A4:E8"单元格的单元格格式为"货币",小数位数为2,在"A2:A8"单元格的右侧输入日期"2024年1月2日",然后删除批注。

   5）设置单元格的边框和底纹。

2.打开"学生成绩统计表.xlsx"工作簿，按照下列要求对表格进行操作。

1）在Sheet1工作表中第一行之前插入一个空行，行高设置为"25"。

2）在"A1"单元格输入"学生成绩统计"，设置字体"楷体"、字号"20"，"加粗""蓝色"，设置"A1"单元格水平对齐方式为"跨列居中"，跨列范围"A1:G1"。

3）在Sheet1工作表"B3:B24"的区域内分别写入学生的学号"001""002"……"022"，在"G3:G24"区域内利用函数计算每位学生的平均分，要求保留一位小数。

4）在Sheet1工作表中"K5:M5"区域内用公式计算相应学科的"优秀率"，优秀率定义为大于等于80分的人数除以总人数。

5）将Sheet1工作表中"K5:M5"区域以百分比样式显示，保留两位小数，将"A1:G24"区域设置为"蓝色""最粗实线"外边框、"深蓝""文字2""双实线"内边框。

6）将Sheet1工作表中"A1:G24"数据复制到Sheet2工作表中相同位置（仅数值），并将Sheet2工作表改名为"排序分类汇总表"。

7）以"系"为主关键字升序、"平均分"为次关键字降序排序，对该表进行分类汇总，分类字段为"系"，汇总方式为平均值，汇总项为"高数""外语""计算机基础"（其余参数默认），汇总后的结果保留两位小数（不包含明细和总计）。

8）将Sheet3工作表改名为"图表"，利用"排序分类汇总表"汇总后的数据"系""高数""外语""计算机基础"（不包含明细和总计）生成一个三维簇状柱形图，在图表上方插入标题"各系三门课均分比较图"，取消图例。

3.打开"图书销售表.xlsx"工作簿，按照下列要求对表格进行操作。

1）打开"图书销售表.xlsx"工作簿，将"销售统计表"中"A1:D1"单元格区域合并成一个单元格，内容水平居中，文字设置为"黑体""蓝色""22磅"；设置表格第2至22行行高为"20"；设置"A2:F22"区域外框线为"黑色""粗线"，内框线为"黑色""细线"；设置"A2:F2"区域底纹填充效果为双色，颜色1为"白色"，颜色2为"矢车菊蓝，着色1，浅色60%"。

2）选中"D3"单元格，插入VLOOKUP函数，在"图书价格"工作表中查找图书名称对应的单价；拖动填充柄至"D22"单元格，自动填充选项为"不带格式填充"，数字格式为"数值"，保留1位小数。

3）选中"F3"单元格，使用公式计算销售额，拖动填充柄至"F22"单元格，自动填充选项为"不带格式填充"，数字格式为"数值"，保留1位小数。

4）为"销售统计表"工作表建立一张数据透视表，放置数据透视表的位置为现有工作表的"H2"单元格；行字段为"图书名称"，列字段为"经销部门"，值字段为"求和项：销售量"。

5）利用"数据透视表样式浅色17"修饰数据透视表，添加"镶边行"，内容"左对齐"，保存工作簿。

项目5　WPS演示文稿制作

信息技术基础

01 知识目标

1. 熟练掌握WPS演示文稿基础操作，如新建、保存、视图切换等。
2. 学会幻灯片的各类操作及应用模板、主题来美化幻灯片。
3. 掌握设置动画、切换效果与交互动作的技巧。
4. 熟悉演示文稿放映前准备、放映控制及多种输出方式。

02 能力目标

1. 能够独立制作古诗词赏析的演示文稿。
2. 能够利用母版高效设计统一风格的演示文稿。
3. 能够根据不同场景完成演示文稿的放映设置与输出。

03 素质目标

1. 养成严谨细致的工作习惯，注重演示文稿的细节质量。
2. 提升创新与审美能力，展现演示文稿的个性化与专业化。
3. 培养耐心和专注精神，应对复杂的演示文稿制作任务。

04 思维导图

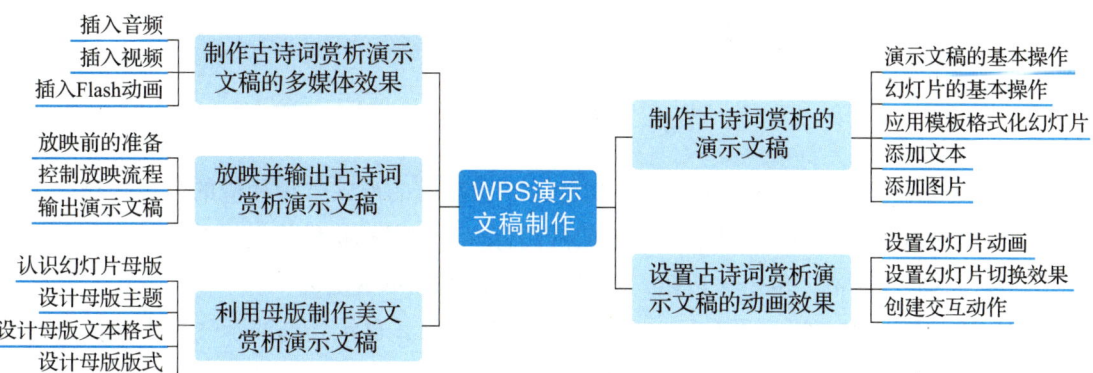

任务1　制作古诗词赏析的演示文稿

情景引入

学校即将举办古诗词文化节,语文老师小刘负责向同学们展示经典古诗词。为了让讲解更加生动、直观,他决定制作一个古诗词赏析的演示文稿。然而,刘老师对 WPS 演示文稿的操作还不太熟悉,不知道如何新建演示文稿、选择合适的模板,也不清楚怎样在幻灯片中添加文本、图片并进行格式设置。他希望通过学习 WPS 演示文稿的相关知识,能够制作出一个内容丰富、排版精美的演示文稿,激发同学们对古诗词的兴趣。

知识准备

一、演示文稿的基本操作

1.创建演示文稿

在 WPS 中,可以选择多种方式创建演示文稿,帮助不同层次的用户快速开始演示文稿的创作。

单击"首页"上的"新建"按钮,打开"新建"选项卡,单击"演示"按钮,然后单击"新建空白演示",新建"演示文稿1",如图5-1所示。

创建和保存演示文稿

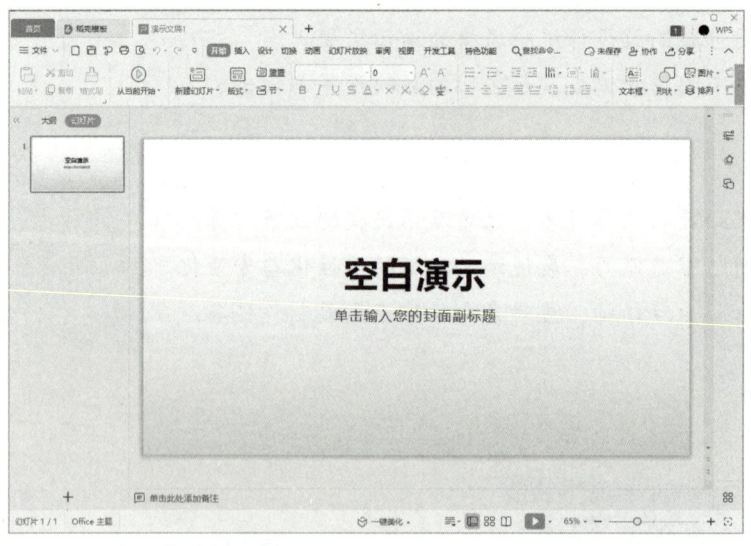

图5-1　新建"演示文稿1"

与 WPS 文字相同,WPS 演示的菜单功能区以功能组的形式管理相应的命令按钮。大多数功能组右下角都有一个称为功能扩展按钮的图标 ,将鼠标指针指向该按钮时,可以预览到对应的对话框或窗格;单击该按钮,可打开相应的对话框或者窗格。

WPS 演示默认以普通视图显示,左侧是幻灯片窗格,显示当前演示文稿中的幻灯片缩略图,橙色边框包围的缩略图为当前幻灯片。右侧的编辑窗格显示当前幻灯片。

2. 保存演示文稿

在编辑演示文稿的过程中，随时保存演示文稿是个很好的习惯，以免因为断电等意外导致数据丢失。

在WPS中保存演示文稿有以下3种常用的方法：

1）单击快速访问工具栏上的"保存"按钮  。

2）按<Ctrl+S>组合键。

3）选择菜单栏中的"文件"→"保存"命令。

如果文件已经保存过，执行以上操作，将用新文件内容覆盖原有的内容；如果是首次保存文件，则打开图5-2所示的"另存文件"对话框，指定文件的保存路径、名称和类型。设置完成后，单击"保存"按钮关闭对话框。

图5-2 "另存文件"对话框

3. 切换文稿视图

WPS演示能够以多种不同的视图显示演示文稿的内容，在一种视图中对演示文稿的修改和加工会自动反映在该演示文稿的其他视图中，从而使演示文稿更易于编辑和浏览。

在"视图"选项卡中的"演示文稿视图"功能组可以看到四种查看演示文稿的视图，如图5-3所示。在状态栏上也可以看到对应的视图按钮。

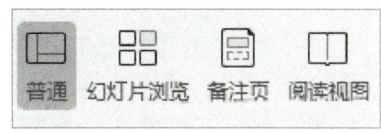

图5-3 演示文稿视图

（1）普通视图　普通视图是WPS的默认视图，可以对整个演示文稿的大纲和单张幻灯片的内容进行编排与格式化。根据左侧窗格显示的内容，可以分为幻灯片视图和大纲视图两种。

幻灯片视图，如图5-4所示，左侧窗格按顺序显示幻灯片缩略图，右侧显示当前幻灯片。单击左侧窗格顶部的"大纲"按钮，可切换到大纲视图，如图5-5所示。大纲视图常用于组织和查看演示文稿的大纲。

图 5-4 幻灯片视图

图 5-5 大纲视图

（2）幻灯片浏览视图　在幻灯片浏览视图中，幻灯片缩略图按次序排列，可以很方便地预览演示文稿中的所有幻灯片及相对位置，如图 5-6 所示。

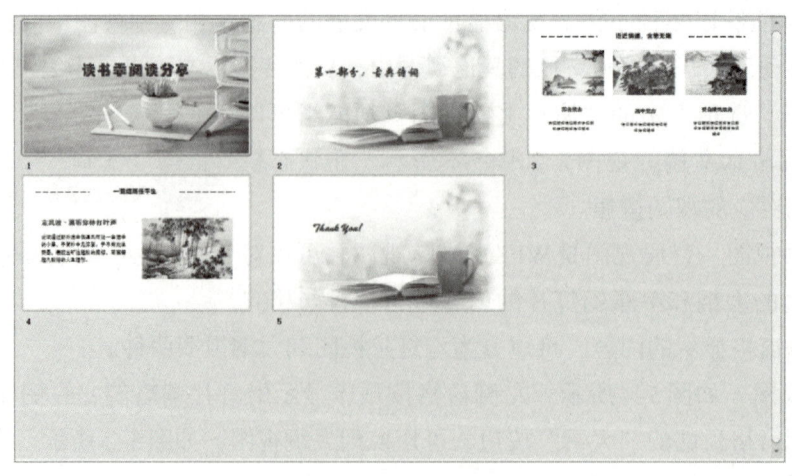

图 5-6 幻灯片浏览视图

采用这种视图不仅可以了解整个演示文稿的外观，还可以轻松地按顺序组织幻灯片，尤其是在复制、移动、隐藏、删除幻灯片，设置幻灯片的切换效果和放映方式时很方便。

（3）备注页视图　如果需要在演示文稿中记录一些不便于显示在幻灯片中的信息，可以使用备注页视图建立、修改和编辑备注，输入的备注内容还可以打印出来作为演讲稿。

在备注页视图中，文档编辑窗口分为上、下两部分：上面是幻灯片缩略图，下面是备注文本框，如图5-7所示。

（4）阅读视图　阅读视图采用一种全窗口查看模式，类似于放映幻灯片，不仅可以预览各张幻灯片的外观，还能查看动画和切换效果，如图5-8所示。

图5-7　备注页视图

图5-8　阅读视图

默认情况下，在幻灯片上单击可切换幻灯片，或插入当前幻灯片的下一个动画。在幻灯片上右击，在弹出的快捷菜单中选择"结束放映"命令，即可退出阅读视图。

二、幻灯片的基本操作

一个完整的演示文稿通常会包含丰富的版式和内容，与之对应的是一定数量的幻灯片。幻灯片的基本操作包括选取幻灯片、新建和删除幻灯片、修改幻灯片版式、复制和移动幻灯片、隐藏幻灯片，以及播放幻灯片。

1. 选取幻灯片

要编辑演示文稿，首先应选取要编辑的幻灯片。在普通视图和幻灯片浏览视图中都可以很方便地选择幻灯片。

在普通视图或幻灯片浏览视图中，在"幻灯片"窗格中单击幻灯片缩略图，即可选中指定的幻灯片，如图5-9所示。选中的幻灯片缩略图四周显示橙色边框。

在"大纲"窗格中，可单击幻灯片编号右侧的图标选择幻灯片，如图5-10所示。

图5-9 在"幻灯片"窗格中选择幻灯片

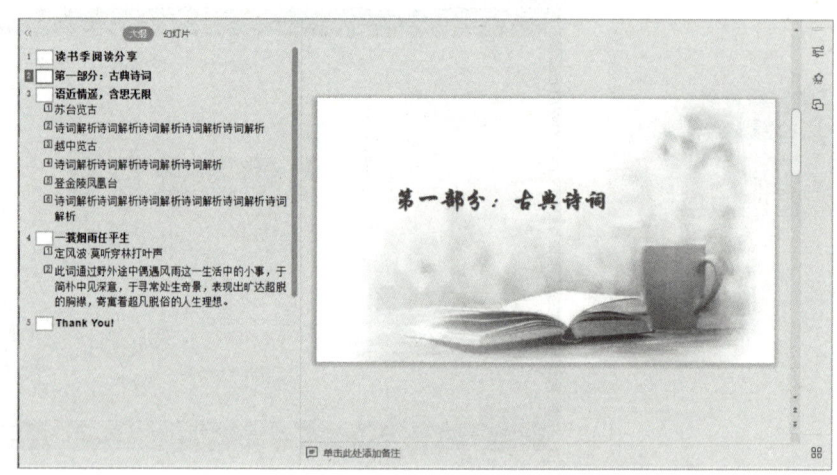

图5-10 在"大纲"窗格中选择幻灯片

> **提示**
>
> 如果要选中多张幻灯片,可以先选中一张幻灯片,然后按住<Shift>键,单击另一张幻灯片,可以选中两张幻灯片之间(并包含这两张)的所有幻灯片。如果按住<Ctrl>键,则可选中不连续的多张幻灯片。

2.新建和删除幻灯片

新建的空白演示文稿默认只有一张幻灯片,而要演示的内容通常不可能在一张幻灯片上完全展示,这就需要在演示文稿中添加幻灯片。通常在普通视图中新建幻灯片。

新建和删除幻灯片

1)切换到普通视图,将鼠标指针移到左侧窗格中的幻灯片缩略图上,缩略图底部显示"从当前开始"按钮和"新建幻灯片"按钮,如图5-11所示。

2)单击"新建幻灯片"按钮,或单击左侧窗格底部的"新建幻灯片"按钮➕,打开"新建幻灯片"对话框,如图5-12所示,显示各类幻灯片的推荐版式。

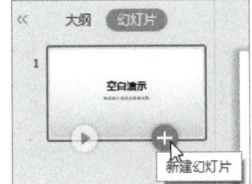 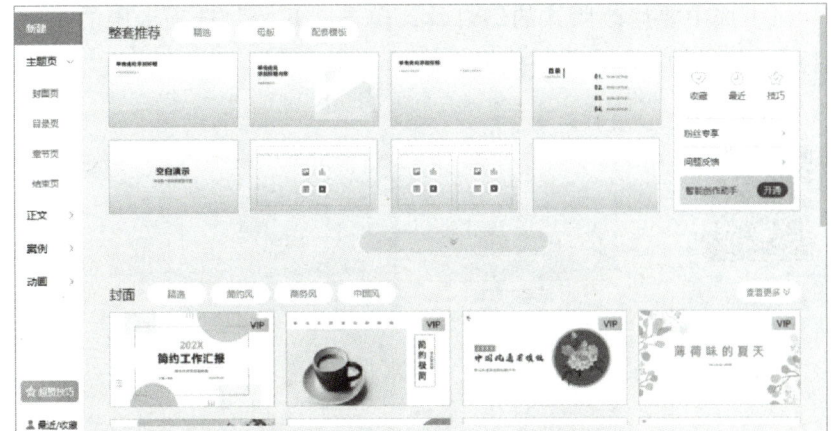

图5-11　在普通视图中新建幻灯片　　　　图5-12　"新建幻灯片"对话框

3）单击需要的版式，即可下载并创建一张新幻灯片，窗口右侧自动展开"设置"任务窗格，用于修改幻灯片的配色、样式和演示动画。

4）如果在要插入幻灯片的位置右击，在快捷菜单中选择"新建幻灯片"命令，可以在指定位置新建一个不包含内容和布局的空白幻灯片，如图5-13所示。

图5-13　使用快捷菜单新建的空白幻灯片

在左侧窗格中单击要插入幻灯片的位置，单击"开始"选项卡中的"新建幻灯片"下拉按钮，在其下拉列表中选择幻灯片版式，即可在指定位置插入一张幻灯片。

删除幻灯片的操作很简单，选中要删除的幻灯片之后，直接按<Del>键；或右击，在快捷菜单中选择"删除幻灯片"命令。删除幻灯片后，其他幻灯片的编号将自动重新排序。

3.修改幻灯片版式

新建幻灯片之后，用户还可以根据内容编排的需要修改幻灯片版式。

1）选中要修改版式的幻灯片，单击"开始"选项卡中的"版式"下拉按钮，打开图5-14所示的"版式"下拉列表。

修改、复制和移动幻灯片

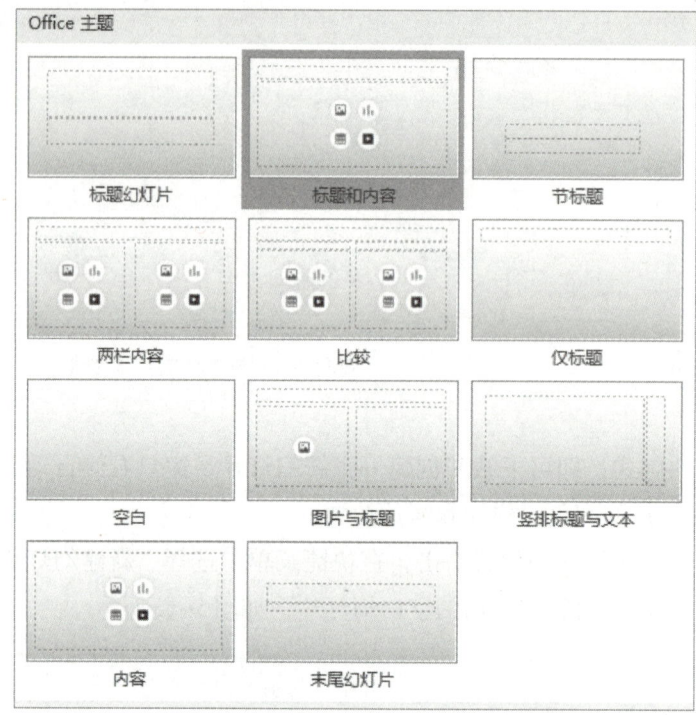

图5-14 "版式"下拉列表

2）单击需要的版式，即可修改幻灯片的版式。

4.复制和移动幻灯片

（1）复制幻灯片　如果要制作版式或内容相同的多张幻灯片，通过复制幻灯片可以提高工作效率。

1）选择要复制的幻灯片。如果要选中连续的多张幻灯片，选中要选取的第一张后，按住<Shift>键单击要选取的最后一张；如果要选中不连续的多张幻灯片，选中要选取的第一张后，按住<Ctrl>键依次单击要选取的其他幻灯片。

2）右击，在弹出的快捷菜单中选择"复制幻灯片"命令，即可在最后一张选中幻灯片下方按选择顺序生成与选中幻灯片相同的幻灯片。

如果要在其他位置使用幻灯片副本，选中幻灯片后，单击"开始"选项卡中的"复制"按钮，然后单击要使用副本的位置，单击"开始"选项卡中的"粘贴"下拉按钮，在图5-15所示的下拉列表中选择一种粘贴方式。

①带格式粘贴：按幻灯片的源格式粘贴。

②粘贴为图片：以图片形式粘贴，不能编辑幻灯片内容。

③匹配当前格式：按当前演示文稿的主题样式粘贴。

图5-15 "粘贴"下拉按钮和下拉列表

（2）移动幻灯片　默认情况下，幻灯片按编号顺序播放，如果要调整幻灯片的播放顺序，就要移动幻灯片。

1）选中要移动的幻灯片，在幻灯片上按住左键拖动，指针显示为 ，拖到的目的位置显示一条橙色的细线，如图5-16所示。

2）释放鼠标，即可将选中的幻灯片移动至指定位置，编号也随之重排，如图5-17所示。

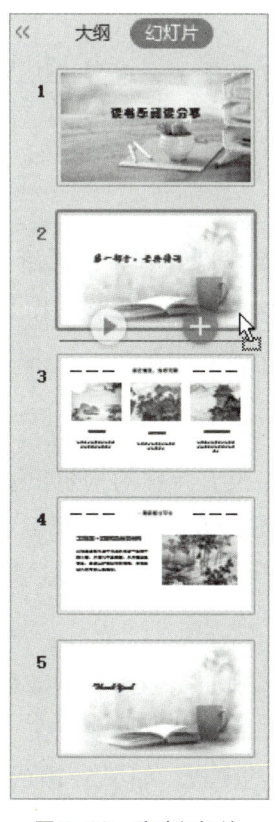 

图5-16　移动幻灯片　　图5-17　移动后的幻灯片列表

5. 隐藏幻灯片

如果暂时不需要某些幻灯片，但又不想删除，可以将幻灯片隐藏。隐藏的幻灯片在放映时不显示。

1）在普通视图中选中要隐藏的幻灯片。

2）在快捷菜单中选择"隐藏幻灯片"命令，或单击"幻灯片放映"选项卡中的"隐藏幻灯片"按钮 。

此时，在左侧窗格中可以看到隐藏的幻灯片淡化显示，且幻灯片编号上显示一条斜向的删除线，如图5-18所示。

隐藏的幻灯片尽管在放映时不显示，但并没有从演示文稿中删除。选中隐藏的幻灯片后，再次单击"隐藏幻灯片"

图5-18　隐藏幻灯片

按钮即可取消隐藏。

6. 播放幻灯片

如果要预览幻灯片的效果，可以播放幻灯片。

在WPS中，从当前选中的幻灯片开始播放的常用方法有以下四种：

1）在状态栏上单击"从当前幻灯片开始播放"按钮▶，可从当前选中的幻灯片开始放映。

2）按<Shift+F5>组合键。

3）在普通视图中，将鼠标指针移到幻灯片缩略图上，单击"从当前开始"按钮▶。

4）单击"幻灯片放映"选项卡中的"从当前开始"按钮。

如果要从演示文稿的第一张幻灯片开始播放，单击"放映"选项卡中的"从头开始"按钮。

播放幻灯片，就像打开一台真实的幻灯片放映机，在计算机屏幕上全屏呈现幻灯片。单击鼠标可播放幻灯片的动画，没有动画则进入下一页。在幻灯片上右击，在弹出的快捷菜单中选择"结束放映"命令，即可退出幻灯片放映视图。

三、应用模板格式化幻灯片

对于初学者来说，在创建演示文稿时，如果没有特殊的构想，要创作出专业水平的演示文稿，使用设计模板是一个很好的开始。使用模板可使用户集中精力创建文稿的内容，而不用考虑文稿的配色、布局等整体风格。

套用设计模板

1. 套用设计模板

设计模板决定了幻灯片的主要版式、文本格式、颜色配置和背景样式。

如果要应用WPS内置的或在线的设计模板，在"设计"选项卡的"设计方案"下拉列表框中选择需要的模板，如图5-19所示。单击"更多设计"按钮，可打开在线设计方案库，在海量模板中搜索模板。

图5-19 "设计方案"下拉列表框

单击模板图标，打开对应的设计方案对话框，显示该模板中的所有版式页面，如图5-20所示。

图5-20 模板的设计方案

如果仅在当前演示文稿中套用模板的风格，单击"应用本模板风格"按钮；如果要在当前演示文稿中插入模板的所有页面，单击选中需要的版式页面，"应用本模板风格"按钮显示为"插入并应用"，单击该按钮，插入并应用模板风格的幻灯片效果，如图5-21所示。

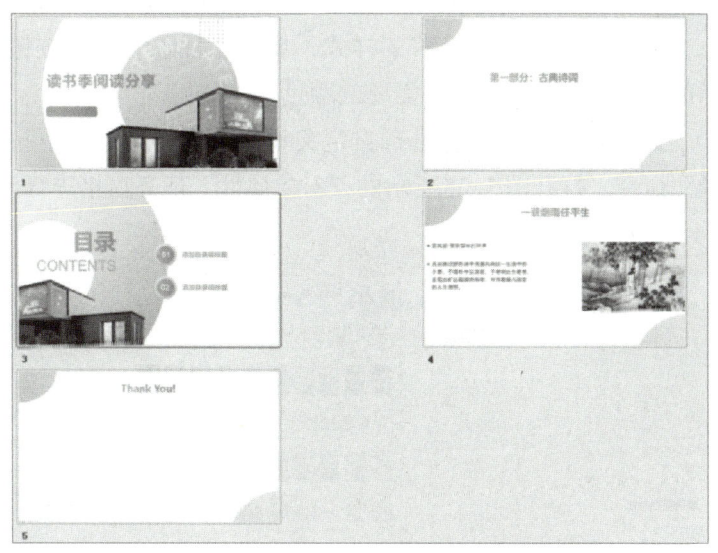

图5-21 插入并应用模板风格的幻灯片效果

如果要套用已保存的模板或主题，单击"设计"选项卡中的"导入模板"按钮 导入模板，打开图5-22所示的"应用设计模板"对话框。

在模板列表中选中需要的模板，单击"打开"按钮，选中的模板即可应用到当前演示文稿中的所有幻灯片。

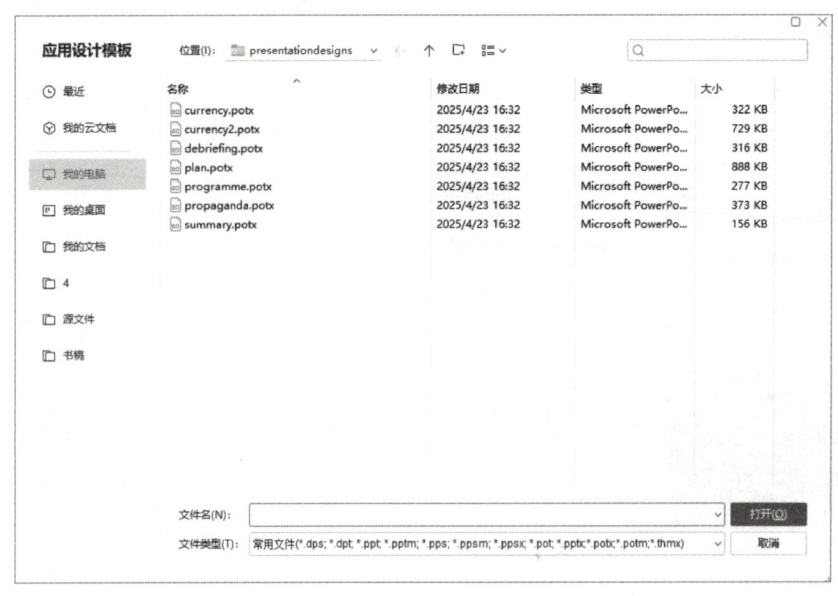

图5-22 "应用设计模板"对话框

如果要取消当前套用的模板,在"设计"选项卡中单击"本文模板"按钮,在图5-23所示的对话框中单击"套用空白模板"按钮,然后单击"应用当前页"按钮或"应用全部页"按钮。

2.修改背景和配色方案

修改背景和配色方案

套用模板后,还可以修改演示文稿的背景样式和配色方案。

如果要修改文档的背景样式,单击"背景"下拉按钮,在图5-24所示的背景颜色列表中单击需要的颜色。

如果要对背景样式进行自定义设置,在"背景"下拉列表中选择"背景"命令,打开图5-25所示的"对象属性"任务窗格进行设置。

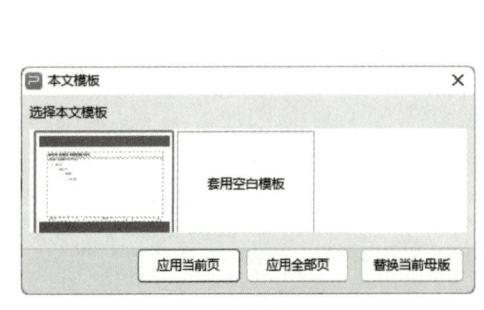

图5-23 "本文模板"对话框

图5-24 背景颜色列表

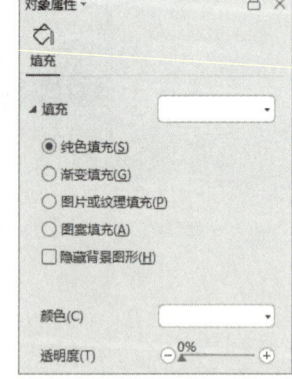

图5-25 "对象属性"任务窗格

在"对象属性"任务窗格中可以看到,幻灯片的背景样式可以是纯色、渐变、图片或纹理、图案。在一张幻灯片或者母版上只能使用一种背景类型。

> **注意**
>
> 如果选中"隐藏背景图形"复选框,则母版的图形和文本不会显示在当前幻灯片中。在讲义的母版视图中不能使用该选项。

设置的背景默认仅应用于当前幻灯片,单击"全部应用"按钮,可以应用于当前演示文稿中的全部幻灯片和母版。单击"重置背景"按钮,则取消背景设置。

如果要修改整个文档的配色方案,单击"配色方案"下拉按钮 ,在图5-26所示的配色方案列表中单击需要的主题颜色。

选中的配色方案默认应用于当前演示文稿中的所有幻灯片,以及后续新建的幻灯片。

3.更改幻灯片的尺寸

使用不同的放映设备展示幻灯片,对幻灯片的尺寸要求也会有所不同。在WPS演示中可以很方便地修改幻灯片的尺寸,但最好在制作幻灯片内容之前,就根据放映设备确定幻灯片的大小,以免后期修改影响版面布局。

更改幻灯片的尺寸

单击"设计"选项卡中的"幻灯片大小"下拉按钮,在图5-27所示的下拉列表中,根据放映设备的尺寸选择幻灯片的长宽比例。

如果没有合适的尺寸,单击"自定义大小"命令,或单击"设计"选项卡中的"页面设置"按钮,打开图5-28所示的"页面设置"对话框。

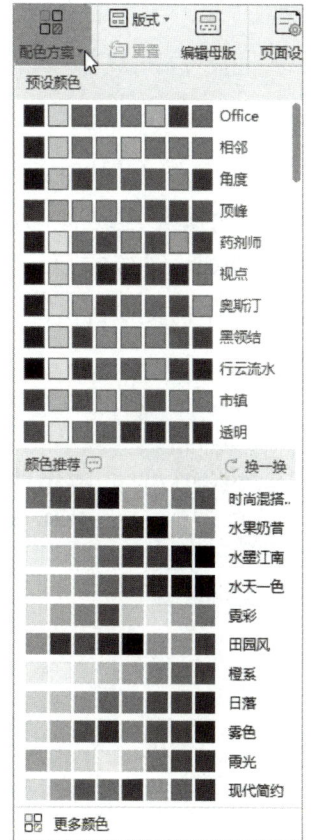

图5-26 配色方案列表

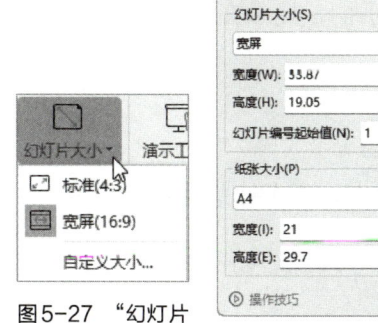

图5-27 "幻灯片大小"下拉列表

图5-28 "页面设置"对话框

在"幻灯片大小"下拉列表框中可以选择预设大小,如果选择"自定义",可以在"宽度"和"高度"数值框中自定义幻灯片大小。

在"页面设置"对话框中,"纸张大小"下拉列表框用于设置打印幻灯片的纸张大小,并非幻灯片的尺寸。

修改幻灯片尺寸后,单击"确定"按钮,即可应用新尺寸。

四、添加文本

1.在占位符中输入文本

在插入幻灯片时,WPS演示会自动套用一种母版版式。占位符是指幻灯片版式结构图中显示的矩形虚线框,左上角显示提示文本,可以用于添加不同类型的页面元素。

例如,图5-29所示的幻灯片包括三个占位符:一个显示标题文本的标题占位符,一个添加文本的文本占位符,一个可容纳文本、表格、图表、图片和媒体等多种元素的内容占位符。

在占位符中输入文本

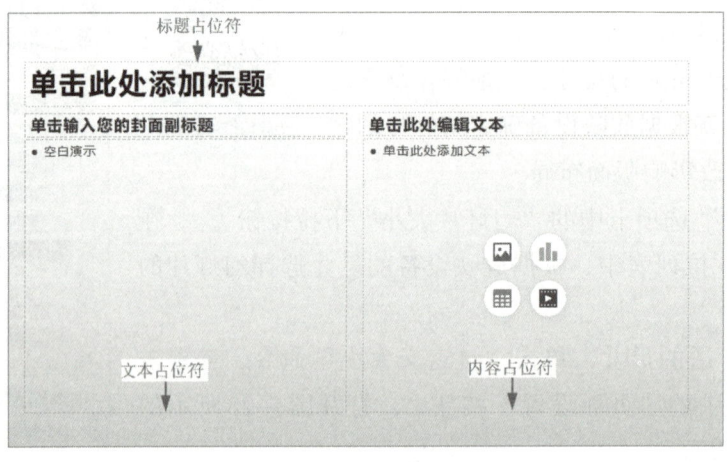

图5-29 幻灯片中的占位符

单击占位符中的任意位置,虚线边框四周显示控制手柄,提示文本消失,在插入点处可以输入文本。输入的文本到达占位符边界时自动转行。

在WPS幻灯片中输入文本时只支持"插入"输入方式,不支持"改写"方式。

单击占位符中的图标按钮,打开对应的插入对话框,可以插入表格、图表、图片和媒体元素。

输入完毕,单击幻灯片的空白区域。

如果要设置占位符的文本格式,在占位符中双击,利用图5-30所示的浮动工具栏修改文本格式。

如果要设置更多的格式,选中文本后,利用图

图5-30 浮动工具栏

5-31所示的"文本工具"选项卡可以修改格式。

图5-31 "文本工具"选项卡

如果要更全面地设置文本格式，例如设置下划线和删除线的类型、指定上标和下标相对于文本中线的偏移量，可以在"文本工具"选项卡中单击"字体"功能组右下角的扩展按钮，打开图5-32所示的"字体"对话框进行设置。

2. 使用文本框添加文本

如果要在占位符之外添加文本，例如给图片添加说明文字，可以使用文本框。文本框是一种显示文本的容器，可以自由灵活地移动、调整大小，创建风格各异的文本布局。

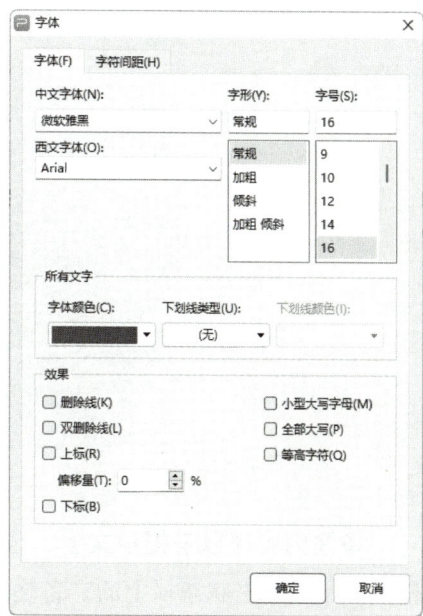

> **注意**
> 文本框中的文本不显示在演示文稿的大纲中。

图5-32 "字体"对话框

1）单击"插入"选项卡中的"文本框"下拉按钮，在图5-33所示的下拉列表中选择一种文本框样式。

横向文本框和竖向文本框的不同点在于，横向文本框中的文本从左至右横向排列；竖向文本框中的文本自右向左纵向排列。

2）鼠标指针变成十字形＋时，按下左键拖动到合适大小后释放鼠标，即可绘制指定宽度或高度的文本框，右侧显示对应的快速工具栏，如图5-34所示。

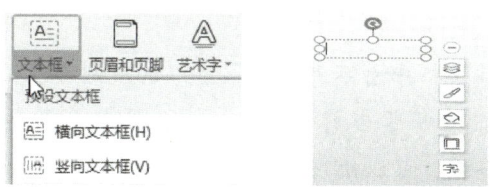

图5-33 "文本框"下拉列表　　图5-34 绘制文本框

3）在插入点的位置输入文本，完成输入后，单击文本框之外的任意位置或者按<Esc>键，退出文本输入状态。

4）选中要设置格式的文本，利用浮动格式工具栏或菜单功能区的"文本工具"选项卡，设置文本的格式。

3. 添加备注

备注是对幻灯片内容进行解释、说明或补充的文字材料，不会显示在幻灯片中，用于提示并辅助演讲。

切换到普通视图，在编辑窗口的右下窗格中单击"单击此处添加备注"，直接输入该页幻灯片的备注，如图5-35所示。

图5-35 输入备注文本

备注内容可以是提示文字，也可以是幻灯片中不便完整显示的详细内容。如果备注窗格不显示，单击状态栏上的"备注"按钮。

注意

在备注窗格中不能插入图片、表格等内容。如果要插入这些内容，应使用备注页视图。

如果要调整备注窗格的高度，将鼠标指针移到备注窗格顶部的分隔线，指针变为纵向双向箭头时，按下左键拖动到合适的位置释放。

如果要调整备注文本的格式，可选中文本，利用浮动工具栏进行设置。

提示

有些格式设置在备注窗格中看不到效果，可以切换到备注页视图查看。如果在备注页中设置文本格式，只能应用于当前页的备注。如果要在每个备注页都添加相同的内容，或使用统一的文本格式，可以使用备注母版。

设置文本段落格式

4. 设置文本段落格式

层次分明的段落格式，能够充分体现文本要表述的意图，激发观众的阅读兴趣。WPS在"开始"选项卡和"文本工具"选项卡中都提供了设置段落格式的工具按钮，如图5-36所示。使用这些工具按钮可以很方便地设置段落文本的对齐方式、行距和段间距，段落文本的方向，以及段落的缩进方式。

如果要指定具体的段落缩进、间距和行距值，可以单击"段落"功能组右下角的扩展按钮，打开图5-37所示的"段落"对话框进行设置。

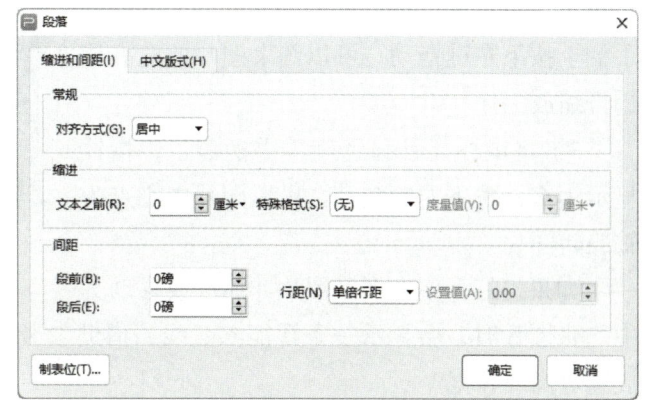

图5-36　段落格式的工具按钮　　　　图5-37　"段落"对话框

该对话框中各个选项的意义与WPS文字中的"段落"对话框相同，在此不再赘述。

五、添加图片

1. 插入图片

在WPS演示中，使用"插入"选项卡中的"图片"下拉按钮 插入图片的方法与WPS文字相同，在此不再赘述。

下面简要介绍使用占位符中的图片图标插入图片的方法。

1）在幻灯片的内容占位符中单击"插入图片"图标，打开"插入图片"对话框。

2）选中需要的图片后，单击"打开"按钮，即可将指定图片插入到幻灯片中。

3）如果要更换插入的图片，选中图片后，单击"图片工具"选项卡中的"更改图片"按钮 ，打开"更改图片"对话框，选择需要的图片后，单击"打开"按钮，即可替换图片。

除了可以很方便地在同一张幻灯片中插入多张图片，WPS还支持将多张图片一次性分别插入到多张幻灯片中。

单击"插入"选项卡中的"图片"下拉按钮，在打开的下拉列表中选择"分页插图"命令，在打开的"分页插入图片"对话框中，按住<Ctrl>键单击要插入的图片。如果要选中连续的图片，按住<Shift>键单击第一张和最后一张。然后单击"打开"按钮，即可自动新建幻灯片，并分页插入指定的图片。

2. 调整图片大小

通常情况下，插入的图片按原始大小显示，需要进行缩放以符合设计需要。

1）选中插入的图片，在图片四周显示有8个圆形控制手柄和一个旋转控制手柄的变形框，如图5-38所示。

2）将鼠标指针移到变形框中点的控制手柄上，指针变为双向箭头时，按下左键拖动，可以调整图片的宽度（或高度），而高度（或宽度）保持不变。指针移到变形框角上的控制手柄上按下左键拖动，可以约束图片的宽高比进行缩放。

3）将鼠标指针移到旋转手柄 上，指针显示为 。按下左键拖动，可以图片中心点为轴旋转图片。

图5-38 选中插入图片

如果幻灯片中有多张图片，缩放或移动其中一张图片时，会显示一条智能参考线，借助参考线可以很方便地对齐图片，或将图片缩放到等高或等宽。

如果不显示智能参考线，单击"视图"选项卡中的"网格线和参考线"按钮 ，在打开的"网格线和参考线"对话框中选中"形状对齐时显示智能向导"复选框，如图5-39所示。

如果要精确调整图片的大小，可以利用"图片工具"选项卡中的"大小和位置"功能组进行设置，如图5-40所示。单击右下角的扩展按钮 ，可展开图5-41所示的"对象属性"窗格，详细设置图片的大小和旋转角度。

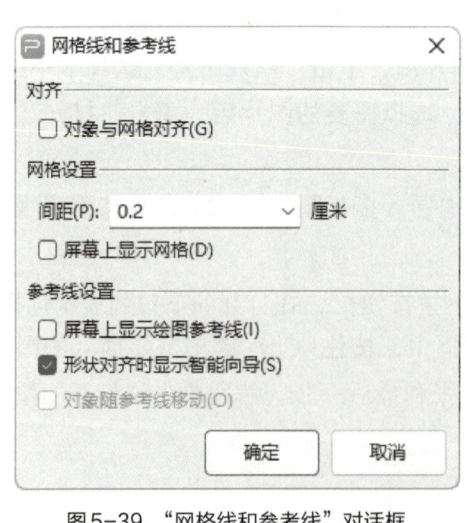

图5-39 "网格线和参考线"对话框

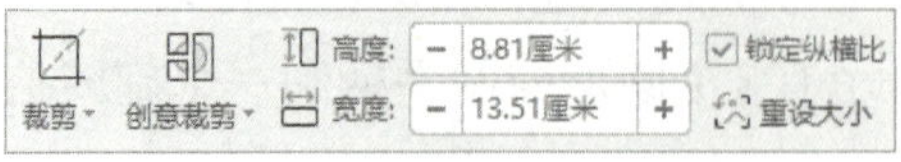

图5-40 "大小和位置"功能组

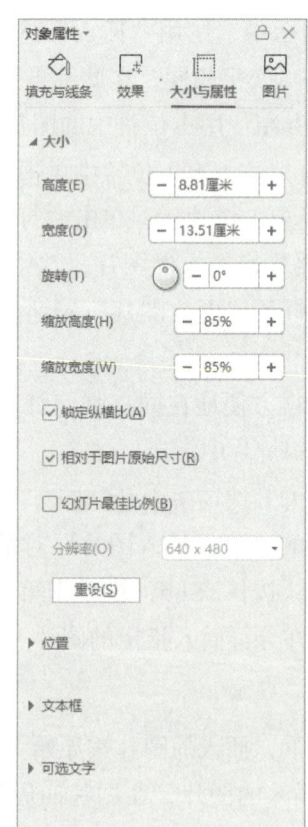

图5-41 "对象属性"窗格

如果要恢复图片的原始尺寸,单击"图片工具"选项卡中的"重设大小"按钮即可。

4)如果要裁剪掉图片的某些区域,单击"图片工具"选项卡中的"裁剪"按钮,图片四周出现裁剪标记,如图5-42所示。将鼠标指针移到裁剪标记上,按下左键拖动,标记要保留的区域。

5)标记完成后,单击图片之外的区域,即可得到裁剪结果。

6)如果要将图片裁剪为某种形状,在"裁剪"面板的"按形状裁剪"选项卡中单击需要的形状,例如"心形"。此时,可以看到裁剪效果,如图5-43所示。单击图片之外的区域,即可得到裁剪效果。

图5-42 裁剪标记

图5-43 将图片裁剪为心形

7)除了可以裁剪图片区域和裁剪为某种形状,WPS还提供了一项很强大、实用的裁剪功能——创意裁剪。不需要专业的图片编辑技巧,就可一键创建设计感十足的图片裁剪效果。

选中要裁剪的图片,单击"图片工具"选项卡中的"创意裁剪"按钮,在打开的创意裁剪效果下拉列表中选择需要的效果,如图5-44所示。选中的图片即可裁剪为指定的艺术效果。

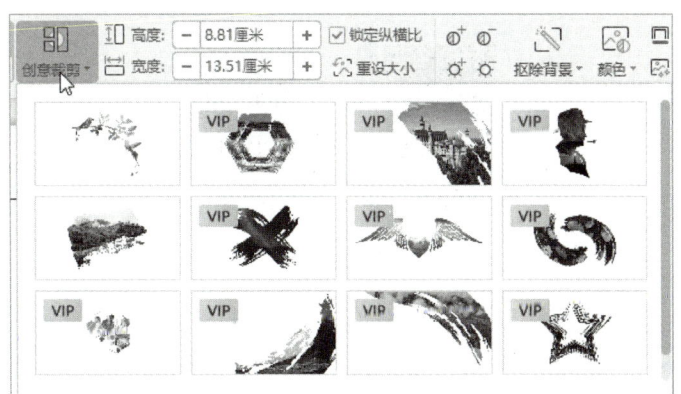

图5-44 创意裁剪效果下拉列表

3.设置图片样式

选中图片,在"图片工具"选项卡中,利用图5-45所示的"形状格式"功能组可以校正图片的亮度、对比度和颜色,透明化图片中的特定颜色,为图片添加轮廓和阴影、发光、倒影、柔化边缘和三维旋转等视觉效果。具体操作与 WPS 文字的相关操作相同，不再赘述。

图 5-45 "形状格式"功能组

任务要求

本任务制作"古诗词赏析"演示文稿，要求掌握以下知识点：
1）WPS 演示工作界面。
2）演示文稿的创建和保存。
3）幻灯片模板的套用和背景设置。
4）幻灯片内容的编辑和字体、段落等格式设置。
制作完成的"古诗词赏析"演示文稿效果如图 5-46 所示。

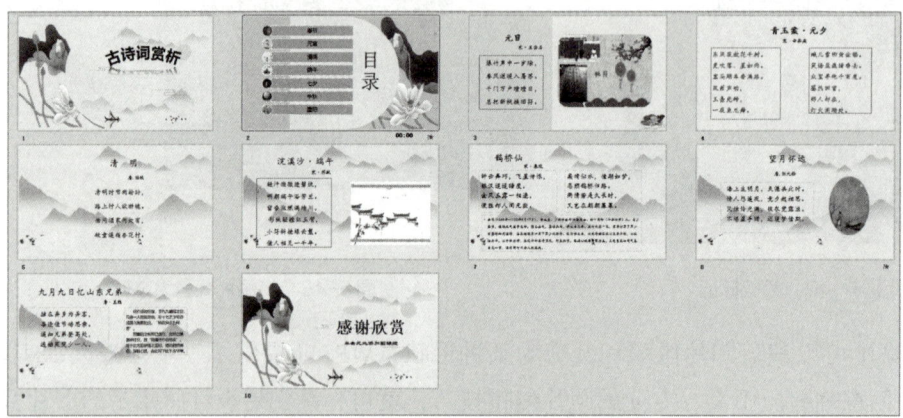

图 5-46 "古诗词赏析"演示文稿效果

任务实施

古诗词赏析演示文稿

古诗词赏析演示文稿

任务 2　设置古诗词赏析演示文稿的动画效果

情景引入

刘老师完成了古诗词赏析演示文稿的初步制作，但他觉得演示文稿的展示效果有些平淡，缺乏吸引力。为了让演示文稿在展示时更加生动有趣，能够更好地吸引同学们的注意力，他想要为幻灯片添加动画效果，比如让文本和图片以独特的方式出现，还希望设置幻灯片之间的切换效果，以及添加一些交互动作，方便在演示过程中进行页面跳转。可是，刘老师对动画效果、切换效果以及交互动作的设置方法并不了解，这让他有些苦恼。于是，他决定深入学习WPS演示文稿的这些功能，以提升演示文稿的展示效果。

知识准备

一、设置幻灯片动画

设置幻灯片动画，是指为幻灯片中的页面元素（例如文本、图片、图表、动作按钮、多媒体等）添加出现或消失的动画效果，并指定动画开始播放的方式和持续的时间。如果在母版中设置动画方案，整个演示文稿将有统一的动画效果。

添加动画效果

1. 添加动画效果

WPS演示在"动画"选项卡中内置了丰富的动画方案。使用内置的动画方案可以将一组预定义的动画效果应用于所选幻灯片对象。

1）在"普通"视图中，选中要添加动画效果的页面对象。

2）切换到"动画"选项卡，在"动画"下拉列表框中可以看到图5-61所示的动画方案列表。

图5-61　内置的动画方案列表

WPS内置了五大类动画效果：进入、强调、退出、动作路径以及绘制自定义路径。前三类用于设置页面对象在不同阶段的动画效果；"动作路径"通常用于设置页面对象按指定的路径运动；"绘制自定义路径"则用于自定义页面对象的运动轨迹。

3）单击需要的动画方案，幻灯片编辑窗口播放动画效果，播放完成后，应用动画效果的页面对象左上方显示淡蓝色的效果标号，如图5-62所示。

此时，单击"动画"选项卡中的"预览效果"按钮，可以在幻灯片编辑窗口再次预览动画效果。

如果应用动画效果的对象包含多个段落的占位符或文本框，则所有的段落都自动添加同样的效果。

4）重复步骤1）~3），为幻灯片上的其他页面对象添加动画效果。

5）如果要为同一个页面对象添加多种动画效果，单击"动画"选项卡中的"自定义动画"按钮，打开图5-63所示的动画窗格。单击"添加效果"按钮，在打开的动画列表中选择需要的效果。

图5-62　添加动画效果　　　　　　图5-63　动画窗格

> **注意**
>
> 如果利用"动画"选项卡中的"动画"下拉列表框为同一个页面对象多次添加动画效果，后添加的动画将替换之前添加的动画。

6）如果要删除幻灯片中的某个对象的动画效果，在幻灯片中单击动画对应的效果标号，然后单击"动画"选项卡中的"删除动画"按钮，在打开的提示对话框中单击"是"按钮，如图5-64所示。

7）如果要删除选中幻灯片中的所有动画，在幻灯片中单击"动画"选项卡中的"删除动画"按钮，在打开的提示对话框中单击"是"按钮，如图5-65所示。

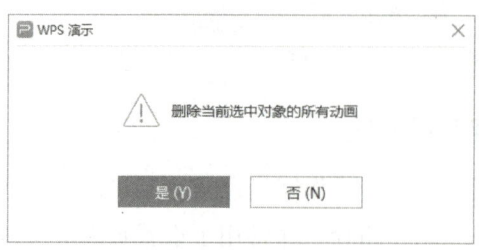 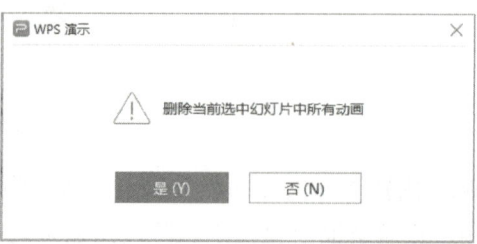

图5-64　删除选中对象的动画　　　　图5-65　删除选中幻灯片的动画

除了丰富的内置动画，使用WPS还能轻松地为页面对象添加创意十足的智能动画，即便不懂动画制作，也能制作出酷炫的动感效果。

8）选中要添加动画的页面对象。单击"动画"选项卡中的"智能动画"按钮，打开"智能动画"列表，如图5-66所示。将鼠标指针移到一种效果上，可预览动画的效果。单击需要的效果，即可应用到选中的页面对象。

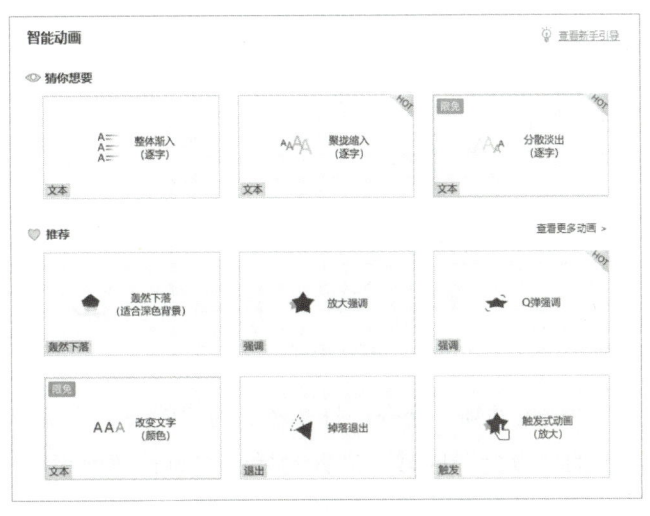

图5-66　"智能动画"列表

2.设置效果选项

添加幻灯片动画之后，还可以修改动画的开始时间、方向和速度等选项，以满足设计需要。

1）在幻灯片中单击要修改动画的页面对象，或直接单击动画对应的效果标号，当前选中的效果标号显示颜色变浅。

2）单击"动画"选项卡中的"自定义动画"按钮，打开动画窗格。

在动画列表框中，最左侧的数字表明动画的次序；序号右侧的鼠标图标或时钟图标表示动画的计时方式为"单击时"或"之后"。动画计时方式右侧为动画类型标记，绿色五角星表示"进入动画"，黄色五角星表示"强调动画"（在触发器中显示为黄色五角星），红色五角星表示"退出动画"。动画类型标记右侧为应用动画的对象。将鼠标指针移到某一个动画上，可以查看该动画的详细信息。

3）在"开始"下拉列表框中选择动画的开始方式，如图5-67所示，默认为单击鼠标时开始播放。"之前"是指与上一动画同时播放；"之后"是指在上一动画播放完成之后开始播放。对于包含多个段落的占位符，该选项设置将作用于占位符中所有的子段落。

图5-67　设置动画开始方式

4）设置动画的属性。如果选中的动画有"方向"属性，则在"方向"下拉列表框中选择动画的方向，如图5-68所示。

5）设置动画的播放速度。在"速度"下拉列表框中选择动画的播放速度，如图5-69所示。

除了开始方式和速度等属性，WPS还允许用户自定义更多的效果选项。

6）在动画窗格的效果列表框中，单击要修改选项设置的效果右侧的下拉按钮，打开图5-70所示的下拉列表。

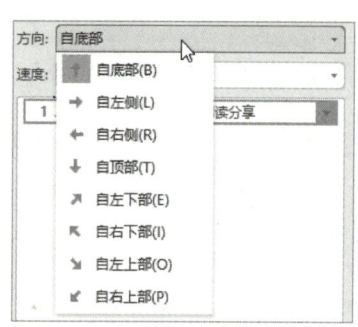
图5-68 设置动画方向

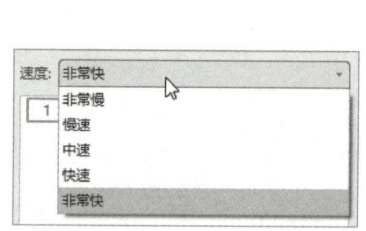
图5-69 设置动画的播放速度

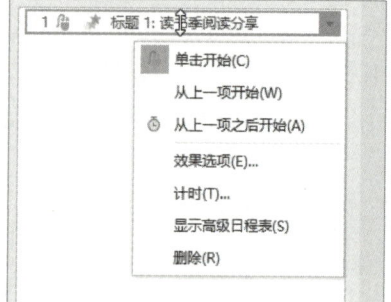
图5-70 下拉列表

在下拉列表中选择"效果选项"命令，打开对应的"效果"选项卡，如图5-71所示。

在"效果"选项卡的"设置"区域，设置效果的方向和平稳程序；在"增强"区域设置动画播放时的声音效果、动画播放后的颜色变化效果和可见性。如果动画应用的对象是文本，还可以设置动画文本的发送单位。

切换到"计时"选项卡，可设置动画播放的开始、延迟、速度和重复方式，如图5-72所示。

图5-71 "效果"选项卡

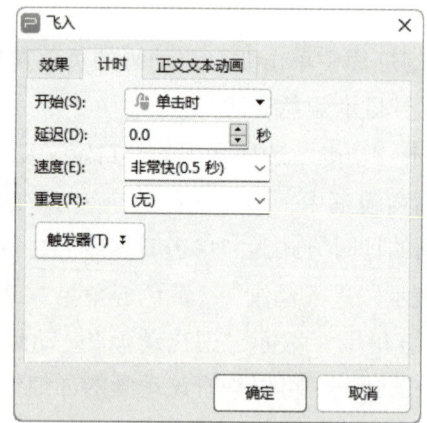
图5-72 "计时"选项卡

7）如果选中的对象包含多级段落，切换到"正文文本动画"选项卡，设置多级段落的组合方式，如图5-73所示。

8）设置完毕，单击"确定"按钮关闭对话框。

9）如果要调整同一张幻灯片上的动画顺序，可选中动画效果，单击"向前移动"按钮⬆或"向后移动"按钮⬇。

> **提示**
>
> 在"自定义动画"窗格的效果列表框中按住<Ctrl>或<Shift>键单击,可以选中多个动画效果。

10）设置完成后,单击"播放"按钮,可在幻灯片编辑窗口中预览当前幻灯片的动画效果;单击"幻灯片播放"按钮,可进入全屏放映模式,播放当前幻灯片的动画效果。

3. 利用触发器控制动画

默认情况下,幻灯片中的动画效果在单击鼠标或到达排练计时开始播放,且只播放一次。使用触发器可控制指定动画开始播放的方式,并能重复播放动画。触发器的功能相当于按钮,可以控制一张图片、一个形状、一段文字或一个文本框等页面元素。

利用触发器控制动画

1）选中一个已添加动画效果的页面对象对应的效果标号,作为被触发的对象。

> **注意**
>
> 只有当前选中的对象添加了动画效果,才能使用触发器触发动画。

2）单击"动画"选项卡中的"自定义动画"按钮 ,打开"动画"窗格,然后在动画列表框中单击选定动画右侧的下拉按钮,在打开的下拉列表中选择"计时"命令。

3）在打开的对话框中单击"触发器"按钮,展开对应的选项,如图5-74所示。

图5-73 "正文文本动画"选项卡

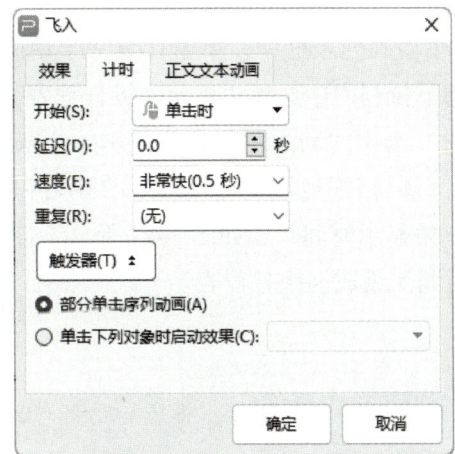

图5-74 显示"触发器"选项

4）选中"单击下列对象时启动效果"单选按钮,然后在右侧的下拉列表框中选择触发动画效果的对象,如图5-75所示。

触发器的作用是单击某个页面对象,播放选定的页面对象应用的动画效果。

5）设置完毕后,单击"确定"按钮关闭对话框。在幻灯片中单击一个触发器标志,在动画窗格的动画列表框顶部可以看到该动画对应的触发器,如图5-76所示。

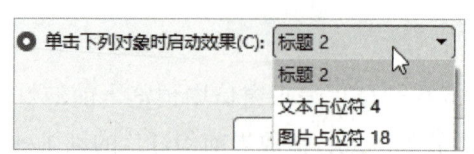
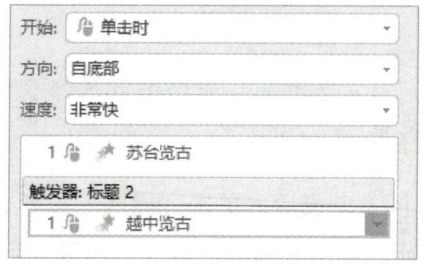

图5-75　选择触发对象　　　　图5-76　动画列表框

此时单击动画窗格底部的"幻灯片播放"按钮预览动画，可以看到，只有单击指定的触发器，才会播放对应的动画效果；多次单击触发器，对应的动画将反复播放。如果单击触发器以外的对象，将跳过该动画效果的播放。利用触发器的这一特点，演讲者可以在放映演示文稿时决定是否显示某一对象。

6）如果要删除某个触发器，可以选中触发器标志，直接按<Del>键。或者打开效果对应的"计时"选项卡，在触发器选项中选中"部分单击序列动画"单选按钮，即可取消指定动画的触发器。

4.用高级日程表

在WPS中，利用高级日程表可以很直观地修改动画的开始时间、持续时间，从而控制动画的播放流程。

1）单击"动画"选项卡中的"自定义动画"按钮，打开动画窗格。

2）在动画列表框中，单击任意一个动画右侧的下拉按钮，在打开的下拉列表中选择"显示高级日程表"命令。

此时，选中的动画对象右侧显示一个灰色的方块，称为时间方块，可以精细地设置每项效果的开始和结束时间；效果列表框右下角显示时间尺，如图5-77所示。各个动画对象的时间方块与时间尺组成高级日程表。

图5-77　显示高级日程表

> **提示**
>
> 显示高级日程表之后，将鼠标指针移到效果列表框中的任一个动画对象上，可查看对应的时间方块。

3）将鼠标指针移到时间方块的右边线上，指针显示为⇔，按住左键拖动，可以修改动画效果的结束时间。

如果时间方块太小或太大，不便于查看，单击时间尺左侧的"秒"下拉按钮，在打开的下拉列表中可以放大或缩小时间尺的标度。

4）将鼠标指针移到时间方块的中间或左边线上，指针显示为⇔，按住左键拖动，可以保持动画持续时间不变的同时，改变动画的开始时间。

二、设置幻灯片切换效果

设置幻灯片的切换效果可以很好地将主题或画风不同的幻灯片进行衔接、转场，增强演示文稿的视觉效果。

1. 添加切换效果

切换效果是添加在相邻两张幻灯片之间的特殊效果，在放映幻灯片时，以动画形式退出上一张幻灯片，切入当前幻灯片。

1）切换到"普通"视图或"幻灯片浏览"视图。在幻灯片浏览视图中，可以查看多张幻灯片，十分方便在整个演示文稿的范围内编辑幻灯片的切换效果。

2）选择要添加切换效果的幻灯片。如果要选择多张幻灯片，按住<Shift>键或<Ctrl>键单击需要的幻灯片。

3）在"切换"选项卡中的"切换效果"下拉列表框中选择需要的效果，如图5-78所示。

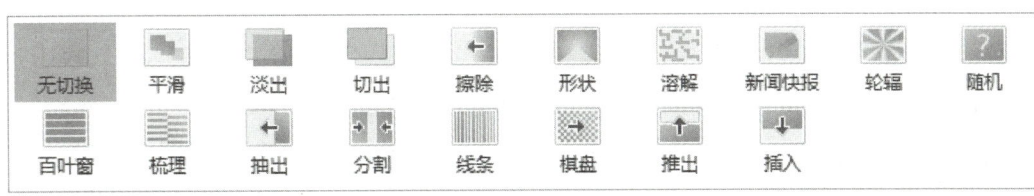

图5-78 "切换效果"下拉列表框

4）设置切换效果后，在普通视图的幻灯片编辑窗口中可以看到切换效果；在幻灯片浏览视图中，每张幻灯片的下方左侧为幻灯片编号，右侧显示效果图标★，如图5-79所示。

5）在普通视图的"切换"选项卡中单击"预览效果"按钮，或单击状态栏上的"从当前幻灯片开始播放"按钮，可以预览从前一张幻灯片切换到该幻灯片的切换效果以及该幻灯片的动画效果。

图5-79 预览切换效果

2. 设置切换选项

1）添加切换效果之后，用户可以修改切换效果的选项，如进入的方向和形态，以及切换速度、声音效果和换片方式等。

2）选中要设置切换参数的幻灯片，在"切换"选项卡中可以设置切换选项，或者单击窗口右侧的"幻灯片切换"按钮，显示"幻灯片切换"窗格，如图5-80所示。

3）在"效果选项"下拉列表框中选择效果的方向或形态。

4）在"速度"数值框中输入切换效果持续的时间。

5）在"声音"下拉列表框中选择切换时的声音效果。除了内置的音效，还可以从本地计算机上选择声音效果。

6）在"换片方式"区域选择切换幻灯片的方式。默认单击鼠标时切换，也可以指定每隔特定时间后，自动切换到下一张幻灯片。

7）如果要将切换效果和计时设置应用于演示文稿中所有幻灯片，单击"应用于所有幻灯片"按钮，否则仅应用于当前选中的幻灯片。如果希望将切换效果应用于与当前选中的幻灯片版式相同的所有幻灯片，则单击"应用于母版"按钮。

8）单击"播放"按钮，在当前编辑窗口中预览切换效果；单击"幻灯片播放"按钮，可进入全屏放映模式预览切换效果。

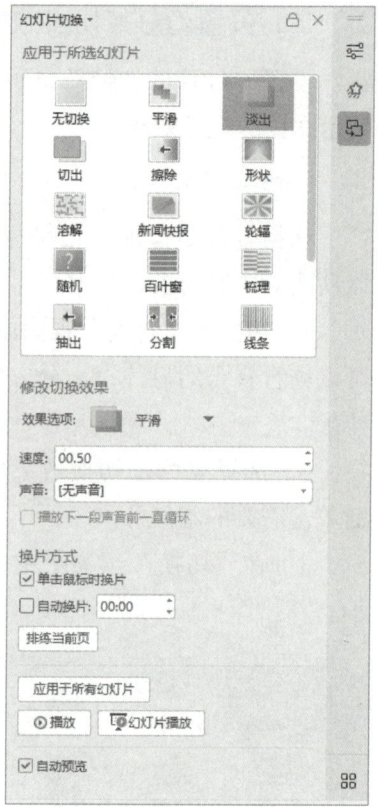

图5-80 "幻灯片切换"窗格

三、创建交互动作

默认情况下，演示文稿中的幻灯片按编号顺序播放。通过添加超链接和动作按钮可创建交互式演示文稿，在放映幻灯片时灵活地跳转到指定的幻灯片，或其他文档或者程序中。

1.插入超链接

"超链接"是广泛应用于网页的一种浏览机制，在演示文稿中使用超链接，可在幻灯片之间进行导航，或跳转到其他文档或者应用程序。

插入超链接

1）选中要建立超链接的对象。超链接的对象可以是文字、图标、各种图形等。

2）单击"插入"选项卡中的"超链接"按钮，打开图5-81所示的"插入超链接"对话框。

3）在"链接到："列表框中选择要链接的目标文件所在的位置，可以是现有文件或网页、本文档中的位置，也可以是电子邮件地址。

如果要通过超链接在当前演示文稿中进行导航，选择"本文档中的位置"，然后在幻灯片列表中选择要链接到的幻灯片，"幻灯片预览"区域显示幻灯片缩略图，如图5-82所示。

4）在"要显示的文字"文本框中输入要在幻灯片中显示为超链接的文字。默认显示为在"文档中选定的内容"。

> **注意**
>
> 只有当要建立超链接的对象为文本时，"要显示的文字"文本框才可编辑。如果选择的是形状或文本框，该文本框不可编辑。

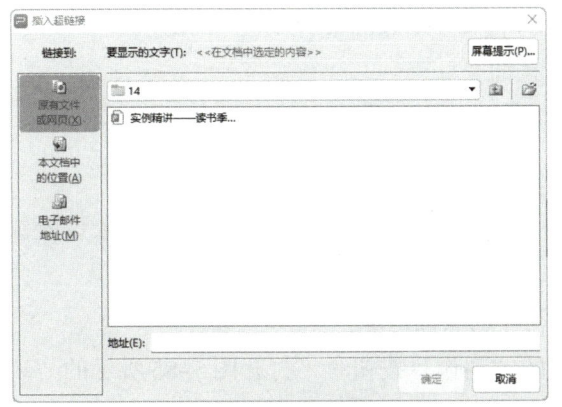
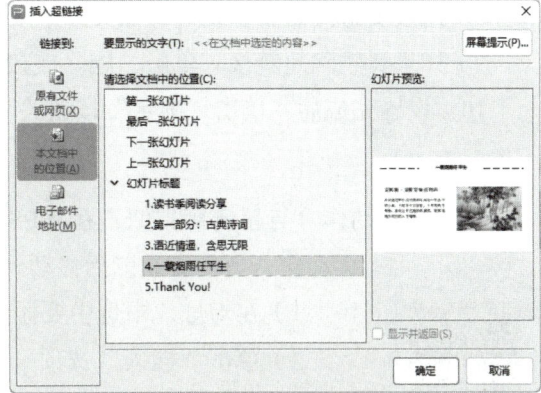

图5-81 "插入超链接"对话框　　　　　图5-82 选择要链接的幻灯片

5) 单击"屏幕提示"按钮,在图5-83所示的"设置超链接屏幕提示"对话框中输入提示文本。放映幻灯片时,将鼠标指针移动到超链接上时将显示指定的文本。

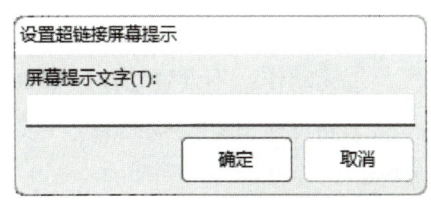

图5-83 "设置超链接屏幕提示"对话框

6) 单击"确定"按钮关闭对话框,即可创建超链接。此时在幻灯片编辑窗口中可以看到,超链接文本默认显示为主题颜色,且带有下划线。单击状态栏上的"阅读视图"按钮预览幻灯片,将鼠标指针移到超链接对象上,指针显示为手形,并显示指定的屏幕提示,如图5-84所示。单击即可跳转到指定的链接目标。

图5-84 查看创建的超链接

 注意

如果选择的超链接对象为文本框、形状或其他占位符,则其中的文本不显示为超链接文本。

创建超链接后,可以随时修改链接设置。

7) 在超链接上单击鼠标右键,在打开的快捷菜单中选择"编辑超链接"命令,打开"编辑超链接"对话框。该对话框与"插入超链接"对话框基本相同,在此不再赘述。

8）修改要链接的目标幻灯片或文件、要显示的文字以及屏幕提示。

9）如果要删除超链接，单击"删除链接"按钮。

10）设置完成后，单击"确定"按钮关闭对话框。

2.添加交互动作

（1）鼠标动作　与超链接类似，在WPS演示中还可以给当前幻灯片中所选对象设置鼠标动作，当单击或鼠标移动到该对象上时，执行指定的操作。

1）在幻灯片中选中要添加动作的页面对象。

2）单击"插入"选项卡中的"动作"按钮，打开图5-85所示的"动作设置"对话框。

3）在"鼠标单击"选项卡中设置单击选定的页面对象时执行的动作。各个选项的意义简要介绍如下。

①无动作：不设置动作。如果已为对象设置了动作，选中该项可以删除已添加的动作。

②超链接到：链接到另一张幻灯片、URL、其他演示文稿或文件、结束放映、自定义放映。

③运行程序：运行一个外部程序。单击"浏览"按钮可以选择外部程序。

④运行宏：运行在"宏列表"中制定的宏。

⑤对象动作：打开、编辑或播放在"对象动作"列表内选定的嵌入对象。

⑥播放声音：设置单击鼠标执行动作时播放的声音，可以选择一种预定义的声音，也可以从外部导入，或者选择结束前一声音。

4）切换到图5-86所示的"鼠标移过"选项卡，设置鼠标移到选中的页面对象上时执行的动作。

图5-85　"动作设置"对话框

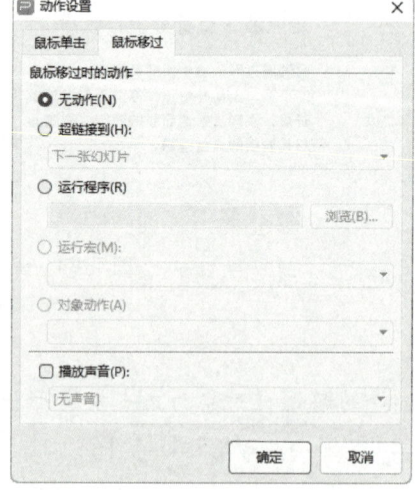

图5-86　"鼠标移过"选项卡

5）设置完成，单击"确定"按钮关闭对话框。

6）单击状态栏上的"阅读视图"按钮预览幻灯片，将鼠标指针移到添加了动作的对象上，指针显示为手形，单击即可执行指定的动作。

7）如果要修改设置的动作，在添加了动作的对象上右击，在弹出的快捷菜单中选择"动作设置"命令，打开"动作设置"对话框进行修改。修改完成后，单击"确定"按钮关闭对话框。

> **提示**
>
> 在快捷菜单中选择"编辑超链接"命令或"超链接"命令也可以修改动作设置。

（2）动作按钮　除了文本超链接，为其他页面对象创建超链接或设置动作后并不醒目。使用动作按钮可以明确表明幻灯片中存在可交互的动作。动作按钮是实现导航、交互的一种常用工具，常用于在放映时激活另一个程序、播放声音或影片、跳转到其他幻灯片、文件或网页。

1）在"插入"选项卡中单击"形状"下拉按钮，在打开的形状列表底部，可以看到WPS内置的动作按钮。将鼠标指针移到动作按钮上，可以查看按钮的功能提示，如图5-87所示。

图5-87　内置的动作按钮

2）单击需要的按钮，鼠标指针显示为十字形"+"，按下左键在幻灯片上拖动到合适大小，释放鼠标，即可绘制一个指定大小的动作按钮，并打开"动作设置"对话框，如图5-88所示。

图5-88　绘制动作按钮

> **提示**
>
> 选中动作按钮后，直接在幻灯片上单击，可以添加默认大小的动作按钮。

3）在"鼠标单击"选项卡中设置单击动作按钮时执行的动作；切换到"鼠标移过"选项卡设置鼠标移到动作按钮上时执行的动作。

该对话框与添加动作时的"动作设置"对话框相同，各个选项的意义不再赘述。

4）设置完成，单击"确定"按钮关闭对话框。

5）选中添加的动作按钮，在"绘图工具"选项卡中修改按钮的填充、轮廓和效果外观。

6）按照上面相同的步骤，添加其他动作按钮，并设置动作按钮的动作。

与超链接类似，创建动作按钮之后，可以随时修改按钮的交互动作。

7）如果要修改动作按钮的动作，在动作按钮上右击，在弹出的快捷菜单中选择"动作设置"命令，打开"动作设置"对话框进行修改。完成后，单击"确定"按钮关闭对话框。

任务要求

本任务制作"古诗词赏析演示文稿的动画效果"，要求掌握以下知识点：

1）设置幻灯片上对象的动画效果。

2）设置超链接。

3）设置幻灯片的切换效果。

制作完成的"古诗词赏析演示文稿的动画效果"效果如图5-89所示。

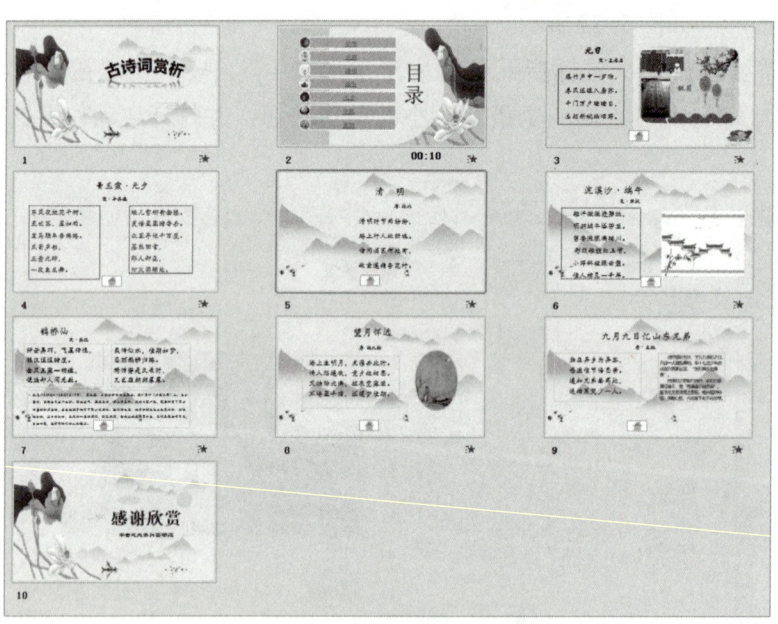

图5-89　古诗词赏析演示文稿的动画效果

任务实施

古诗词赏析演示文稿的动画效果

古诗词赏析演示文稿的动画效果

任务3　制作古诗词赏析演示文稿的多媒体效果

情景引入

在准备古诗词文化节展示的过程中，小刘认为仅靠文字和图片展示还不够丰富，希望能进一步增强演示文稿的吸引力和感染力。他打算在演示文稿中插入音频和视频，比如配上优美的古典音乐作为背景音乐，插入与古诗词相关的视频片段，让同学们能更直观地感受古诗词的魅力。另外，他还想尝试插入一些 Flash 动画，使演示更加生动有趣。但小刘不知道如何在 WPS 演示文稿中插入这些多媒体元素，以及如何对它们进行编辑和设置。为了解决这些问题，他开始学习 WPS 演示文稿制作多媒体效果的相关知识。

知识准备

如果幻灯片中需要讲解的内容比较多，不便于在幻灯片中完整展示，使用音频、视频或 Flash 动画不仅能简化页面，增强视觉效果，还能使讲解内容更直观易懂。

一、插入音频

在文字内容较多的幻灯片中，为避免枯燥乏味，可以在幻灯片中添加背景音乐，或为演示文本添加配音讲解。

1）打开要插入音频的幻灯片，单击"插入"选项卡中的"音频"下拉按钮，打开图5-104所示的下拉列表。

2）选择要插入音频的方式。

WPS不仅可以直接在幻灯片中嵌入音频，还能链接到音频。这两种方式的不同之处在于，将演示文稿拷贝到其他计算机上放映时，嵌入音频能正常播放；链接的音频必须将音频文件一同拷贝，并存放到相同的路径下才能播放。

单击"嵌入音频"或"链接到音频"命令，打开"插入音频"对话框，在本地计算机或 WPS 云盘中选择音频文件。

单击"嵌入背景音乐"或"链接背景音乐"命令，打开"从当前页插入背景音乐"对话框，在本地计算机或 WPS 云盘中选择音频文件。

3）单击"插入音频"或"从当前页插入背景音乐"对话框中的"打开"按钮，即可在幻灯片中显示音频图标和播放控件，如图5-105所示。

4）将鼠标指针移到音频图标变形框顶点位置的变形手柄上，指针变为双向箭头时按下左键拖动，可以调整图标的大小；指针变为四向箭头时，按下左键拖动，可以移动图标的位置。

图5-104 "音频"下拉列表

> **提示**
>
> 如果不希望在幻灯片中显示音频图标，可以将音频图标拖放到幻灯片之外。

此时，单击音频图标或播放控件上的"播放/暂停"按钮 ，可以试听音频效果。利用播放控件还可以前进、后退、调整播放音量。

音频图标实质是一张图片，可利用"图片工具"选项卡更改音频图标、设置音频图标的样式和颜色效果，以贴合幻灯片风格。

5）选中音频图标，在"图片工具"选项卡中单击"更改图片"按钮，在打开的"更改图片"对话框中更换音频图标，效果如图5-106所示。

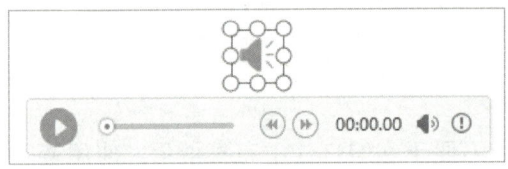

图5-105 插入音频

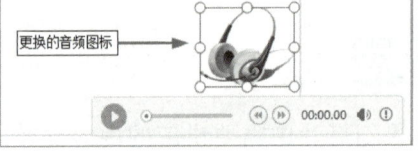

图5-106 更换音频图标效果

6）利用"图片轮廓"和"图片效果"按钮修改音频图标的视觉样式。

在幻灯片中插入音频后，如果只希望播放其中的一部分，不需要启用专业的音频编辑软件对音频进行裁剪，在WPS演示中就可以轻松截取部分音频。此外，还可以对音频进行一些简单的编辑，例如设置播放音量和音效。

7）选中幻灯片中的音频图标，打开图5-107所示的"音频工具"选项卡。

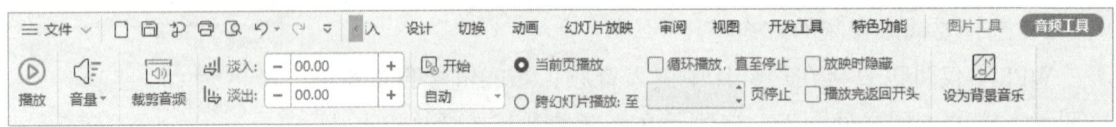

图5-107 "音频工具"选项卡

8）单击"音频工具"选项卡中的"裁剪音频"按钮，打开图5-108所示的"裁剪音频"对话框。

9）将绿色的滑块拖放到开始音频的位置；将红色的滑块拖动到结束音频的位置。指定音频的起止点时，单击"上一帧"按钮或"下一帧"按钮，可以对起止时间进行微调。

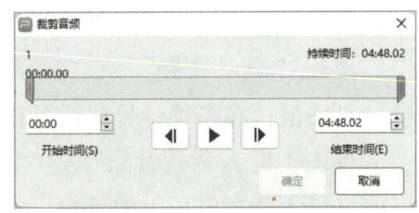

图5-108 "裁剪音频"对话框

10）确定音频的起止点后，单击"播放"按钮，预览音频效果。

11）单击"音频工具"选项卡中的"音量"下拉按钮，在图5-109所示的下拉列表中选择设置放映幻灯片时，音频文件的音量等级。

12）在"音频工具"选项卡的"淡入"数值框中输入音频开始时淡入效果持续的时间；在"淡出"数值框中输入音频结束时淡出效果持续的时间。

默认情况下，在幻灯片中插入的音频仅在当前页播放。如果希望插入的音频跨幻灯片播放，或单击时播放，就要设置音频的播放方式。

13）单击"音频工具"选项卡中的"开始"下拉按钮，在打开的下拉列表中选择幻灯片放映时音频的播放方式，如图5-110所示。

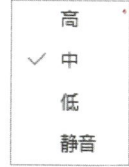
图5-109 设置音量等级

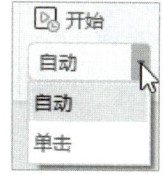
图5-110 设置音频播放方式

14）如果希望插入音频的幻灯片切换后，音频仍然继续播放，选中"跨幻灯片播放"单选按钮，并指定在哪一页幻灯片停止播放。

15）如果希望插入的音频循环播放，直到停止放映，选中"循环播放，直至停止"复选框。

16）如果希望幻灯片在放映时，自动隐藏其中的音频图标，选中"放映时隐藏"复选框。

17）如果希望音频播放完成后，自动返回到音频开头，选中"播放完返回开头"复选框，否则停止在音频结尾处。

二、插入视频

随着网络技术的飞速发展，视频凭借其直观的演示效果越来越多地应用于辅助展示和演讲。在WPS中，可以很轻松地在幻灯片中插入视频，并对视频进行一些简单的编辑操作。

插入视频

1）选中要插入视频的幻灯片，单击"插入"选项卡中的"视频"下拉按钮，打开图5-111所示的下拉列表。

2）在"视频"下拉列表中选择插入视频的方式，打开"插入视频"对话框。
①嵌入本地视频：在本地计算机上查找视频，并将其嵌入到幻灯片中。
②链接到本地视频：将本地计算机上的视频，以链接的形式插入到幻灯片中。
③网络视频：通过输入网络视频的地址，插入指定URL的视频。

3）选中需要的视频文件后，单击"打开"按钮，即可在幻灯片中显示插入的视频和播放控件，如图5-112所示。

图5-111 "视频"下拉列表

图5-112 插入视频和播放控件

4）将鼠标指针移到视频顶点位置的变形手柄上，指针变为双向箭头时按住左键拖动，调整视频文件的显示尺寸；指针变为四向箭头时，按住左键拖动调整视频的位置。

> **注意**
>
> 视频图标的大小范围是观看视频文件的屏幕大小。因此，调整视频尺寸时，应尽量保持视频的长宽比一致，以免影像失真。

此时，单击播放控件上的"播放/暂停"按钮，可以预览视频。利用播放控件还可以前进、后退、调整播放音量。

5）在WPS中，可以像编辑图片样式一样修改视频剪辑的外观，根据需要截取视频片段，设置视频封面，以及设置视频的播放方式。

①选中插入的视频，打开图5-113所示的"视频工具"选项卡。

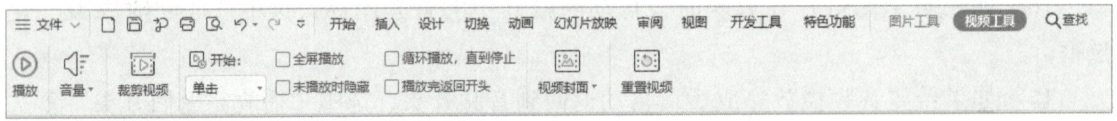

图5-113 "视频工具"选项卡

②单击"视频工具"选项卡中的"裁剪视频"按钮，打开图5-114所示的"裁剪视频"对话框，分别拖动绿色滑块和红色滑块设置视频的起始点和结束点。

如果要精确定位时间，单击"上一帧"按钮 或"下一帧"按钮 。裁剪完成后，单击"播放"按钮 预览裁剪后的视频效果，然后单击"确定"按钮关闭对话框。

③如果要修改视频封面，单击"视频工具"选项卡中的"视频封面"下拉按钮 ，在打开的下拉列表中选择封面的来源，如图5-115所示。

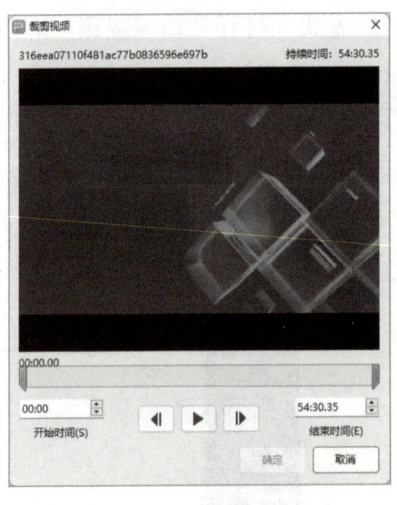

图5-114 "裁剪视频"对话框

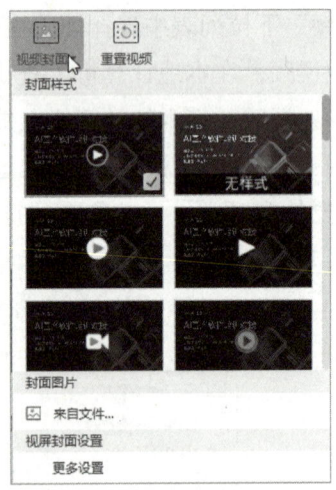

图5-115 "视频封面"下拉列表

视频封面是指视频还没有播放时显示的图片，默认为视频第一帧的图像，并显示播放按钮。选择"来自文件"命令，在打开的"选择图片"对话框中选择视频封面。暂停视频时，还可将视频的当前画面设置为视频封面。

④插入的视频默认按照单击顺序播放，幻灯片切换时，视频停止。如果希望幻灯片切

入时，视频自动播放，单击"视频工具"选项卡中的"开始"下拉按钮，在打开的下拉列表中选择"自动"命令。

⑤单击"音量"下拉按钮，在打开的下拉列表中选择视频播放的音量级别。

⑥如果希望视频播放时全屏显示，选中"全屏播放"复选框。

⑦如果希望视频播放前处于隐藏状态，选中"未播放时隐藏"复选框。

⑧如果希望视频重复播放，直到幻灯片切换或人为中止，选中"循环播放，直到停止"复选框。

⑨如果希望视频播放完毕后，返回到第一帧停止，而不是停止在最后一帧，选中"播放完返回开头"复选框。

三、插入Flash动画

插入Flash动画

Flash动画是一种将音乐、声效、动画以及富有新意的界面融合在一起的矢量动画，体积小，常用于网页。在WPS中可以像插入图片一样插入Flash动画。

1）打开要插入Flash动画的幻灯片。

2）单击"插入"选项卡中的"视频"下拉列表中的"Flash"命令，在弹出的"插入Flash动画"对话框中选择需要的Flash动画文件，然后单击"打开"按钮，即可插入指定的动画，如图5-116所示。

3）单击状态栏上的"阅读视图"按钮，即可预览Flash动画的效果。

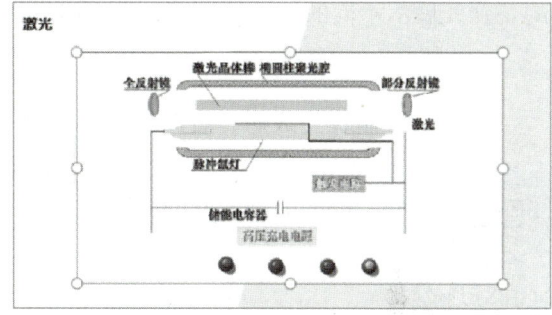

图5-116　插入Flash动画

任务要求

本任务制作"古诗词赏析演示文稿的多媒体效果"，要求掌握以下知识点：

1）标题本文符合黑体二号，加粗，居中对齐。

2）小标题符合宋体小四，加粗，左对齐。

3）正文文本符合宋体五号，首行缩进2字符，1.5倍行距。

4）设置边框和底纹。

任务实施

古诗词赏析演示文稿的多媒体效果

古诗词赏析演示文稿的多媒体效果

任务4　放映并输出古诗词赏析演示文稿

情景引入

小刘完成了包含动画和多媒体效果的古诗词赏析演示文稿制作，接下来需要为正式展示做准备。他需要确定演示文稿的放映方式，以适应不同的展示场景，比如在教室的大屏幕上放映，或者在网络平台上分享给同学们观看。同时，他还需要考虑如何将演示文稿输出为不同的格式，如PDF文档、视频等，以便于保存和分享。小刘对这些放映和输出的设置操作不太清楚，担心在展示过程中出现问题。因此，他着手学习WPS演示文稿放映和输出的相关技能，确保演示文稿能够顺利展示。

知识准备

一、放映前的准备

在正式展示幻灯片之前，有时还需要对演示文稿进行一些设置，例如，面向不同需要的观众，展示不同的幻灯片内容；根据演讲进度控制幻灯片的播放节奏。

1. 自定义放映内容

自定义放映内容

演示文稿制作完成后，有时会需要针对不同的受众放映不同的幻灯片内容。使用WPS演示的自定义放映功能，不需要删除部分幻灯片或保存多个副本，就可以基于同一个演示文稿生成多种不同的放映序列，且各个序列版本相对独立，互不影响。

1）打开演示文稿，单击"幻灯片放映"选项卡中的"自定义放映"按钮，打开图5-124所示的"自定义放映"对话框。

如果当前演示文稿中还没有创建任何自定义放映，窗口显示为空白；如果创建过自定义放映，则显示自定义放映列表。

2）单击"新建"按钮，打开图5-125所示的"定义自定义放映"对话框。

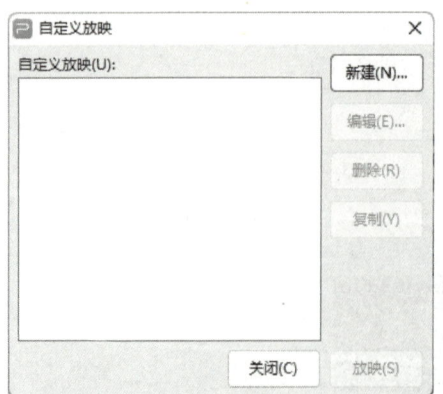
图5-124　"自定义放映"对话框

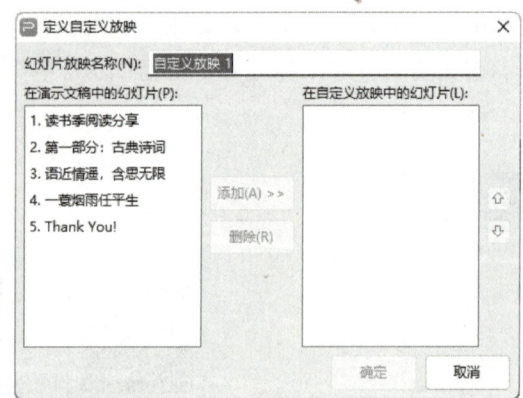
图5-125　"定义自定义放映"对话框

对话框中左侧的列表框显示当前演示文稿中的幻灯片列表；右侧窗格显示添加到自定义放映的幻灯片列表。

3）在"幻灯片放映名称"文本框中输入一个意义明确的名称，以便于区分不同的自定义放映。

4）在左侧的幻灯片列表框中单击选中要加入自定义放映队列的幻灯片，按住<Shift>键或<Ctrl>键可在列表框中选中连续或不连续的多张幻灯片。然后单击"添加"按钮 ，右侧的列表框中将显示添加的幻灯片，如图5-126所示。

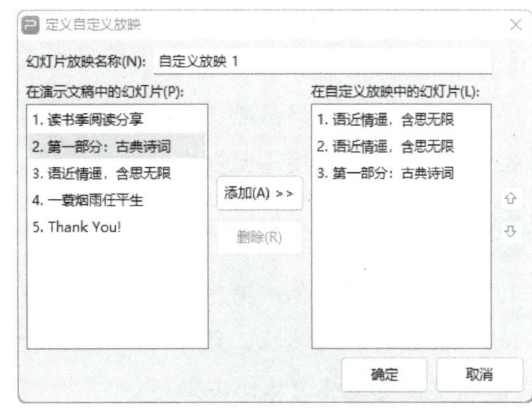

图5-126　添加要展示的幻灯片

> 提示
>
> 在WPS演示中，可以将同一张幻灯片多次添加到同一个自定义放映中。

5）在右侧的列表框中选中不希望展示的幻灯片，单击"删除"按钮 ，可在自定义放映中删除指定的幻灯片，左侧的幻灯片列表不受影响。

6）在右侧的列表框中选中要调整顺序的幻灯片，单击"向上"按钮 或"向下"按钮 ，可以调整幻灯片在自定义放映中的放映顺序。

7）设置完成后，单击"确定"按钮关闭对话框，返回到"自定义放映"对话框。此时，在窗口中可以看到已创建的自定义放映。

8）如果要修改自定义放映，单击"编辑"按钮打开"定义自定义放映"对话框进行修改；单击"删除"按钮可删除当前选中的自定义放映；单击"复制"按钮可复制当前选中的自定义放映，并保存为新的自定义放映；单击"放映"按钮，可全屏放映当前选中的自定义放映。

设置放映方式

9）设置完毕后，单击"关闭"按钮关闭对话框。

2. 设置放映方式

WPS针对常用的演示用途提供两种放映模式，并提供对应的放映操作，可在不同的演示场景达到最佳的放映效果。

1）打开演示文稿，在"幻灯片放映"选项卡中单击"设置放映方式"按钮 ，打开图5-127所示的"设置放映方式"对话框。

2）在"放映类型"区域选择放映模式。

①演讲者放映（全屏幕）：通常用于将幻

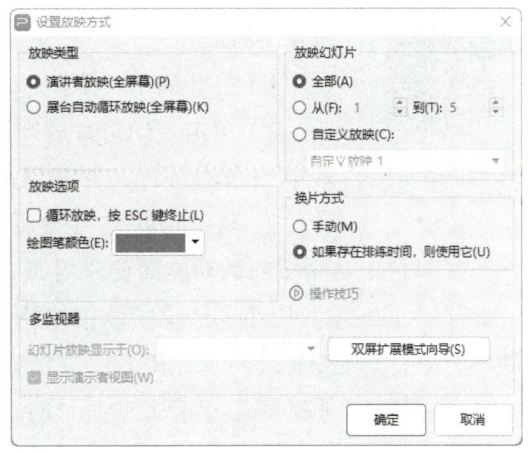

图5-127　"设置放映方式"对话框

灯片投影到大屏幕或召开文稿会议。演讲者对演示文档具有完全的控制权，可以干预幻灯片的放映流程。

②展台自动循环放映（全屏幕）：适用于展览会场循环播放无人管理的幻灯片。在这种模式下，观众不能使用鼠标控制放映流程，除非单击超链接。

> **注意**
>
> 使用"展台自动循环放映（全屏幕）"模式放映幻灯片时，演示文稿严格按照排练计时设置的时间放映，鼠标几乎毫无用处，无论单击左键还是右键，均不会影响放映，除非单击超链接或动作按钮。

3）设置放映选项。

①循环放映，按<Esc>键终止：幻灯片循环播放，直到按<Esc>键退出。

②绘图笔颜色：设置绘图笔的颜色，在放映时可使用绘图笔在幻灯片上圈注。

4）在"放映幻灯片"区域设置放映的范围。默认从第一张播放到最后一张，也可以指定幻灯片编号进行播放。如果创建了自定义放映，还可以仅播放指定的幻灯片队列。

5）在"换片方式"区域选择幻灯片的切换方式。

①手动：通过鼠标或键盘控制放映进程。

②如果存在排练时间，则使用它：按预定的时间或排练计时切换幻灯片。

6）如果使用双屏扩展模式放映幻灯片，在"多监视器"区域设置放映幻灯片的监视器与放映演讲者视图的监视器，并根据需要选择是否显示演示者视图。

显示演示者视图时，演示者可以在屏幕上看到下一张幻灯片预览、备注等信息，方便控制幻灯片的放映进程，或运行其他程序，而观众只能看到放映的幻灯片。

7）设置完成后，单击"确定"按钮关闭对话框。

3. 添加排练计时

添加排练计时

所谓"排练计时"，就是预演幻灯片时，系统自动记录每张幻灯片的放映时间。在放映幻灯片时，幻灯片严格按照记录的时间间隔自动运行放映，从而使演示变得有条不紊。

1）打开演示文稿。

2）单击"幻灯片放映"选项卡中的"排练计时"按钮，即可全屏放映第一张幻灯片，并在屏幕左上角显示排练计时工具栏，如图5-128所示。

图5-128 排练计时工具栏

工具栏上各个按钮的功能简要介绍如下：

①"下一项"按钮：单击该按钮结束当前幻灯片的放映和计时，开始放映下一张幻灯片，或播放下一个动画。

②"暂停"按钮：暂停幻灯片计时。再次单击该按钮继续计时。

③第一个时间框：显示当前幻灯片的放映时间。

④"重复"按钮：返回到刚进入当前幻灯片的时刻，重新开始计时。

⑤第二个时间框：显示排练开始的总计时。

3）排练完成后，单击计时工具栏右上角或按<Esc>键终止排练。此时将打开图5-129所示的对话框询问是否保存本次排练结果。单击"是"按钮，保存排练的时间；单击"否"按钮，取消本次排练计时。

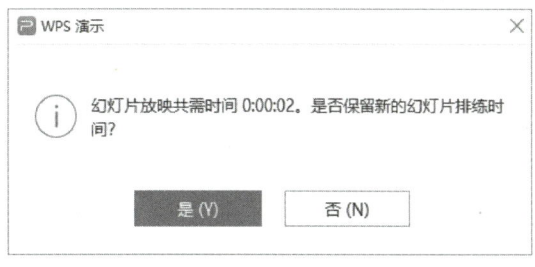

图5-129 对话框

此时切换到幻灯片浏览视图，在幻灯片右下方可以看到计时时间。

二、控制放映流程

设置好幻灯片的放映内容和展示方式之后，就可以正式放映幻灯片、查看播放效果了。在放映过程中，用户还可以使用指针和画笔圈划要点，根据演示需要暂停和结束放映。

1.启动放映

1）打开要放映的演示文稿。

2）如果要从第一张幻灯片开始放映，单击"放映"选项卡中的"从头开始"按钮，或直接按<F5>快捷键。

启动放映

3）如果要从当前幻灯片开始放映，在状态栏上单击"从当前幻灯片开始播放"按钮，或在"幻灯片放映"选项卡中单击"从当前开始"按钮，或直接按<Shift+F5>组合键。

在"普通"视图的幻灯片窗格中，单击幻灯片缩略图左下角的"从当前开始"按钮，也可以从当前页幻灯片开始放映。

4）如果要播放自定义放映，在"幻灯片放映"选项卡中单击"自定义放映"按钮，在打开的"自定义放映"对话框中选择一个自定义放映，然后单击"放映"按钮。

2.切换幻灯片

1）在演示者全屏放映模式下放映幻灯片时，利用图5-130所示的快捷菜单可以很方便地切换幻灯片。

切换幻灯片

2）单击"下一页"或"上一页"命令，可以在相邻的幻灯片之间进行切换；单击"第一页"或"最后一页"命令，可跳转到演示文稿第一页或最后一页进行播放。

如果要跳转到指定编号的幻灯片，或从最近查看过的幻灯片开始播放，可以单击"定位"命令，在图5-131所示的级联菜单中选择需要的幻灯片。

3）选择"幻灯片漫游"命令，在图5-132所示的"幻灯片漫游"对话框中选择要播放的幻灯片，然后单击"定位至"按钮，即可跳转到指定的幻灯片进行放映。

4）选择"按标题"命令，在打开的幻灯片标题列表中也可以定位需要的幻灯片，如图

5-133所示。

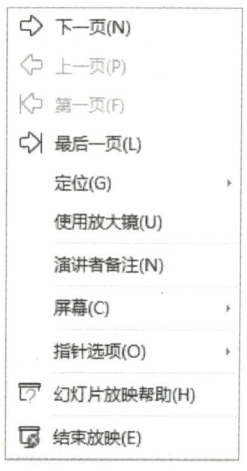

图5-130 快捷菜单

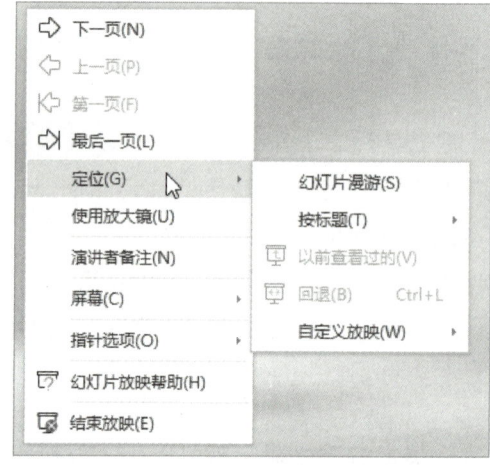

图5-131 "定位"命令级联菜单

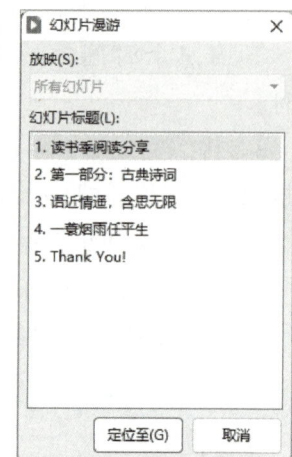

图5-132 "幻灯片漫游"对话框

5）选择"以前查看过的"命令，可以跳转到最近查看过的幻灯片；单击"回退"命令，可以返回到最近一次放映的幻灯片。

6）选择"自定义放映"命令，在级联菜单中可以选择需要的自定义放映进行播放。

此外，选择"幻灯片放映帮助"命令，打开"幻灯片放映帮助"对话框，可以查看切换幻灯片的一些快捷键，如图5-134所示。

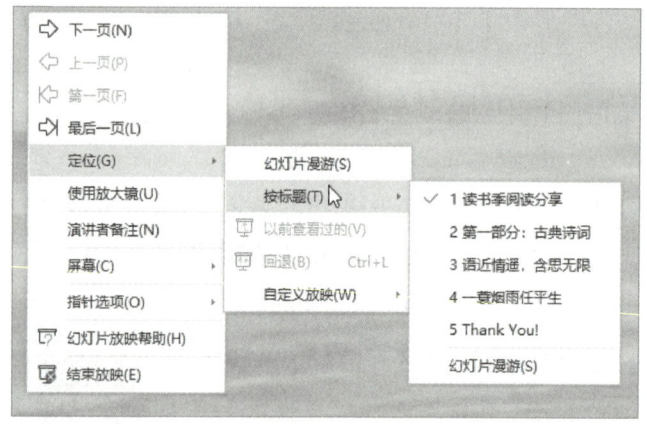

图5-133 "按标题"定位

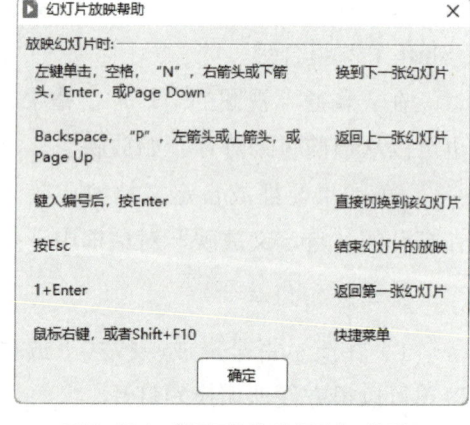

图5-134 "幻灯片放映帮助"对话框

3. 暂停与结束放映

在幻灯片演示过程中，演示者可以随时根据演示进程暂停播放，临时增添讲解内容，讲解完成后继续播放。

暂停与结束放映

如果要暂停放映幻灯片，常用的方法有以下三种：

1）按键盘上的<S>键。

2）同时按键盘上的<Shift>键和<+>键。

3）按键盘上的<+>键。

> **注意**
>
> 并非所有幻灯片都能暂停/继续播放，前提是当前幻灯片的换片方式为经过一定时间后自动换片。

如果要继续放映幻灯片，右击，在弹出的快捷菜单中选择"屏幕"命令，然后在级联菜单中选择"继续执行"命令，如图5-135所示。

如果要结束放映，右击，在快捷菜单中选择"结束放映"命令，或直接按键盘上的<Esc>键。

4.使用黑屏和白屏

在放映过程中，除了可以利用快捷键暂停放映，使用黑屏或白屏也可以暂停放映，而且能像屏保一样隐藏放映的内容。

1）在放映的幻灯片上右击，在弹出的快捷菜单中单击"屏幕"命令，然后在其级联菜单中选择"黑屏"或"白屏"。

使用黑屏和白屏

> **提示**
>
> 在放映模式下，按键盘上的<W>键或<,>键，可进入白屏模式；按键盘上的<B>键或<.>键，可进入黑屏模式。

2）如果要退出黑屏或白屏，按键盘上的任意一个键，或者单击鼠标即可。

5.使用画笔圈划重点

在放映演示文稿时，为更好地表述讲解的内容，可以使用指针工具在幻灯片中书写或圈划重点。

1）放映幻灯片时单击鼠标右键，在弹出的快捷菜单中单击"指针选项"命令，在级联菜单中选择相应指针，如图5-136所示。指针形状默认为箭头，用户可以根据需要选择圆珠笔、水彩笔和荧光笔。

使用画笔圈划重点

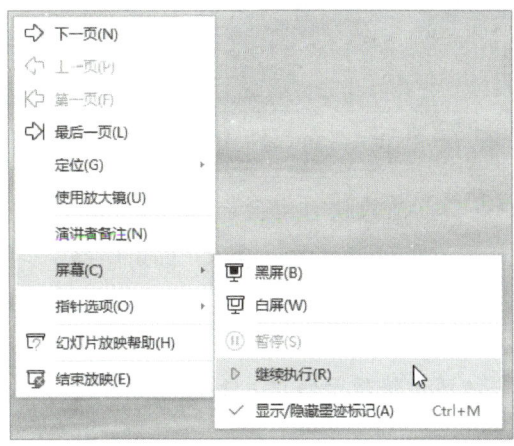

图5-135 选择"继续执行"命令

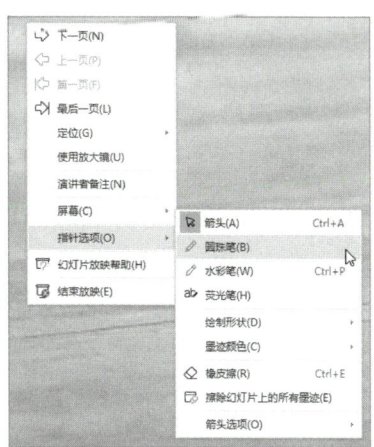

图5-136 "指针选项"命令级联菜单

2）再次打开图5-103所示的快捷菜单，在"指针选项"命令级联菜单中选择"墨迹颜色"命令，设置墨迹颜色，如图5-137所示。

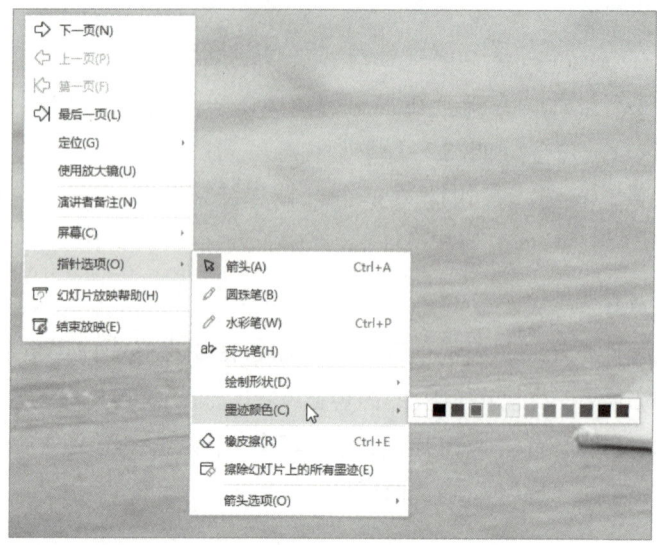

图5-137 设置墨迹颜色

3）按住鼠标左键在幻灯片上拖动，即可绘制墨迹，如图5-138所示。

4）如果要修改或删除幻灯片上的笔迹，在"指针选项"级联菜单中选择"橡皮擦"选项。指针显示为，在创建的墨迹上单击，即可擦除绘制的墨迹。如果要删除幻灯片上添加的所有墨迹，在"指针选项"级联菜单中选择"擦除幻灯片上的所有墨迹"命令。

5）擦除墨迹后，按<Esc>键退出橡皮擦的使用状态。

6）退出放映状态时，WPS演示会打开一个对话框，询问"是否保存墨迹注释"，如图5-139所示。如果不需要保存墨迹，单击"放弃"按钮，否则单击"保留"按钮。

图5-138 绘制墨迹

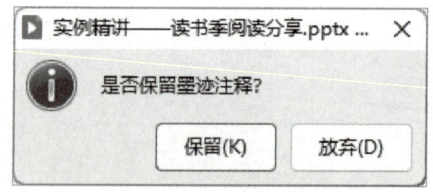

图5-139 提示对话框

保留的墨迹可以在幻灯片编辑窗口中查看，在放映时也会显示。如果不希望在幻灯片上显示墨迹，单击"审阅"选项卡中的"显示/隐藏标记"按钮，即可隐藏。

注意

隐藏墨迹并不是删除墨迹，再次单击该按钮将显示幻灯片上的所有墨迹。

如果要删除幻灯片中的墨迹，单击选中墨迹后，按<Del>键。

三、输出演示文稿

WPS提供了多种输出演示文稿的方式，除了保存为WPS演示文件（*.dps）和PowerPoint演示文件（*.pptx或*.ppt），还可以转换为PDF文档、视频、PowerPoint放映文件和图片等多种广泛应用的文档格式，满足不同用户的需求。

1. 转换为PDF文档

PDF是Adobe公司用于存储与分发文件而发展起来的一种文件格式，能跨平台保留文件原有布局、格式、字体和图像，还能避免他人对文件进行更改。PDF文件可以利用Adobe Acrobat Reader软件，或安装了Adobe Reader插件的网络浏览器进行阅读。

转换为PDF文档

1）打开演示文稿，选择"文件"→"输出为PDF"命令，打开图5-140所示的"输出为PDF"对话框。

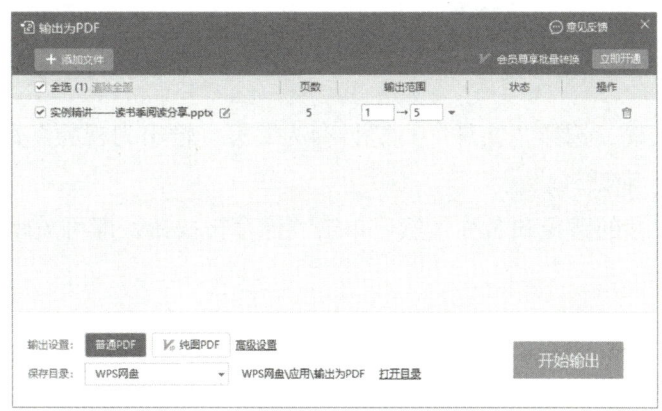

图5-140 "输出为PDF"对话框

2）选中要输出为PDF的文件，并指定保存PDF文件的目录。

3）如果要设置输出内容和PDF文件的权限，单击"高级设置"选项，打开图5-141所示的"高级设置"对话框。

4）在"输出内容"选项区域选择要输出为PDF的幻灯片内容。如果选择"讲义"，还可以指定每一页上显示的幻灯片数量，以及幻灯片的排列方向。

5）如果要设置输出的PDF文件的权限，选中"权限设置"右侧的复选框，并设置密码，然后设置文件的编辑权限，如图5-142所示。

6）设置完成后，选择"确认"按钮返回"输出为PDF"对话框。然后单击"开始输出"按钮，开始创建PDF文档。创建完成后，默认自动启动相应的阅读器查看创建的PDF文档。

2. 输出为视频

在WPS中，将演示文稿输出为WebM视频，可以很方便地与他人共享。即便对方的计算机上没有安装演示软件，也能流畅地观看演示效果。输出的

输出为视频

视频保留所有动画效果和切换效果、插入的音频和视频，以及排练计时和墨迹笔画。

图5-141 "高级设置"对话框

图5-142 权限设置

1）打开演示文稿，选择"文件"→"另存为"→"输出为视频"命令，打开图5-143所示的"另存文件"对话框。

2）指定视频保存的路径和名称，然后单击"保存"按钮，即可关闭对话框，并开始创建视频文件。

3. 打包演示文稿

打包演示文稿

如果要查看演示文稿的计算机上没有安装PowerPoint，或缺少演示文稿中使用的某些字体，可以将演示文档和与之链接的文件一起打包成文件夹或压缩文件。

1）打开要打包的演示文稿，选择"文件"→"文件打包"命令，然后在级联菜单中选择打包演示文稿的方式，如图5-144所示。

图5-143 "另存文件"对话框

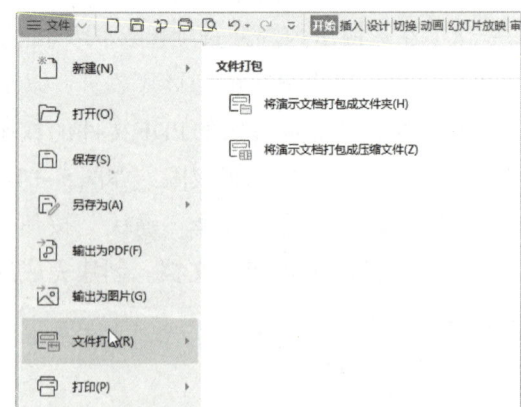

图5-144 "文件打包"命令级联菜单

2）如果选择"将演示文档打包成文件夹"命令，则打开图5-145所示的"演示文件打包"对话框。输入文件夹名称与文件夹位置,如果要同时生成一个压缩包,选中"同时打包成一个压缩文件"复选框,然后单击"确定"按钮。

打包完成后,打开图5-146所示的"已完成打包"对话框。单击"打开文件夹"按钮,可查看打包文件。

3)如果选择"将演示文档打包成压缩文件"命令,则打开图5-147所示的"演示文件打包"对话框。设置压缩文件名称和位置后,单击"确定"按钮即可。

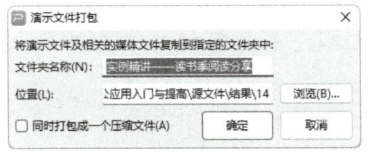 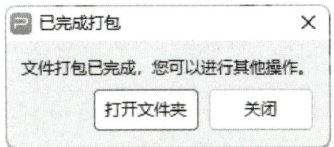 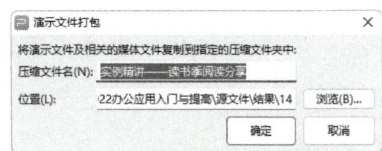

图5-145 "演示文件打包"对话框1　　图5-146 "已完成打包"对话框　　图5-147 "演示文件打包"对话框2

4. 保存为放映文件

将制作好的演示文稿分发给他人观看时,如果不希望他人修改文件,或担心因演示软件版本不同的原因影响放映效果,可以将演示文稿保存为PowerPoint放映。PowerPoint放映文件不可编辑,双击即可自动进入放映状态。

1)打开演示文稿,选择"文件"→"另存为"→"PowerPoint 97-2003 放映文件(*.pps)"命令,打开"另存文件"对话框。

2)在打开的"另存文件"对话框中指定保存文件的路径和名称,然后单击"保存"按钮。

此时,双击保存的放映文件,即可开始自动放映。

　　如果要在其他计算机上播放放映文件,应将演示文稿链接的音频、视频等文件一起复制,并放置在同一个文件夹中。否则,放映文件时,链接的内容可能无法显示。

5. 转为文字文档

将演示文稿转为文字文档,可作为讲义辅助演讲。

1)打开要进行转换的演示文稿。

2)选择"文件"→"另存为"→"转为WPS文字文档"命令,打开图5-148所示的"转为WPS文字文档"对话框。

3)选择要进行转换的幻灯片范围,可以是演

图5-148 "转为WPS文字文档"对话框

示文稿中的所有幻灯片、当前幻灯片或选定的幻灯片，还可以通过输入幻灯片编号指定幻灯片范围。

4）在"转换后版式"选项区域选择幻灯片内容转换到文字文件中的版式，在"版式预览"区域可以看到相应的版式效果。

5）在"转换内容包括"选项区域设置要转换到文字文件中的内容。

> **注意**
>
> 　　将演示文稿导出为文字文档时，只能转换占位符中的文本，不能转换文本框中的文本。

6）设置完成后，单击"确定"按钮关闭对话框。

任务要求

本任务完成"放映并输出古诗词赏析演示文稿"，要求掌握以下知识点：
1）打包演示文稿。
2）输出演示文稿。

任务实施

放映并输出古诗词赏析演示文稿　　放映并输出古诗词赏析演示文稿

任务5　利用母版制作美文赏析演示文稿

情景引入

　　学校文学社计划出版一本美文选集，并制作配套的演示文稿进行宣传推广。作为文学社的指导老师，小陈负责演示文稿的制作。为了使演示文稿具有统一、专业的风格，小陈决定利用母版来制作。但他对幻灯片母版的概念和使用方法不太熟悉，不知道如何设计母版主题、文本格式和版式，以满足不同页面的需求。为了高效地完成美文赏析演示文稿的制作，小陈开始学习WPS演示文稿中母版的相关知识和操作技巧。

知识准备

一、认识幻灯片母版

认识幻灯片母版

母版存储了演示文稿的配色方案、字体、版式等设计信息，以及所有幻灯片共有的页面元素，例如徽标、Logo、页眉页脚等。修改母版后，所有基于母版的幻灯片自动更新。

设计幻灯片母版通常遵循以下几个原则：

1）几乎每一张幻灯片都有的元素放在幻灯片母版中。如果有个别页面（如封面页、封底页和过渡页）不需要显示这些元素，可以隐藏母版中的背景图形。

2）在特定的版式中需要重复出现且无需改变的内容，直接放置在对应的版式页。

3）在特定的版式中需要重复，但是具体内容又有所区别的内容，可以插入对应类别的占位符。

单击"视图"选项卡中的"幻灯片母版"按钮 ，进入幻灯片母版视图，如图5-154所示。

母版视图左侧窗格显示母版和版式列表，最顶端为幻灯片母版，控制演示文稿中除标题幻灯片以外的所有幻灯片的默认外观，例如文字的格式、位置、项目符号、配色方案以及图形项目。

右侧窗格显示母版或版式幻灯片。在幻灯片母版中可以看到5个占位符：标题区、正文区、日期区、页脚区、编号区。修改它们可以影响所有基于该母版的幻灯片。

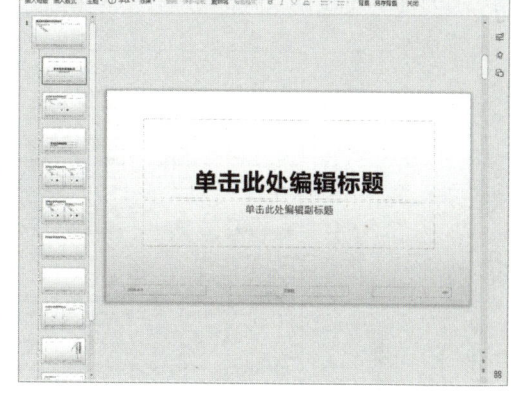

图5-154　幻灯片母版视图

①标题区：用于格式化所有幻灯片的标题。

②正文区：用于格式化所有幻灯片的主体文字、项目符号和编号等。

③日期区：用于在幻灯片上添加、定位和格式化日期。

④页脚区：用于在幻灯片上添加、定位和格式化页脚内容。

⑤编号区：用于在幻灯片上添加、定位和格式化页面编号，例如页码。

幻灯片母版下方是标题幻灯片，通常是演示文稿中的封面幻灯片。标题幻灯片下方是幻灯片版式列表，包含在特定的版式中需要重复出现且无需改变的内容。如果在特定的版式中需要重复，但是具体内容又有所区别的内容，可以插入对应类别的占位符。

> **注意**
>
> 最好在创建幻灯片之前编辑幻灯片母版和版式。这样，添加到演示文稿中的所有幻灯片都会基于指定版式。如果在创建各张幻灯片之后编辑幻灯片母版或版式，则需要在普通视图中将更改的布局重新应用到演示文稿中的现有幻灯片。

二、设计母版主题

主题是一组预定义的字体、配色方案、效果和背景样式。使用主题可以快速格式化演示文稿的总体设计。

设计母版主题

1）打开一个演示文稿。可以是空白演示文稿，也可以是基于主题创建的演示文稿。

2）单击"视图"选项卡中的"幻灯片母版"按钮，切换到"幻灯片母版"视图。

3）如果要应用WPS内置的主题，单击"幻灯片母版"选项卡中的"主题"下拉按钮，在图5-155所示的主题列表中单击需要的主题。应用主题后，整个演示文稿的总体设计，包括字体、配色和效果都随之进行变化。

4）如果要自定义文稿的总体设计，分别单击"颜色"按钮、"字体"按钮和"效果"按钮，设置主题颜色、主题字体和主题效果。

5）单击"背景"按钮，在编辑窗口右侧出现的图5-156所示的"对象属性"任务窗格中设置母版的背景样式。

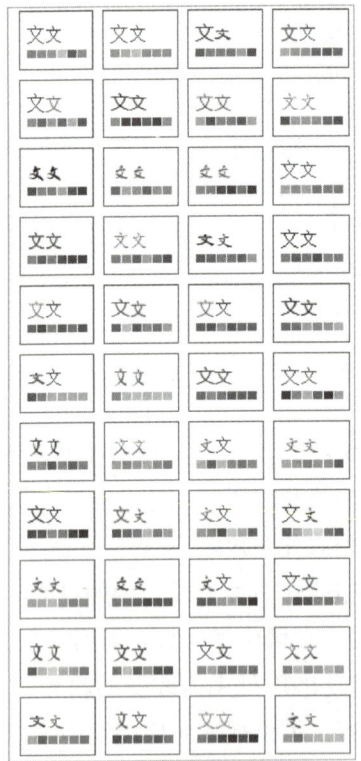

图5-155 内置的主题列表

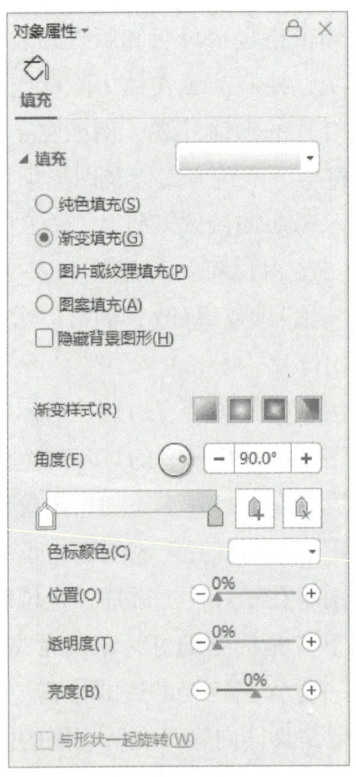

图5-156 "对象属性"任务窗格

与其他主题元素一样，设置幻灯片母版的背景样式后，所有幻灯片都自动应用指定的背景样式。

通常情况下，标题幻灯片的背景与内容幻灯片的背景会有所不同，所以需单独修改标题幻灯片的背景。

三、设计母版文本格式

母版的文本包括标题文本和正文文本。

1）选中标题文本，利用打开的浮动工具栏，可以很方便地设置标题文本的字体、字号、字形、颜色和对齐方式等属性，如图5-157所示。

幻灯片母版默认将正文区的文本显示为五级项目列表，用户可以根据需要设置各级文本的样式，修改文本的缩进格式和显示外观。

2）在正文区选中要定义格式的文本，在打开的浮动工具栏中设置文本的字体、字号、字形、颜色和对齐方式。

设计母版文本格式

图5-157 设置标题文本属性

四、设计母版版式

幻灯片母版中默认设置了多种常见版式，用户还可以根据版面设计需要，添加自定义版式。在版式中插入页面元素，将自动调整为母版中指定的大小、位置和样式。

设计母版版式

1）在幻灯片母版视图的左侧窗格中定位要插入版式幻灯片的位置，然后单击"幻灯片母版"选项卡中的"插入版式"按钮，即可在指定位置添加一个只有标题占位符的幻灯片，如图5-158所示。

WPS演示中并不能直接插入新的占位符，如果要添加内容占位符，可复制其他版式中已有的占位符。

2）在左侧窗格中定位到包含需要的占位符的版式，复制其中的占位符，然后粘贴到新建的版式中，如图5-159所示。

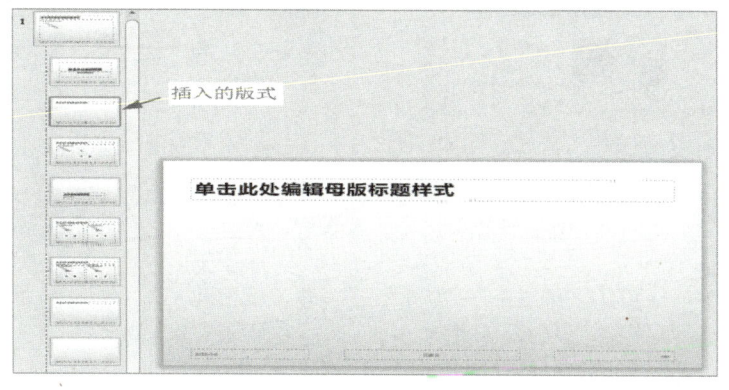

图5-158 幻灯片插入的版式位置

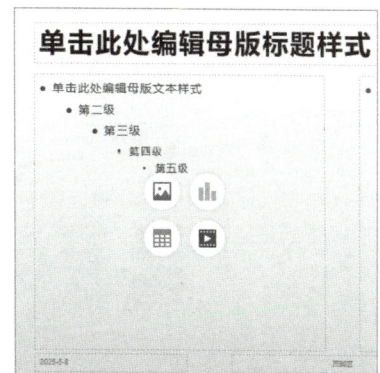

图5-159 粘贴图片占位符

3）拖动占位符边框上的圆形控制手柄，可以调整占位符的大小；将鼠标指针移到占位符的边框上，指针显示为四向箭头时，按住左键拖动，可以移动占位符；选中占位符，按<Del>键可删除占位符。

4）选中占位符，在"绘图工具"选项卡中可以设置占位符的外观样式。选中要设置格式的文本，利用浮动工具栏设置文本的格式。

默认情况下，版式幻灯片"继承"幻灯片母版中的日期区、页脚区和编号区。

5）如果不希望在当前版式中显示日期区、页脚区和编号区的内容，选中占位符后按<Del>键删除，其他版式幻灯片不受影响。

> **注意**
>
> 格式化"幻灯片编号"占位符时，应选中占位符中的<#>设置格式，千万不能删除，然后用文本框输入"<#>"；也不能用格式刷将其格式化为普通文本，否则会失去占位符的功能。

6）设置完毕，在"幻灯片母版"选项卡中单击"关闭"按钮 ✖，退出幻灯片母版视图。

此时，在"开始"选项卡中单击"版式"下拉按钮，在打开的母版版式列表中可以看到自定义的版式。在版式下拉列表中单击自定义版式，当前的幻灯片版式即可更改为指定的版式。

任务要求

本任务制作"美文赏析"，要求掌握以下知识点：

1）新建和编辑幻灯片母版。

2）设置幻灯片背景。

3）设置幻灯片的版式。

制作完成的"美文赏析"效果如图5-160所示。

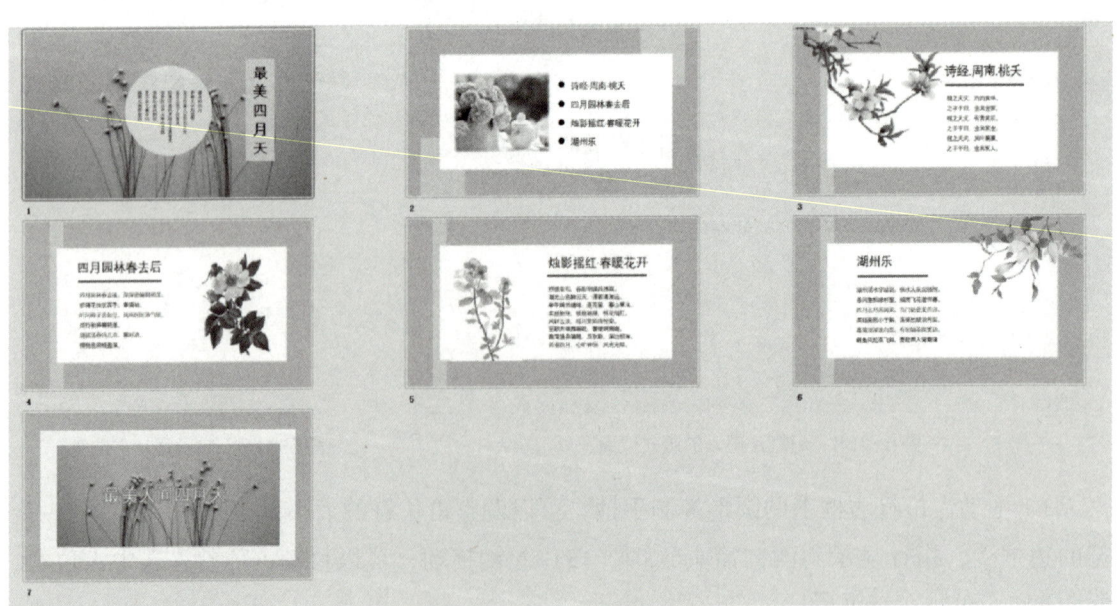

图5-160 "美文赏析"效果

任务实施

美文赏析

美文赏析

能力训练

一、填空题

1. 若要该幻灯片放映完之后，单击鼠标将切换到下一张幻灯片，应选择_____换片方式。
2. 在WPS演示文稿中有3个母版，即_____、_____和备注母版。
3. 在移动幻灯片的同时按住_____键不放，还可将幻灯片复制到新位置。
4. 幻灯片的放映类型有_____、观众自行浏览和展台浏览3种。
5. WPS演示文稿主要用于制作和演示_____，是为做报告授课等用户设计的。
6. WPS演示文稿主要提供了4种视图模式，即普通视图、_____、_____备注页视图。
7. 在幻灯片中文字输入的方式有3种，分别为在_____、利用文本框输入以及在大纲窗格中输入。
8. 单击_____选项卡后，窗口左侧的列表区将列出当前演示文稿的文本大纲，在其中可进行切换幻灯片，并进行编辑操作。
9. 若需要从当前幻灯片所选处开始放映演示文稿，则可以按_____组合键来实现。
10. WPS预置了五大类动画效果：_____、_____、_____、动作路径以及绘制自定义路径。

二、选择题

1. 在（   ）方式下可以进行幻灯片的放映控制。
   A. 普通视图　　B. 幻灯片浏览视图　　C. 幻灯片放映视图　　D. 幻灯片母版视图
2. 下列不适合使用WPS演示文稿的应用场景是（   ）。
   A. 总结汇报　　B. 数据分析　　C. 宣传推广　　D. 培训课件
3. 执行（   ）操作不能切换至幻灯片放映视图中。
   A. 按<F5>键　　　　　　　　　B. 单击"阅读视图"按钮
   C. 双击幻灯片　　　　　　　　D. 单击"幻灯片放映视图"按钮
4. 下列幻灯片的放映方式中，不属于WPS演示文稿提供的放映方式是（   ）。
   A. 演讲者放映　　B. 观众自行浏览　　C. 在展台浏览　　D. 混合放映

5. 在大纲视图中，大纲由每张幻灯片的标题和（　　）组成。

　　A. 段落　　　　　　B. 提纲　　　　　　C. 中心内容　　　　　D. 副标题

6. 为幻灯片中的对象添加了动画效果后，下列操作无法实现的是（　　）。

　　A. 更改动画效果　　　　　　　　　　B. 设置动画开始时间

　　C. 任意指定动画播放次数　　　　　　D. 调整动画放映时的显示时间

7. 为幻灯片中的对象添加了动画效果后，下列操作无法实现的是（　　）。

　　A. 演讲者放映（全屏）　　　　　　　B. 在展台浏览（全屏）

　　C. 观众自行浏览（窗口）　　　　　　D. 以上选项均无法实现

8. 下列选项中，不能在 WPS 演示文稿中设置填充颜色的对象是（　　）。

　　A. 艺术字　　　　B. 形状　　　　　　C. 图片　　　　　　D. 文本框

9. 在进行幻灯片放映的任意时刻，按（　　）键可以退出幻灯片放映。

　　A. 空格键　　　　B.<Esc>　　　　　　C. 鼠标左键　　　　D.<Enter>

10. 若想统一设置幻灯片及其中对象的内容和格式，则应该选择的母版视图是（　　）。

　　A. 讲义母版　　　B. 备注母版　　　　C. 幻灯片母版　　　　D. 以上各选项都可以

三、操作题

1. 新建一个空白演示文稿，命名为"大美济源.pptx"，按照下列要求对演示文稿进行操作，参考效果如图5-188所示。

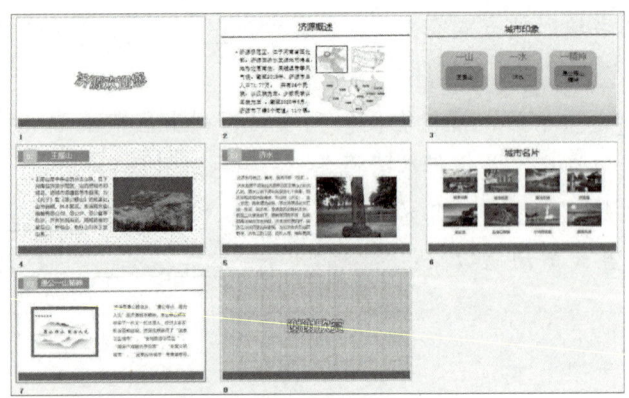

图5-188　"大美济源"参考效果

1）单击"视图"选项卡下的"幻灯片母版"按钮，根据效果图设置幻灯片母版。

2）将第一张幻灯片版式修改为"母版版式"列表的第三行第一列，插入艺术字"济源欢迎您"，设置艺术字的文本效果为"转换"。

3）新建第二张幻灯片，版式为"母版版式"列表的第二行第一列，标题栏中输入"济源概述"，左侧占位符中编辑文字，右侧占位符中插入图片。

4）新建第三张幻灯片，自己选择版式、形状组合与相应的文字。将第三张幻灯片的背景填充设置为"渐变填充"，渐变样式为"线性渐变/向下"，色标颜色为"巧克力黄，着色2，浅色80%"，其余参数默认。

5）新建第四张幻灯片，版式为"母版版式"列表的第二行第一列。左侧占位符中输入文字，右侧占位符中插入图片。

6）将第四张幻灯片的背景填充设置为"图片或纹理填充"。

根据需要依次创建其他幻灯片，要求整个演示文稿中的幻灯片不少于6张。

2. 制作新员工培训演示文稿，按照下列要求对演示文稿进行操作，其参考效果如图5-189所示。

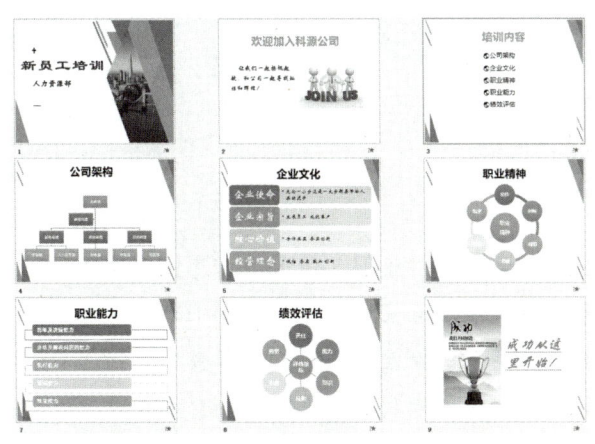

图5-189　新员工培训演示文稿参考效果

1）单击"设计"菜单，选择第4个设计模板，并应用全部。

2）制作第一张幻灯片，输入标题"新员工培训"，并将其设置为"隶书、72磅、深蓝色"，段落为"居中对齐"；输入副标题"人力资源部"，并将其设置为"楷体、32磅、加粗"。

3）制作第二张幻灯片，单击"开始"→"版式"→"标题和内容"，应用两栏内容；输入标题，在左侧输入文本，在右侧插入图片。

4）第三张幻灯片同第二张幻灯片制作方法相同。

5）制作第四张幻灯片，插入"智能图形"，选择"组织结构图"子类型，输入文本。

6）依照上述步骤制作出第五~九张幻灯片。

3. 打开"课件.pptx"演示文稿，按照下列要求对演示文稿进行操作。

1）创建超链接与动作按钮：为第四张幻灯片的各项文本创建超链接，然后插入一个动作按钮，并链接到第二张幻灯片；最后在动作按钮下方插入艺术字"作者简介"。

2）放映幻灯片：放映前面制作好的演示文稿，并使用超链接快速定位到"一剪梅"所在的幻灯片，然后返回上次查看的幻灯片，依次查看各幻灯片和对象，在最后一页标记重要内容，最后退出幻灯片放映视图。

3）隐藏幻灯片：隐藏最后一张幻灯片，然后放映查看隐藏幻灯片后的效果。

4）排练计时：演示文稿中对各动画进行排练计时。

5）打印演示文稿：将前面制作并设置好的幻灯片打印出来，要求一页纸上显示两张幻灯片。

6）将演示文稿设置好的幻灯片打包到文件夹中，并命名为"课件"。

项目6　信息检索

信息技术基础

01　知识目标

1. 熟练掌握搜索引擎检索技巧，了解其他通用信息检索途径。
2. 熟悉常用图书检索平台及其检索方式，把握各平台差异。
3. 掌握国内期刊数据库的多种检索方法，知晓各数据库特色与适用场景。
4. 了解专利检索的意义，熟悉专利检索平台的检索方式与功能。

02　能力目标

1. 能够依据需求精准选择合适的检索工具。
2. 能够熟练运用检索方法高效获取信息，提高检索的准确性和查全率。
3. 具备运用信息检索技能解决实际问题的能力，如开展学术研究、进行专利调研等。

03　素质目标

1. 养成严谨细致的检索习惯，确保信息准确可靠。
2. 提升自主学习与创新能力，探索新检索技术和方法。
3. 培养批判性思维，客观评价检索信息。

04　思维导图

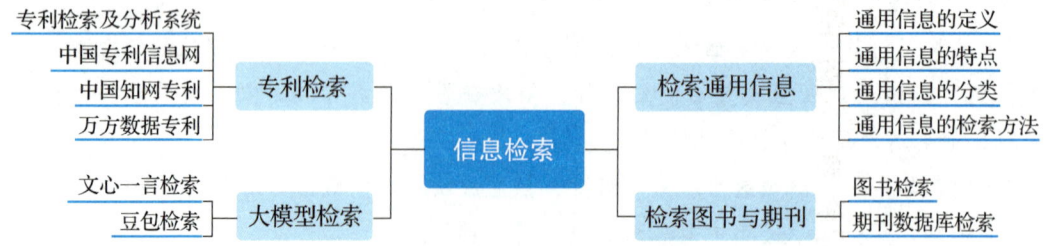

任务1　检索通用信息

情景引入

学生小林最近对投资理财产生了浓厚兴趣,想要学习一些基础的理财知识,如常见的理财方式、如何选择理财产品等。同时,他还想了解一些生活中的实用信息,像租房的注意事项、兼职工作的信息等。小林学习相关的检索技巧,以便能快速找到自己需要的内容,为自己的生活和未来规划提供帮助。

知识准备

一、通用信息的定义

通用信息是指在广泛的领域和日常生活中被普遍使用、具有普遍适用性和参考价值的信息。它不局限于特定的专业或领域,而是能够为大众所理解和运用,帮助人们解决各种常见问题,获取一般性知识以及进行日常的沟通和决策。

通用信息的定义、特点、分类

二、通用信息的特点

1. 普遍性

适用于大多数人、多种场景和不同领域,具有广泛的应用范围。例如,基本的数学运算规则、常见的语言表达方法等,是人们在学习、工作和生活中普遍需要掌握的。

2. 基础性

是构成更复杂知识和信息的基础。如字母、数字、基本词汇等,是学习各种语言和专业知识的基石。

3. 易获取性

通常可以通过多种常见的渠道轻松获取,不需要特殊的权限或专业设备。比如,通过互联网搜索引擎、图书馆的基础藏书、日常的新闻媒体等,都能获取到大量的通用信息。

4. 相对稳定性

在一定时期内保持相对稳定,不会频繁发生剧烈变化。像物理、化学等自然科学中的基本原理,以及一些社会科学中的经典理论,在较长时间内都具有较高的稳定性和可靠性。

三、通用信息的分类

1. 基础知识

涵盖各个学科领域的基础概念、原理和知识体系,如语文中的语法、数学中的公式定理、历史中的重大事件、地理中的自然地理和人文地理常识等。

2. 生活常识

包括日常生活中的各种实用知识，如饮食健康、家居清洁、安全防范、交通工具的使用等方面的知识。

3. 社会信息

包括社会运行、社会现象、社会文化等方面的信息，如法律法规、政策制度、文化习俗、社会热点事件等。

4. 技术应用

计算机基本操作、办公软件的使用、常见电子设备的功能介绍等。

四、通用信息的检索方法

1. 搜索引擎检索

百度搜索界面

搜索引擎检索是网络信息检索的通用信息的重要工具，也是最常用的工具。常见的搜索引擎有百度、谷歌、必应等。它们通过对网络上大量信息的收集、整理和索引，为用户提供信息检索服务。用户只需在搜索栏输入关键词，单击"搜索"按钮，就能获取相关信息的链接。但面对海量的网络资源，如何快速准确地找到所需信息成为关键。这时，掌握搜索引擎的高级搜索技巧至关重要。以百度搜索为例，其搜索界面如图6-1所示。

图6-1 百度搜索界面

搜索关键词加上双引号

平时搜索信息，大多是在搜索引擎中直接输入关键词，然后在搜索结果里一个个点开查找。百度、谷歌、搜狗等搜索引擎，还支持一些高级搜索技巧和语法，可以对搜索结果进行限制和筛选，缩小检索范围，让搜索结果更加准确。下面以百度搜索引擎为例，介绍其高级搜索方法。

（1）搜索关键词加上双引号 如果输入的关键词很长，搜索引擎经过分析后，给出的搜索结果中的关键词可能是拆分的，如图6-2所示。如果在关键词上加上双引号，搜索引擎将会精确搜索，完全匹配引号内的关键词，搜索结果中必须包含和引号中完全相同的内容，如图6-3所示。

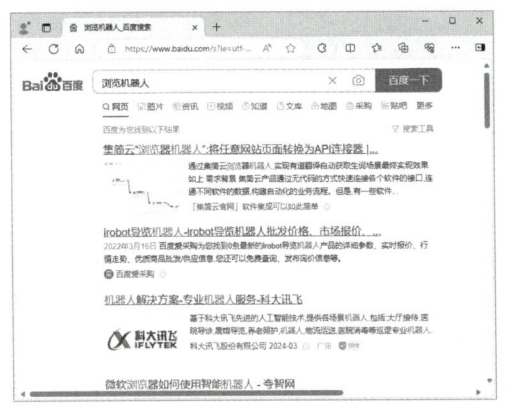

图6-2　简单搜索

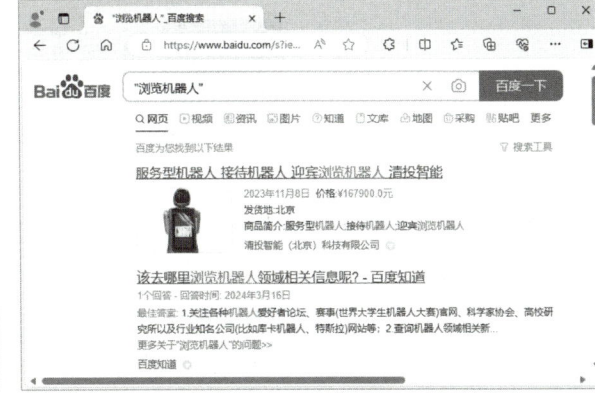

图6-3　搜索关键词加上双引号

（2）搜索指定格式的文件　如果要查找的关键词是某一类型的文件，则可以使用"filetype"语法查找。例如，搜索"信息技术"方面的演示文稿，输入"filetype:ppt 信息技术"，搜索结果如图6-4所示，是"演示文稿"类的网页文件。

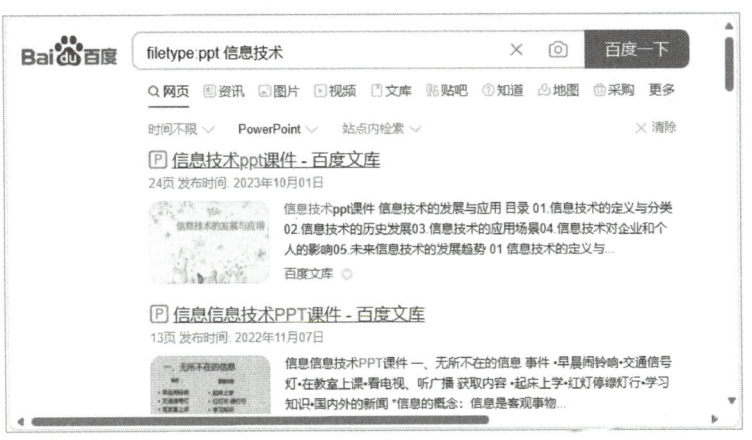

图6-4　搜索指定格式的文件

（3）搜索指定域名　如果知道某个站点中有要搜寻的信息，或者只想在某个站点中搜索相关信息，就可以把搜索范围限定在这个站点中，以提高查准率。方法是在查询内容的前面，加上"site：站点域名"。注意，"site："后面跟的是站点域名，不需要写"http://www."。

（4）搜索范围限定在标题中　如果要将搜索关键词限定在"网页标题"中，可用"intitle：引领关键词"。例如，要查找标题中含有"信息技术"的网页，输入"intitle：信息技术"，搜索结果如图6-5所示，所有搜索结果的标题中均含有"信息技术"。

图6-5 搜索范围限定在标题中

（5）搜索范围限定在URL链接中　在搜索引擎中输入"inurl:+关键词"可以限制搜索结果只显示那些URL中包含该关键词的网页。例如，如果想找到包含"example"这个词的网站链接，可以输入"inurl:example"。

如果对搜索语法不熟悉，也可以使用搜索引擎自带的高级搜索。单击"百度"搜索引擎的首页上的"设置"按钮，在打开下拉菜单中选择"高级搜索"选项，打开图6-6所示的"高级搜索"界面，可以用简单的填写完成上述各种搜索查询。

图6-6 "高级搜索"界面

2.新闻媒体检索

新闻媒体检索是指通过电视、报纸（见图6-7）等媒体渠道，获取最新的社会动态、科技发展、文化活动等方面的信息。这些信息通常具有较强的时效性和普遍性，能够让人们了解到当下社会的各种情况。

3.咨询检索

咨询检索是指向身边的人，如老师、同学、朋友、专业人士等咨询问题，获取他们的经验和知识。他们可能会根据自己的亲身经历或专业背景，提供实用的通用信息和建议。

图6-7 报纸检索

任务2　检索图书与期刊

情景引入

小陈正在撰写一篇关于文学流派发展的课程论文，需要查阅大量的相关图书和学术期刊来获取丰富的资料和研究成果。他前往学校图书馆，面对琳琅满目的书籍，却不知道如何快速找到与自己论文主题紧密相关的图书。在使用图书馆的电子资源检索时，各种数据库和检索方式让他感到困惑，不知道该选择哪个数据库，也不清楚如何运用检索技巧来精准定位所需文献。为了顺利完成论文，小陈急需学习图书与期刊的检索方法，提高信息获取的效率和准确性。

知识准备

一、图书检索

图书是记录人类文化、科学、艺术等精神财富的重要载体，是以文字、图像等符号系统记录并传播人类知识、思想和经验的出版物。从物质形态来看，图书是由文字、图像等信息要素经过编辑加工，按照特定的版式设计装帧而成的出版物。

1. 读秀图书搜索

读秀图书搜索是一个功能强大的知识资源检索平台，它整合了大量的中文图书资源。用户不仅可以检索到图书的题录信息，还能查看部分图书的目录和全文内容预览。对于一些受版权保护的图书，虽然不能直接在线阅读全文，但可以通过文献传递和文献互助等服务获取图书特定页码的原文。其检索方式多样，包括简单搜索、高级检索、专业检索和分类导航。

（1）简单搜索　系统默认的检索方式是单一检索框的简单检索，在检索框的下方可进行条件的限定，分别是全部字段、书名、作者、主题词、丛书名和目次，如图6-8所示。

图6-8 简单检索页面

检索结果显示在全部图书中,检索字段包含该检索词的所有信息。如:以"泰戈尔"为检索词,选择"全部字段",则检索结果为书名或作者中含"泰戈尔"的全部检中图书,如图6-9所示。在检索结果页面可进行"在结果中搜索"和"高级搜索"。

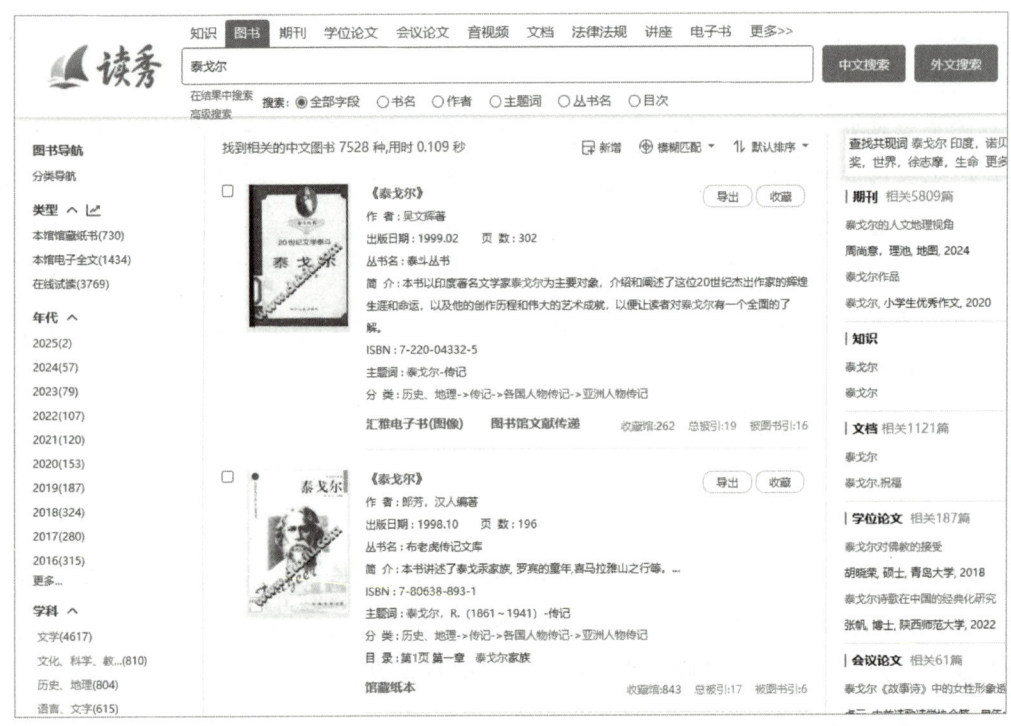

图6-9 简单搜索结果

(2)高级检索 简单检索的检索框右侧有"高级检索"和"分类导航"的选项。单击"高级搜索"链接,进入"高级搜索"页面,如图6-10所示。

"高级搜索"允许用户同时对9个条件进行限定,彼此之间执行逻辑"与"的运算规则。9个条件分别是书名、作者、主题词、出版社、ISBN、分类、中图分类号、年代以及搜索结果显示条数。其中"书名"可选择"包含"或"等于","分类"根据《中图法》提供项目。

读秀图书搜索－高级检索

图6-10 读秀图书检索高级搜索页面

若是要检索胡仁喜在"机械"方面的著作,只需要在"书名"一栏中填入"机械",在作者一栏里填上"胡仁喜",单击"高级搜索"按钮就能得到相应结果。高级检索结果如图6-11所示。

图6-11 高级检索结果

(3)专业检索 在"高级检索"界面中单击"切换至专业检索"链接,进入专业检索页面,如图6-12所示。专业检索为通过组合字段、梳理逻辑关系进行的较高层次的检索,检索框下方会提供使用说明和示例。

读秀图书搜索-
专业检索

图6-12 专业检索页面

（4）分类导航　在首页上单击"分类导航"链接，进入分类导航页面，如图6-13所示，可以看到按照中国图书馆图书分类法设置的分类导航。

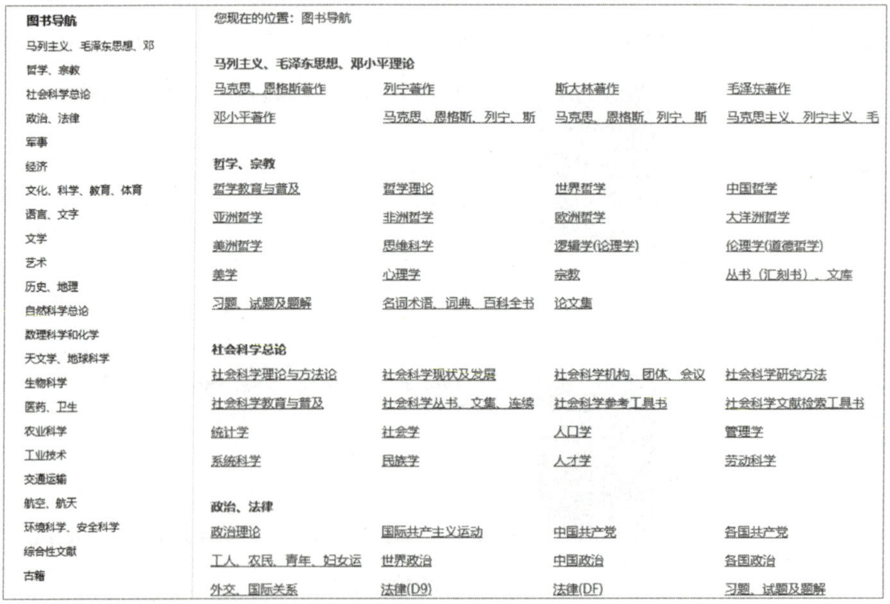

图6-13 分类导航页面

2. 超星汇雅电子书

超星汇雅电子书是国内知名的数字图书资源平台，收录了涵盖多个学科领域的大量电子图书。该平台采用先进的数字化技术，保证了图书的图文清晰度和良好的阅读体验。用户可以通过关键词、学科分类、出版社等多个维度进行图书检索。超星汇雅电子书主页如图6-14所示。

图6-14 超星汇雅电子书主页

（1）基本检索 基本检索采用一框式检索，可以搜索出版物、文章、关键字等。快速检索提供在所有图书分类中按书名、作者、主题词任意一种途径进行检索。

（2）高级检索 在主页上单击"高级检索"按钮，进入高级检索页面，如图6-15所示。高级检索是将书名、作者、出版社、主题词、ISBN、中图分类号等进行逻辑组配，从而实现多条件检索，还提供出版年代的范围选择及排序结果的选择。该检索方式查出的结果更为准确，适合目的性强的用户。

图6-15 高级检索页面

（3）分类浏览 在首页的基本检索下方可按《中图法》类目浏览电子书，如图6-16所示。单击分类目录，显示该目录下的子目录，依次单击子目录，可以检索到所需书目。

马克思主义、列...	哲学、宗教	社会科学总论	政治、法律
马克思、恩格... 毛泽东著作 邓小平著作 马克思、恩格...	哲学教育与普及 哲学理论 世界哲学 中国哲学 亚洲哲学	社会科学理论... 社会科学现状... 社会科学机构... 社会科学研究...	政治理论 国际共产主义... 中国共产党 各国共产党
军事	经济	文化、科学、教...	语言、文字
军事理论 世界军事 中国军事 亚洲 战略学、战役... 军事技术	经济学 世界各国经济... 经济计划与管理 农业经济	文化理论 世界各国文化... 信息与知识传播 科学、科学研究	语言学 汉语 中国少数民族... 常用外国语 汉藏语系
文学	艺术	历史、地理	自然科学总论
文学理论 世界文学 中国文学 亚洲文学 非洲文学 欧洲文学	艺术理论 世界各国艺术... 绘画 书法、篆刻 雕塑 摄影艺术	史学理论 世界史 中国史 亚洲史 非洲史 欧洲史 大洋洲史 美洲史	自然科学理论 自然科学现状... 自然科学机构 自然科学研究...
数理科学和化学	天文学、地球科学	生物科学	医药、卫生
数学 力学 物理学 化学 晶体学	天文学 测绘学 地球物理学 大气科学（气... 地质学 海洋学	生物科学的理... 生物科学现状... 生物科学的研... 生物科学教育...	一般理论 现状与发展 医学研究方法 预防医学、卫...
农业科学	工业技术	交通运输	航空、航天
一般性理论 农业科学技术... 农业科学研究... 农业基础科学	工业技术理论 工业技术现状... 机构、团体 参考工具书	综合运输 铁路运输 公路运输 水路运输 普及读物	环境科学、安全... 综合性文献

图6-16 分类检索列表

（4）二次检索 基本检索后，进入图6-17所示的检索界面。单击"二次检索"按钮表示以当前检索结果为检索范围进行二次检索。

图6-17 二次检索

二、期刊数据库检索

期刊是学术研究和信息传播的重要载体，通过期刊数据库检索可以获取丰富的学术论文和专业资讯。

1. 中国知网（CNKI）期刊全文数据库

中国知网是一个综合性的学术信息资源平台，《中国知网学术期刊数据库》收录了大量中文学术期刊。输入网址"https://www.cnki.net"，从学校图书馆登录，进入中国知网首页，如图6-18所示。该平台检索涵盖的资源类型有学术期刊、学位论文、会议、报纸、年鉴、专利、标准、成果、学术辑刊、图书等。中国知网提供了多种检索方式，包括一框式检索、高级检索、专业检索、作者发文检索和句子检索，如图6-19所示。

1）一框式检索是最基本的检索方式，用户在检索框中输入关键词，系统默认在主题、篇关摘、篇名、关键词、摘要、小标题、全文、参考文献、基金、中图分类号、DOI、作者、第一作者、通讯作者、作者单位、第一单位、期刊名称、ISSN、CN和栏目信息等字段中进行检索，如图6-20所示。

图6-18 中国知网首页

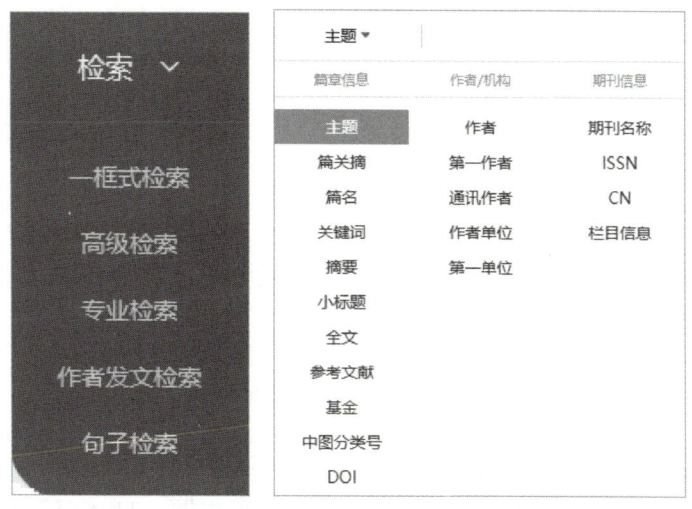

图6-19 检索方式　　图6-20 检索项

中国知网高级检索

2）高级检索支持多字段逻辑组合，并可通过选择精确或模糊的匹配方式、检索控制等方法完成较复杂的检索，得到符合需求的检索结果。在"检索方式"下拉列表中单击"高级检索"选项，进入高级检索页，如图6-21所示。

高级检索页默认显示主题、作者、期刊名称三个检索框，可自由选择检索项、检索项间的逻辑关系、检索词匹配方式，单击检索框后的 ＋、－ 按钮可添加或删除检索项，最多支持10个检索项的组合检索。还可以通过条件筛选、时间选择等，对检索结果进行范围控制。

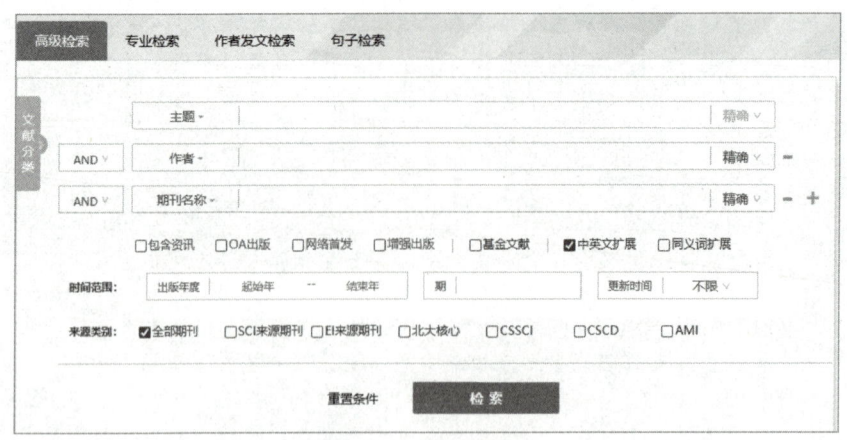

图6-21 高级检索页

3）专业检索需要用户掌握一定的检索语法，通过组合检索字段和逻辑运算符进行检索。在"检索方式"下拉列表中单击"专业检索"选项，或者在高级检索页中直接单击"专业检索"标签，进入专业检索页，如图6-22所示。

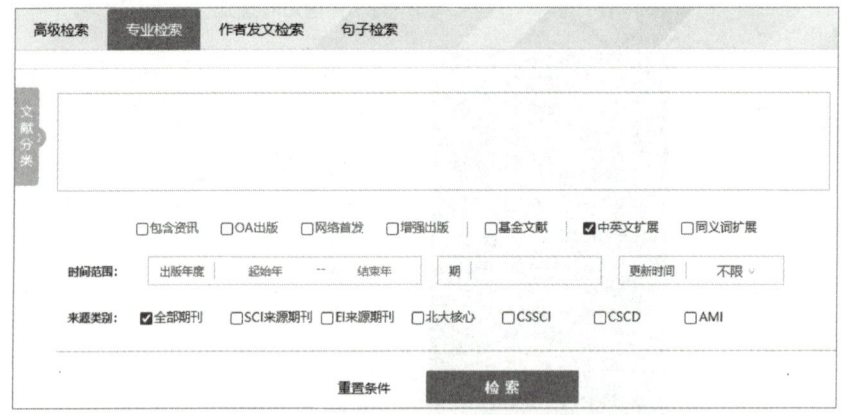

图6-22 专业检索页

专业检索表达式的一般式：<字段代码><匹配运算符><检索值>

①字段代码。该数据库提供以下可检索字段：SU=主题，TKA=篇关摘，KY=关键词，TI=篇名，FT=全文，AU=作者，FI=第一作者，RP=通讯作者，AF=作者单位，FU=基金，AB=摘要，CO=小标题，RF=参考文献，CLC=分类号，LY=文献来源，DOI=DOI，CF=被引频次。

②匹配运算符。匹配运算符的具体功能和适用字段见表6-1。

表6-1 匹配运算符的具体功能和适用字段

符号	功能	适用字段
=	= 'str' 表示检索与str相等的记录	KY、AU、FI、RP、LY、AF、FU、CLC、CF
	= 'str' 表示包含完整str的记录	TI、AB、FT、RF

(续)

符号	功能	适用字段
%	% 'str' 表示包含完整 str 的记录	KY、AU、FI、RP、LY、FU
	% 'str' 表示包含 str 及 str 分词的记录	TI、AB、FT、RF
	% 'str' 表示一致匹配或与前面部分串匹配的记录	CLC
%=	%= 'str' 表示相关匹配 str 的记录	SU
	%= 'str' 表示包含完整 str 的记录	CLC

例如，"TI='生态' and KY='生态文明' and (AU % '陈' + '王')"可以检索到篇名包括"生态"并且关键词包括"生态文明"，作者为"陈"姓和"王"姓的所有期刊文献，如图6-23所示。

图6-23 检索结果

4）作者发文检索可以帮助用户查找特定作者在该数据库中发表的所有论文。在"检索方式"下拉列表中单击"作者发文检索"选项，或者在高级检索页中直接单击"作者发文检索"标签，进入作者发文检索页，如图6-24所示。

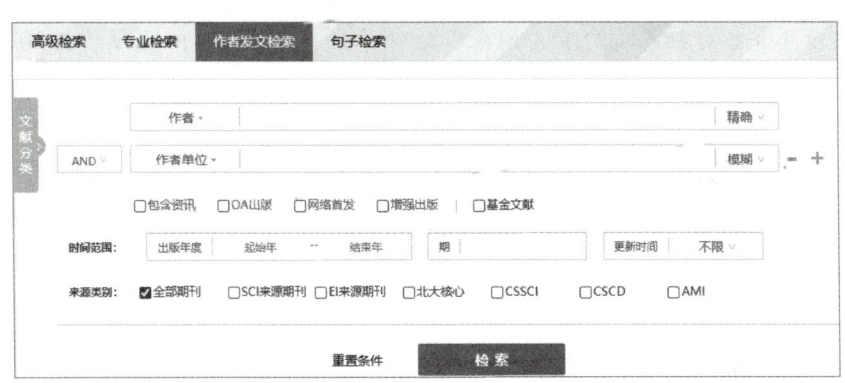

中国知网作者发文检索

图6-24 作者发文检索页

中国知网句子检索

5）句子检索则是通过输入特定的句子，查找在同一句或同一段中包含该句子的文献，对于查找特定观点或技术关联的文献非常有用。在"检索方式"下拉列表中选择"句子检索"选项，或者在高级检索页中直接单击"句子检索"标签，进入句子检索页，如图6-25所示。

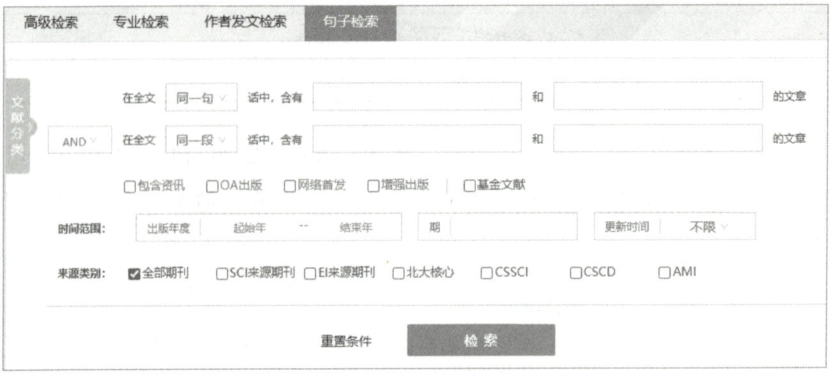

图6-25　句子检索页

句子检索不支持空检，同句、同段检索时必须输入两个检索词。例如，检索同一句包含"人工智能"和"神经网络"的文献。检索结果如图6-26所示，"句子1"为查找到的句子原文，"句子来自"为句子出自的期刊题名。

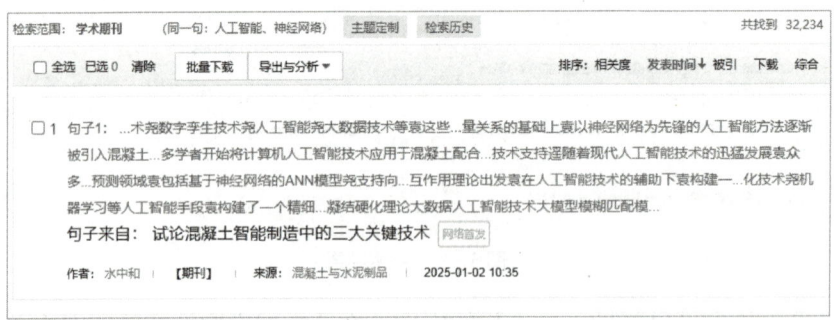

图6-26　句子检索结果1

> **提示**
>
> 同一句是指包含1个断句标点（句号、问号、感叹号或省略号）。同一段是指20句之内。

句子检索支持同句或同段的组合检索，例如，在全文范围检索同一句中包含"人工智能"和"神经网络"，并且同一句中包含"数据"和"挖掘"的期刊，结果如图6-27所示。

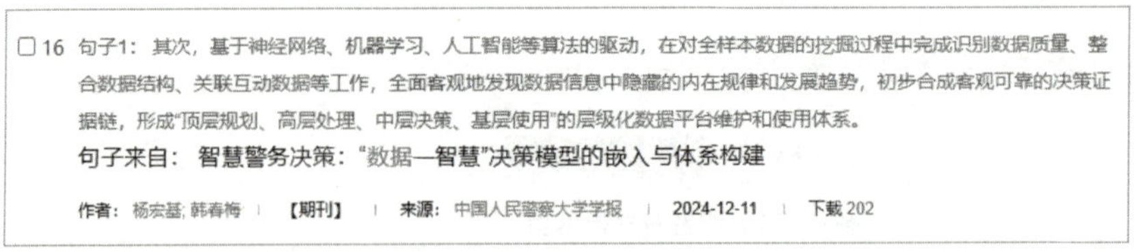

图6-27　句子检索结果2

214

2.万方数据知识服务平台学术期刊

万方数据收录了大量国内和国外期刊。输入网址"https://c.wanfangdata.com.cn",或从学校图书馆登录,进入万方数据知识服务平台,如图6-28所示。

万方数据知识服务平台

图6-28　万方数据知识服务平台

在首页中单击"资源导航"中的"学术期刊",进入学术期刊页面,如图6-29所示。其检索方式多样,包括一框式检索、高级检索、专业检索、作者发文检索和自然语言检索。检索结果可按多种指标排序,如相关度、发表时间、被引频次等,还能通过多种限定条件进一步缩小检索范围,如期刊分类、学科分类、文献类型等,方便用户找到所需文献。

图6-29　学术期刊页面

1）一框式检索方便快捷，用户输入关键词即可进行搜索。学术期刊页面默认的检索方式为一框式检索，检索字段有题名、作者、作者单位、关键词、摘要、刊名、基金和中图分类号。可以单击检索字段进行限定检索，也可以直接在检索框内输入检索式进行检索。

2）高级检索支持多个检索类型、多个检索字段和条件之间的逻辑组合，方便用户构建复杂检索表达式。用户可以根据自己需要，选择想要检索的资源类型和语种；通过加号或者减号添加或者减少检索条件；通过"与""或""非"限定检索条件，可以选择文献的其他字段，例如会议主办方、作者、作者单位等检索；还可以限定文献的发表时间和万方数据文献的更新时间；同时高级检索也提供了精确和模糊的选项，满足用户查准和查全的需求，如图6-30所示。

图6-30　高级检索页

3）专业检索，即检索式检索，相较于高级检索而言，检索词的逻辑关系更加清晰，能够增加的检索条件也更多，主要用于图书情报专业人员查新、信息分析等工作。专业检索需要自主输入检索表达式，并且需要确保所输入的检索式语法正确，如图6-31所示。

图6-31　专业检索页

4）作者发文检索是通过输入作者名和作者单位等字段，来精确查找相关作者的学术成果。用户可以选择想要检索的资源类型,通过加号或者减号添加或者减少检索条件,通过"与""或""非"限定检索条件进行检索。可以检索第一作者,也可以同时检索多个作者的成果,如图6-32所示。

图6-32 作者发文检索页

5)自然语言检索是万方数据的特色功能之一,用户可以使用自然语言输入检索需求,系统会自动解析并进行检索,如图6-33所示。

图6-33 自然语言检索页

任务3 专利检索

情景引入

机械制造及自动化专业的大学生小周参与了学校的一项科研项目,负责研究新型机械结构的设计。在项目进行过程中,为了避免重复研究,同时了解行业内的最新技术和专利情况,他需要对相关专利进行检索。然而,专利检索的专业性较强,涉及复杂的数据库和检索规则,小周迫切希望学习专利检索技能,为项目的顺利开展提供有力支持。

知识准备

一、专利检索及分析系统

国家知识产权局智能化专利检索及分析系统实现了对原公众检索系统功能和数据的全面覆盖、升级,收录了中国、美国、日本、韩国、英国、法国、德国、瑞士、俄罗斯等105个国家、地区和组织的专利数据,并定期更新。用户可通过国家知识产权局官网政务服务板块的专利检索模块链接进入系统界面,也可以直接输入网址"pss-system.cponline.cnipa.gov.cn"进入系统界面,如图6-34所示。系统提供常规检索、高级检索、命令行检索、药物检索、导航检索等5种检索方式。

专利检索及分析系统

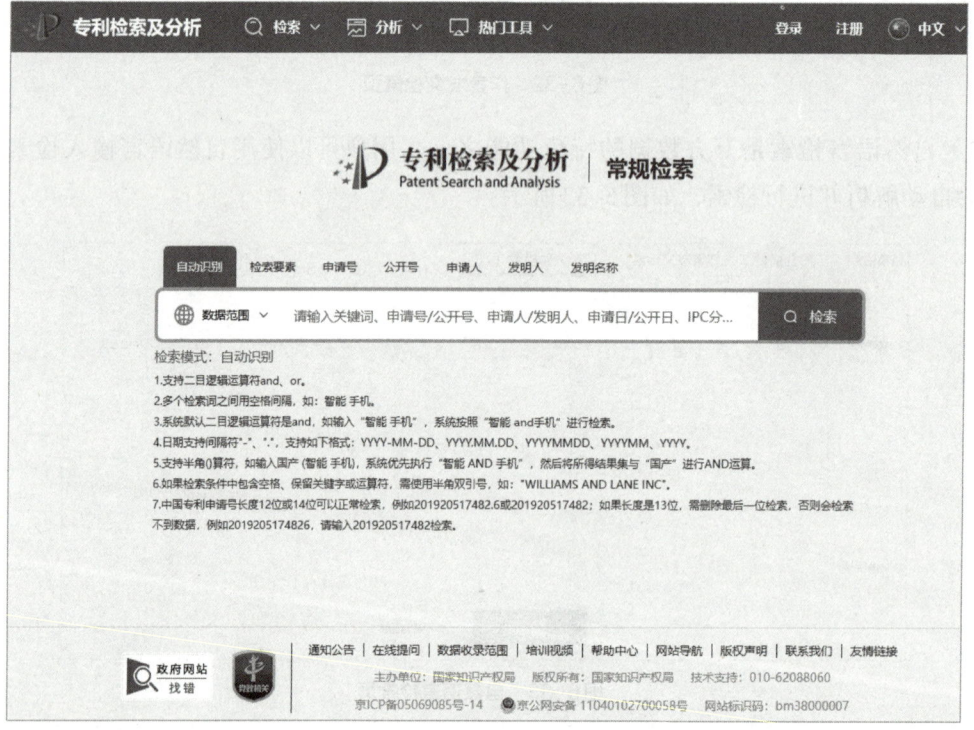

图6-34 专利检索及分析系统界面

1)常规检索适合快速定位已知专利号或申请人的专利,系统支持最多输入20个检索词(包括日期、关键词、号码),较为复杂的检索条件可以在高级检索中实现。

2)高级检索可以根据检索需求,在相应的检索表格项中输入检索要素,并确定这些检索项目之间的逻辑运算,进而生成检索式进行检索。如果用户希望获取更加全面的专利信息,或者对技术关键词掌握得不够全面,可以利用系统提供的"扩展"功能辅助扩展检索要素信息。在首页的导航栏中单击"检索"按钮,在打开下拉菜单中选择"高级检索"选项,进入高级检索页面,如图6-35所示。

图6-35 高级检索页面

3）命令行检索提供专业化的检索模式，该检索模式支持以命令的方式进行检索、浏览等操作。在检索条件较为复杂时，命令行检索更为清晰直观。在首页的导航栏中单击"检索"按钮，在打开下拉菜单中选择"命令行检索"选项，进入命令行检索页面，如图6-36所示。

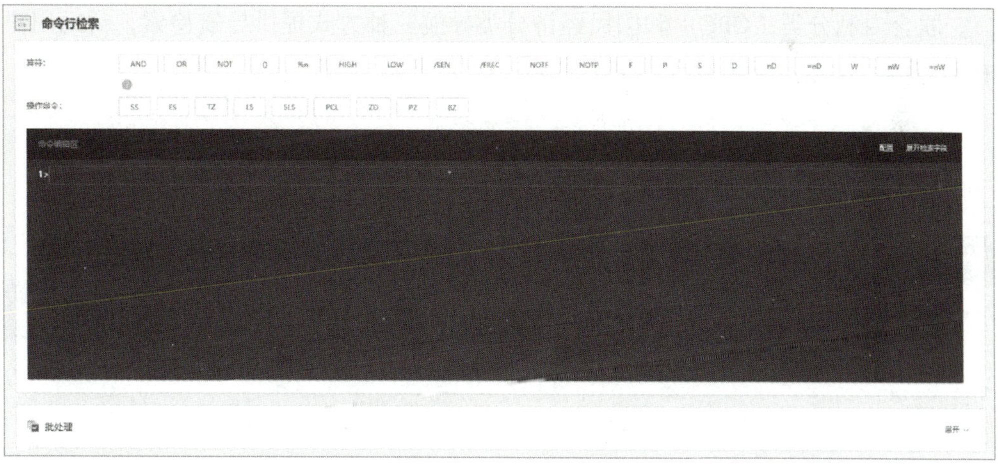

图6-36 命令行检索页面

4）药物检索是基于药物专题库的检索功能，为从事医药化学领域研究的用户提供检索服务。药物检索总体分为高级检索、方剂检索和结构式检索三种模式，如图6-37所示。

针对医学药物专利特性，药物高级检索除通用的检索字段外，还增加了适用于该领域的检索字段，如分析方法、新治疗用途、治疗作用、CN登记号、CAS登记号、方剂组成等。系统提供了西药词典和中药词典供用户查询、参考。方剂检索主要针对中药领域专利的检索，可以通过中药方剂中药物数量、必含药物种类和可选药物种类来进行检索，系统提供了常用药材的列表供用户查询、参考。结构式检索是借助化合物的结构式来对药物进行检索，用户在结构式编辑区完成编辑后，可根据检索目标与结构式的关系，通过精确结构、子结构和相似性三种检索类型完成检索。

图6-37　药物检索页面

5）导航检索是根据一定的分类规则逐级细化目标来进行检索，系统按照国际专利分类（IPC）、联合专利分类（CPC）和国民经济分类导航三种方式提供导航检索，帮助用户快速缩小检索范围，浏览目标领域专利文献，如图6-38所示。

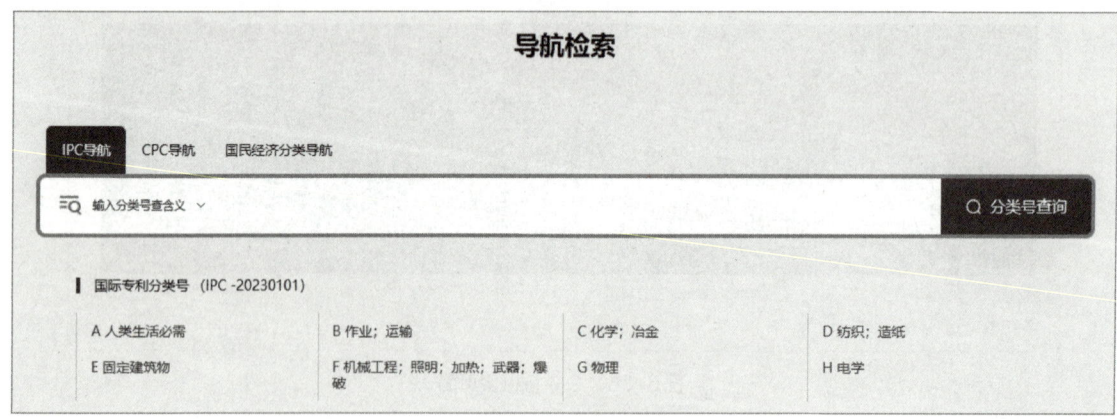

图6-38　导航检索页面

二、中国专利信息网

中国专利信息网由国家知识产权局知识产权检索咨询中心运营，提供多种专利检索服务。该网站提供常规检索服务和高级检索服务，如图6-39所示。

1）常规检索服务包括查新检索报告、授权专利检索报告、专利法律状态检索报告、同族专利检索报告等。

2）高级检索服务则提供更专业的分析报告，如专利申请评估报告、对比文件分析咨询报告、技术引进检索报告、侵权检索报告、无效检索报告等。

图6-39　中国专利信息网首页

三、中国知网专利

中国知网专利库收录了中国国家知识产权局授权或公开的各类专利文献，包括发明专利、实用新型专利和外观设计专利，还收录了部分国际专利信息，中国知网专利页面如图6-40所示。该库提供了一框式检索、高级检索、专业检索三种检索方式，提供了丰富的检索字段，包括专利名称、申请号、公开号、申请人、发明人、分类号等。这些检索字段的设置极大地方便了用户进行精确检索和分类筛选。

中国知网专利

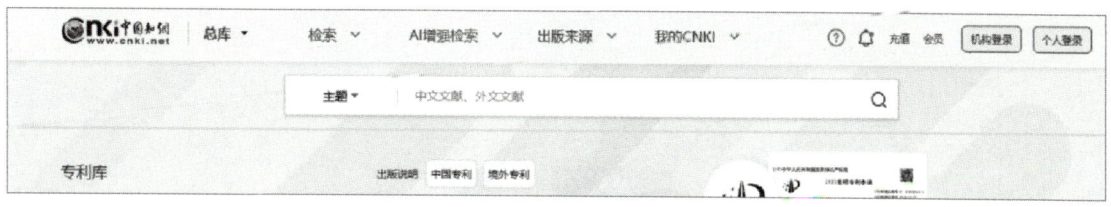

图6-40　中国知网专利页面

为了更好地使用该库，用户需要掌握一些关键的使用技巧。在检索方面，建议使用专业检索模式以实现更精准的检索，同时合理运用布尔运算符（AND、OR、NOT）和通配符（*）来扩展检索范围。

万方数据专利

四、万方数据专利

万方中外专利数据库涵盖大量国内外专利数据，中国专利部分收录较为全面，万方数据专利界面如图6-41所示。

图6-41　万方数据专利界面

单击"高级检索"按钮，进入高级检索页面，如图6-42所示。该页面提供了3个检索框，检索框提供了主题、题名、摘要、专利-发明/设计人、专利-申请/专利号、专利-申请/专利权人、专利-公开/公告号、专利-主权项、专利-优先权、专利-主分类号、专利-分类号、专利-代理人、专利-代理机构13个字段，各检索框之间支持布尔逻辑组配。

图6-42　高级检索页面

系统提供了专利统计分析工具，可以从时间维度、技术领域、申请人分布等多个角度对专利数据进行分析。这些分析结果以图表形式直观呈现，帮助用户把握技术发展趋势，了解竞争对手的专利布局。数据库还提供了专利引证分析功能，可以展示专利之间的引用关系，帮助用户追踪技术发展脉络。

专利详情页面包含了专利的基本信息、法律状态、权利要求、说明书等完整内容。系统支持在线查看专利全文，并提供PDF格式下载。对于外文专利，数据库还提供了机器翻译功能，方便用户快速了解专利内容。

用户可以创建个人文献库，收藏感兴趣的专利文献。系统支持多种格式的文献导出，包括Excel、Word等常用格式。此外，数据库还提供了专利监测功能，用户可以设置关注领域，定期接收相关专利的更新提醒。

任务4　大模型检索

情景引入

计算机专业的学生小吴正在进行一个关于人工智能算法优化的研究课题，需要综合了解多个领域的知识，包括计算机科学、数学、统计学等。传统的检索方式很难满足他对信息的全面性和深度的要求，查找资料不仅耗时费力，还难以保证准确性和时效性。他了解到可以利用大模型进行高效检索，但对于如何选择合适的大模型平台，以及如何运用大模型进行精准检索并不清楚。为了提升研究效率，获取更前沿的研究信息，小吴决定深入学习利用大模型检索信息的方法，探索其在科研领域的巨大潜力。

知识准备

一、文心一言检索

文心一言检索

文心一言是百度公司研发的知识增强大语言模型，打开文心一言官网（https://wenxin.baidu.com/），进入检索界面，如图6-43所示。文心一言在

图6-43　文心一言检索界面

信息检索方面具有强大的功能，涵盖了广泛的领域知识，能够为用户提供多样化的检索结果。该平台支持自然语言检索和指令引导检索两种方式，以满足不同用户的需求。

1）自然语言检索允许用户在检索框中输入自然语言问题，文心一言凭借其对自然语言的理解能力，分析问题的语义和意图，从海量知识中筛选出相关信息进行回答，如图6-44所示。

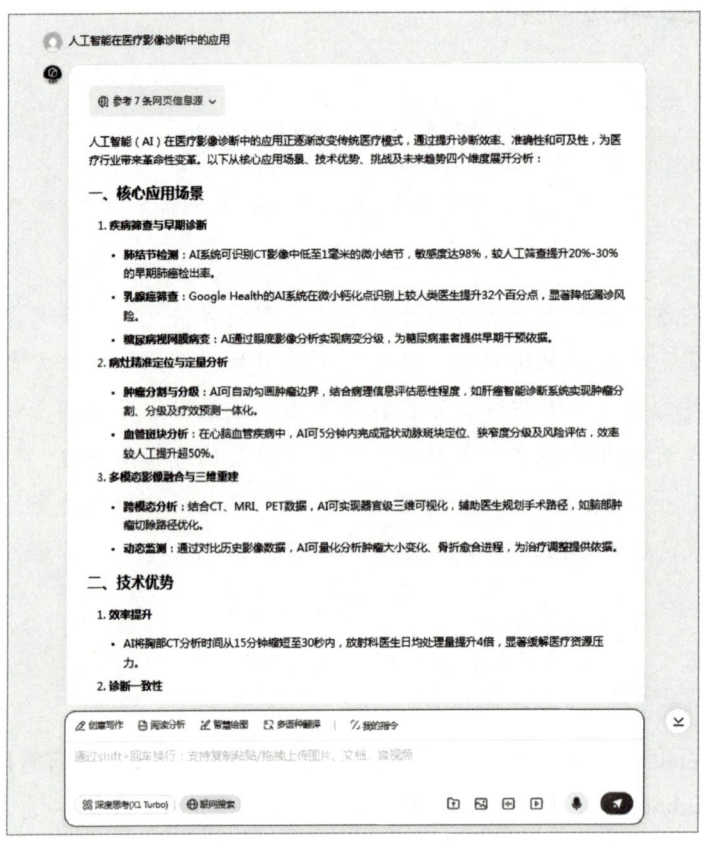

图6-44　自然语言检索结果界面

2）指令引导检索用于搜索各类学术数据库、科研报告等，从中提取核心观点、实验数据以及研究成果的应用前景等信息，为用户提供学术性更强的内容，帮助用户快速获取专业领域的深度信息。

例如输入"# 科研文献 人工智能在医疗影像诊断中的应用"，文心一言会呈现学术研究成果，像在肺结节检测中，AI系统可识别低至"1毫米"的微小结节，敏感度达"98%"，并列出参考的网页信息源，方便用户进一步查阅，如图6-45所示。

二、豆包检索

豆包是字节跳动开发的人工智能，能够理解自然语言，提供多领域知识和信息检索服务，具备强大的语言处理和知识整合能力，为用户检索需求提供有力支持，其界面如图6-46所示。豆包检索支持自然语言检索和指令引导检索两种方式，与文心一言检索方式一致，这里不再赘述。

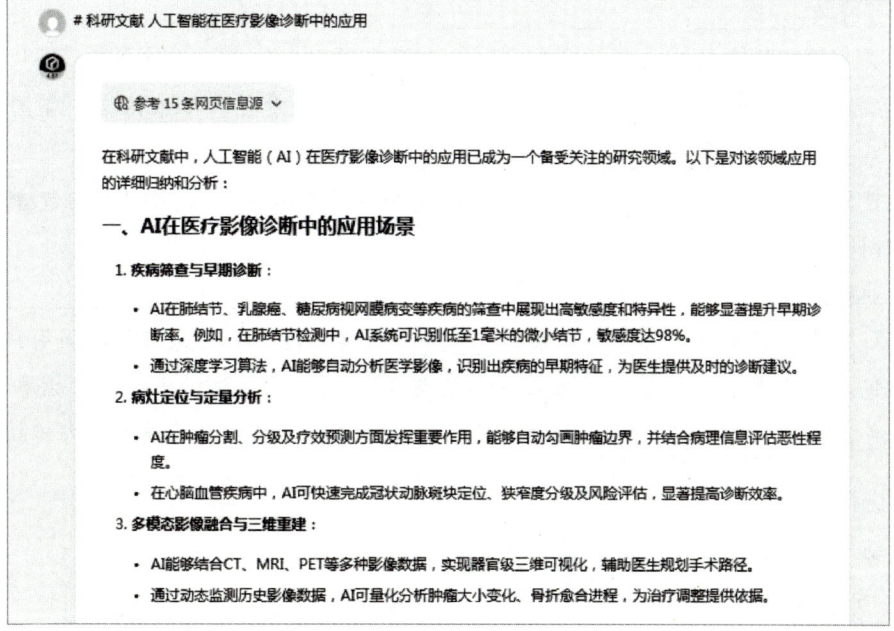

图6-45 指令引导检索结果界面

图6-46 豆包检索界面

═══════════ 能力训练 ═══════════

一、填空题

1. 通用信息的特点是_____、_____、_____和_____。

2. _____检索是网络信息检索通用信息的重要工具，也是最常用的工具。常见的搜索引擎有_____、_____、_____等。

3. 广义的信息检索包括_____和_____两个过程。

4. 互联网中有很多用于检索学术信息的网站，可以检索各种学术论文。在国内，这类网站主要有_____、_____、_____。

5. 在搜索引擎中输入"_____"可以限制搜索结果只显示那些URL中包含该关键词的网页。

6. 专业检索表达式的一般式：_____。

7. 文心一言检索支持_____检索和_____检索两种方式，以满足不同用户的需求。

8. 豆包是字节跳动开发的人工智能，能够理解_____，提供多领域知识和信息检索服务，具备强大的_____和知识整合能力，为用户检索需求提供有力支持。

二、选择题

1. 下列信息检索分类中，不属于按检索对象划分的是（　　）。
   A. 文献检索　　　　　　　　B. 手动检索
   C. 数据检索　　　　　　　　D. 事实检索

2. 下列关于搜索引擎的说法中不正确的是（　　）。
   A. 使用搜索引擎进行信息检索是目前进行信息检索的常用方式
   B. 按"关键词"搜索属于目录索引
   C. 搜索引擎按其工作方式主要有目录检索和关键词查询两种方式
   D. 著名的元搜索引擎有InfoSpace、Dogpile、Vivisimo

3. 要进行专利信息检索，应选择的平台是（　　）。
   A. 百度学术　　　　　　　　B. CALIS学位论文中心服务系统
   C. 谷歌学术　　　　　　　　D. 万方数据知识服务平台

4. 利用百度搜索引擎检索信息时，要将检索范围限制在网页标题中，应使用的指令是（　　）。
   A. intitle　　　　　　　　　B. inurl
   C. site　　　　　　　　　　D. info

5. 下列选项中，不属于布尔逻辑运算符的是（　　）。
   A. NEAR　　　　　　　　　B. OR
   C. NOT　　　　　　　　　　D. AND

6. 在信息检索领域，下列哪种语言被用来描述文献内容特性？（　　）
   A. 分类语言　　　　　　　　B. 主题语言
   C. 选项A和B都是　　　　　　D. 自然语言

7. （　　）不是信息检索系统的核心功能。
   A. 数据收集　　　　　　　　B. 用户查询
   C. 结果展示　　　　　　　　D. 图像识别

三、操作题

1. 使用百度完成下列查询。

1）使用site指令查询某个域名被搜索引擎收录的网页。

查询"清华大学"网站（www.tsinghua.edu.cn）的收录情况。在搜索框中输入"site:tsinghua.edu.cn"。

2）使用intitle指令查询在页面标题中包含指定关键词的网页。

查询标题中包含"职业教育"关键词的页面。在搜索框中输入"intitle: 职业教育"。

3）使用inurl指令查询URL中包含指定文本的网页。

在京东网站中，查询包含"移动固态硬盘"关键词的页面。在搜索框中输入"inurl:jd.com 移动固态硬盘"或"移动固态硬盘 inurl:jd.com"。

在163网站中，查询标题包含"职业教育"关键词的页面。在搜索框中输入"intitle: 职业教育 inurl:163.com"或"inurl:163.com intitle: 职业教育"。

4）使用"双引号"检索方式，精确查询包括"AI"关键词的相关网页。在搜索框中输入"AI"。

5）使用"布尔"检索方式，查询同时包含"网络"和"信息"关键词的相关网页。在搜索框中输入"网络and信息"。查询包含"网络"或"信息"关键词的相关网页，在搜索框中输入"网络or信息"。

2. 在中国知网中检索有关"产教融合"的论文，其参考效果如图6-47所示。

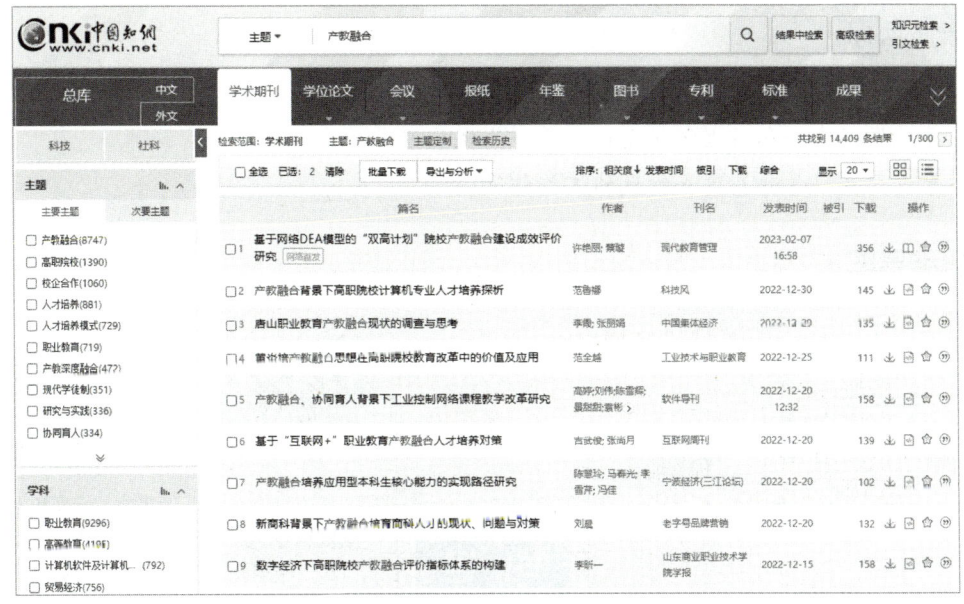

图6-47　在中国知网中进行论文检索的参考效果

项目 7　体验新一代信息技术

信息技术基础

01　知识目标

1. 了解云计算、大数据、物联网、人工智能和生成式大模型的定义。
2. 熟悉上述新一代信息技术在多领域的应用场景。

02　能力目标

1. 能够根据需求选择合适的云计算服务，处理计算和存储问题。
2. 掌握人工智能在相关领域的应用方法，解决实际问题。
3. 熟练使用生成式大模型，完成内容创作等任务。

03　素质目标

1. 培养学生对新技术的探索和学习热情，主动更新知识。
2. 提升信息安全和数据保护意识，遵守法规。
3. 养成严谨科学的态度和细致的工作作风。

04　思维导图

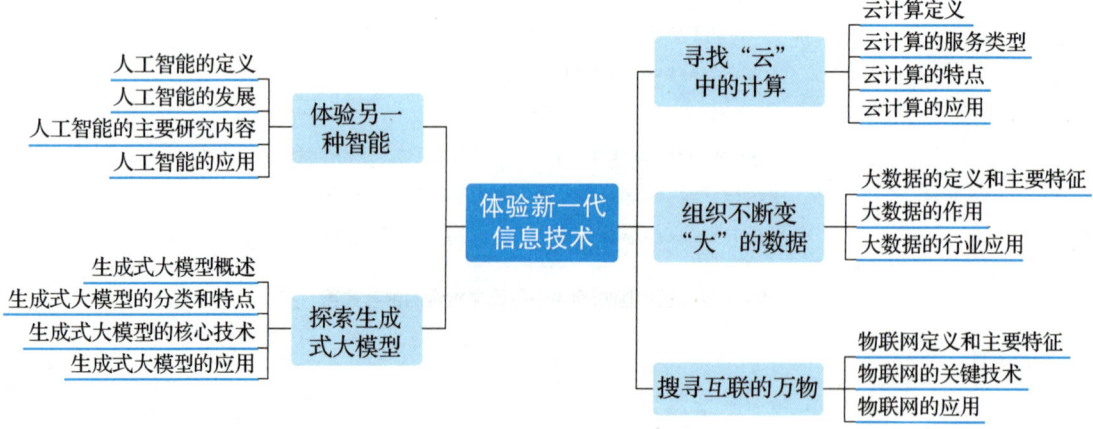

任务1　寻找"云"中的计算

情景引入

计算机专业的学生小刘正准备参加一个创新项目,需要处理大量的数据和复杂的计算任务。他手头的设备性能有限,无法满足项目需求,购买新设备又面临预算不足的问题。他听说了云计算技术,了解到可以通过网络获取强大的计算资源和存储服务,但他对云计算的具体概念、使用方法和应用场景知之甚少。为了顺利推进项目,小刘决定深入学习云计算知识,探索如何利用云计算来解决自己面临的计算难题,提升项目的完成质量和效率。

知识准备

云计算的出现旨在整合互联网中的资源,使其能更好地为用户服务。换言之,让用户感到从互联网获取资源和服务就好像拧开自来水的龙头即可获得水一样,用户只需要一个终端设备(不需安装任何服务和资源)即可从云平台获得服务和资源。这样,云平台中的服务用户可以很方便灵活地随意存取使用。

一、云计算的定义

云计算(Cloud Computing)是分布式计算的一种,指的是通过网络"云"将巨大的数据计算处理程序分解成无数个小程序,然后,通过多台服务器组成的系统进行处理和分析这些小程序得到结果并返回给用户。

云计算的定义

美国国家标准与技术研究院(NIST)定义:云计算是一种按使用量付费的模式,这种模式提供可用的、便捷的、按需的网络访问,进入可配置的计算资源共享池(资源包括网络、服务器、存储、应用软件、服务),这些资源能够被快速提供,且只需投入很少的管理工作,或与服务供应商进行很少的交互。

从广义上说,云计算是与信息技术、软件、互联网相关的一种服务,这种计算资源共享池叫作"云"。云计算把许多计算资源集合起来,通过软件实现自动化管理,只需要很少的人参与,就能让资源被快速提供。也就是说,计算能力作为一种商品,就像水、电、煤气一样,可以在互联网上流通,取用方便,且价格较为低廉。

二、云计算的服务类型

云计算的服务类型包括软件即服务(SaaS)、平台即服务(PaaS)、基础设施即服务(IaaS)和无服务器计算。每种类型的云计算服务提供不同级别的控制、灵活性和管理,用户可以根据需求选择适合的服务。

云计算的服务类型

1.SaaS

Software-as-a-Service(软件即服务,SaaS)提供给客户的服务是运营商运行在云计算基础设施上的应用程序,用户可以在各种设备上通过浏览器等客户端界面进行访问。

2.PaaS

Platform-as-a-Service（平台即服务，PaaS）是把客户用Java、Python等编程语言开发或购买的应用程序部署到供应商的云计算基础设施上。

Paas提供软件部署平台，抽象掉了硬件和操作系统细节，可以无缝扩展。客户不需要管理控制底层的云基础设施，包括网络、服务器、操作系统、存储等，但能控制部署应用程序，可能控制运行应用程序的托管环境配置。

3.IaaS

Infrastructure-as-a-Service（基础设施即服务，IaaS）提供给消费者的服务是对所有计算基础设施的利用，包括处理CPU、内存、存储、网络和其他基本计算资源，用户能够部署和运行任意软件，包括操作系统和应用程序。

4.无服务器计算

侧重于构建应用功能，无须管理服务器和基础结构。云提供商负责设置、容量规划和服务器管理，用户只需关注应用程序的功能开发。

这些云计算服务类型具有不同的特点和优势，可以根据需求选择适合的服务集。图7-1所示是我国云计算产业图谱。

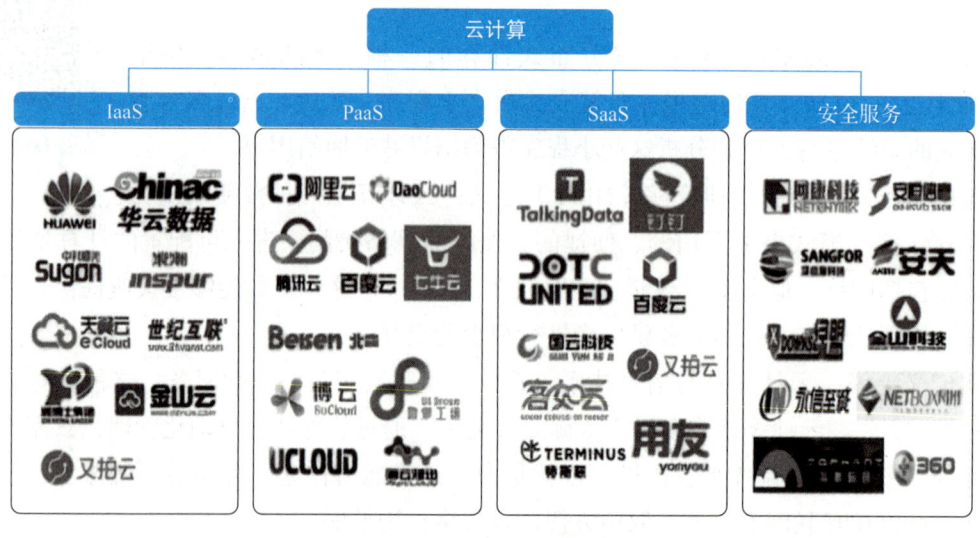

图7-1 我国云计算产业图谱

三、云计算的特点

云计算的特点

云计算以其弹性伸缩、高可用性、可靠性、按需付费和无边界性等特点，为用户提供了高效、灵活、可靠的计算资源和服务。这些特点共同构成了云计算的核心价值，使其成为现代信息技术领域的重要组成部分。

1.弹性伸缩

云计算可以根据用户的需求进行弹性扩展或收缩。用户可以根据业务量的变化，灵活调整计算资源的规模，避免了过度投入或资源浪费的问题。

2. 高可用性

云计算平台通常由大规模的数据中心组成，这些数据中心分布在全球各地。通过复制数据和应用程序到不同的地理位置，可以实现高可用性，以防止单点故障和数据丢失。

3. 可靠性

云计算平台通常采用分布式架构，将计算任务分散到多个服务器上。当一个服务器发生故障时，系统可以自动将任务转移到其他可用的服务器上，以确保计算任务不会中断。

4. 按需付费

云计算通常采用按需付费的模式，用户只需根据实际使用的计算资源来付费。这种按需付费的模式使得用户可以根据实际需求灵活使用计算资源，降低了购买和维护大量的硬件设备的成本。

5. 无边界性

云计算的服务可以通过互联网随时随地访问，用户只需有网络连接和登录授权，即可使用云计算平台提供的各种服务。这种无边界性的特点使得用户可以方便地远程访问和管理自己的计算资源和数据。

四、云计算的应用

云计算的应用领域非常广泛，并且在不断扩大和深化。如存储云、医疗云、金融云、教育云和服务云，它们在提高效率、降低成本、提升用户体验等方面发挥着重要作用。

1. 存储云

通过云计算技术，用户可以将本地的资源上传至云端，随时随地通过互联网访问和管理云上的资源。

云计算的应用

2. 医疗云

结合云计算、移动技术、大数据等技术，建立医疗健康服务云平台，实现医疗资源的共享和医疗范围的扩大，提高医疗机构的效率。

3. 金融云

利用云计算模型，为金融机构提供互联网处理和运行服务，共享互联网资源，提高金融服务的效率和降低成本。

4. 教育云

通过虚拟化教育硬件资源，提供方便快捷的在线教育平台，如慕课（MOOC）等。

5. 服务云

用户可以通过云计算提供的在线服务来发送邮件、编辑文档、观看媒体内容、存储文件等。

任务2　组织不断变"大"的数据

情景引入

市场营销专业的学生小王在进行市场调研课程作业时，收集到了大量来自不同渠道的数据，如调查问卷、网络评论、销售记录等。面对这些海量且杂乱的数据，他不知道如何进行有效的整理、分析，从中提取出有价值的信息，为企业制定营销策略提供依据。他意识到大数据技术或许能解决他的困扰，但不清楚大数据技术的具体操作和应用技巧。为了出色地完成作业，小王决定学习大数据相关知识，掌握组织和分析大规模数据的方法。

知识准备

大数据将我们及我们所在世界的人和物的习性和经验进行数字化整合，从而指导我们更加便捷地生活、生产。

一、大数据的定义和主要特征

大数据的定义和主要特征

大数据（Big Data）是指数据大到无法在常规时间内使用普通软件工具进行处理的数据集合，需要采用新的处理方法才能从海量数据中获取有用的信息。

从技术上看，大数据与云计算密不可分。大数据无法用单台计算机进行处理，必须采用分布式架构。对海量数据进行分布式数据挖掘时，必须依托云计算的分布式处理、分布式数据库和云存储、虚拟化技术。

大数据主要具有5V特征：大体量（Volume）、高速（Velocity）、多样化（Variety）、真实性（Veracity）、低密度值（Value），如图7-2所示。

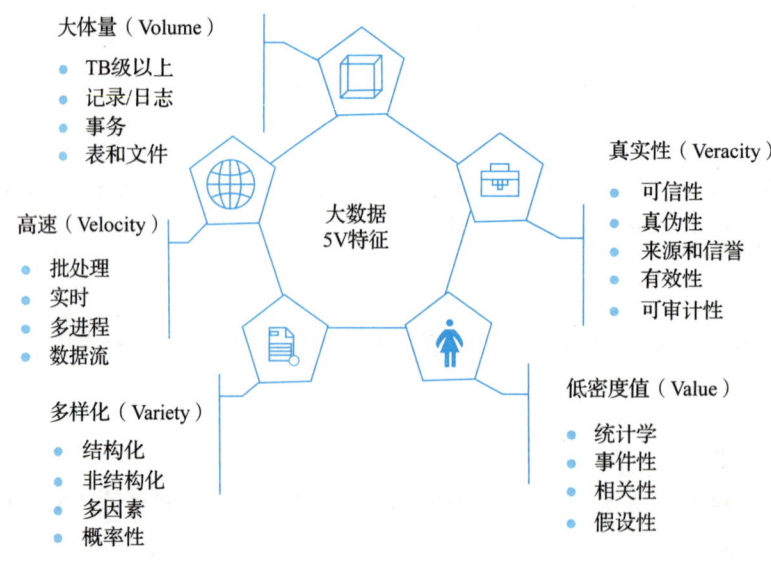

图7-2　大数据的5V特征

二、大数据的作用

1. 大数据的处理和分析是信息技术融合应用的关键

大数据的处理和分析通过云计算平台，管理、处理、分析和优化不同来源的数据，并将结果应用于移动互联网、物联网、社交网络、数字家庭、电子商务等应用中，创造巨大的经济和社会价值。

大数据的作用

2. 大数据是信息产业增长的引擎

大数据市场催生了新技术、新产品、新服务和新业态的发展。在硬件与集成设备领域，大数据对芯片、存储产业产生重要影响，并推动一体化数据存储处理服务器、内存计算等市场的发展。在软件与服务领域，大数据促进了数据快速处理分析、数据挖掘技术和软件产品的发展。

3. 大数据的利用提高核心竞争力

各行各业的决策正在从"业务驱动"向"数据驱动"转变。企业利用大数据分析降低成本、提高效率、开发新产品、做出更明智的业务决策。大数据的利用还可以察觉商业趋势、判定研究质量、避免疾病扩散、打击犯罪或测定即时交通路况等。

4. 大数据改变科学研究方法

在大数据时代，通过实时监测和分析海量行为数据，科学研究方法从传统的抽样调查转变为挖掘分析海量数据，揭示规律性信息，提出研究结论和对策。

三、大数据的行业应用

1. 互联网和营销行业

与互联网行业相伴的营销行业，是围绕着互联网用户行为分析，以为消费者提供个性化营销服务为主要目标的行业。

大数据行业应用

2. 信息化水平比较高的行业

金融、电信等行业比较早地进行信息化建设，目前正处于将内外部数据结合起来共同为业务服务的阶段。

据统计，目前中国大数据IT应用投资规模最高的有五大行业，其中，互联网行业占比最高，占大数据IT应用投资规模的28.9%，其次是电信领域（19.9%），第三为金融领域（17.5%），政府和医疗分别为第四和第五。

总之，大数据的应用已经渗透到各个领域，它可以帮助人们更好地了解世界和自己，同时也可以推动经济发展和社会进步。

任务3　搜寻互联的万物

情景引入

大三学生小陈对智能家居设计非常感兴趣，他想要打造一个简单的智能家居系统作为自己的毕业设计项目。在设计过程中，他需要实现各种设备之间的互联互通和智能控制，但对于如何将设备接入网络、进行信息交互以及实现智能化管理等技术问题感到困惑。他了解到物联网技术可以实现这些功能，但缺乏对物联网关键技术和应用的深入理解。为了完成这个具有挑战性的毕业设计，小陈开始学习物联网知识，探索如何运用物联网技术实现自己的设计构想。

知识准备

物联网仍然是相互关联的计算设备、数字机器、物体的最广泛采用的用例，其传输数据不需要人与人或人与计算机的互动。它通过连接各种设备创建了一个网络，这些设备通过一个单一的监控中心无缝工作。所有的设备都收集和分享关于它们如何被使用以及它们如何运作的环境的数据。

一、物联网定义和主要特征

物联网通过信息传播媒介进行信息交换和通信，以实现智能化识别、定位、跟踪、监管等功能。物联网通过在物品上嵌入电子标签、条形码等能够存储物体信息的标识，并且

物联网定义和主要特征

通过无线网络将其即时信息发送到后台信息处理系统。各大信息系统可通过互联形成一个庞大的网络，从而可达到对物品进行实时跟踪、监控等智能化管理的目的。

物联网的主要特征有全面感知、可靠传递、智能处理与决策等。其基础结构大致可以分为3个层次：首先是感知层，以二维码、RFID（射频识别）技术和传感器为主，实现"物"的识别；其次是网络层，通过互联网、广告网络、通信网络，实现数据的传输与计算；最后是应用层，即输入/输出控制终端，可基于手机、PC等终端进行。图7-3所示是物联网的三层结构。

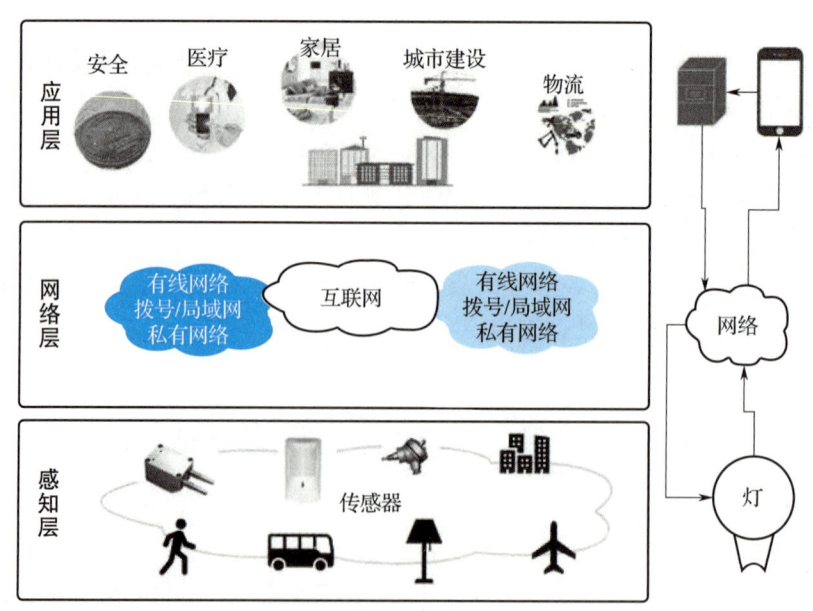

图7-3　物联网的三层结构

二、物联网的关键技术

物联网技术是一项综合性的技术，涵盖了从信息获取、传输、存储、处理直至应用的全过程，其关键在于传感器和传感网络技术的发展和提升。

物联网的关键技术

1. 二维码及RFID技术

二维码是用某种特定的几何形体按一定规律在平面上分布（黑白相间）的图形来记录信息的应用技术。它广泛应用于海关税务征管管理、文件图书流转管理、票证管理、支付应用、资产管理及工业生产流程管理等多个领域。

RFID（Radio Frequency Identification）技术即射频识别技术，俗称电子标签，通过射频信号自动识别目标对象，并对其信息进行标志、登记、储存和管理，如图7-4所示。它突破了条形码需人工扫描、一次读一个的限制，实现非接触性和大批量数据采集，具有不怕灰尘、油污的特性；也可以在恶劣环境下作业，实现长距离的读取；还具有实时追踪、重复读写及高速读取的优势。

2. 传感器

传感器是现代信息技术的三大支柱之一，能够将信息的获取、处理和执行集成在一起，组成具有多种功能的微型系统，从而大幅度提高系统的自动化、智能化和可靠性水平。传感器的类型多样，如温度传感器可用于隧道消防、石油石化，微振动传感器可用于地震检波、地质物探，如图7-5所示。

图7-4 RFID   图7-5 传感器

3. 无线传感器网络

无线传感器网络是由许多在空间上分布的自动装置组成的一种计算机网络，这些装置使用传感器监控不同位置的物理或环境状况。

4. 无线网络

常用的无线网络主要包括Wi-Fi、ZigBee（无线局域网）、WiMAX（无线局域网）、3G/4G/5G（无线广域网）等。

5. 全IP方式（IPv6）

由于物联网要求"一物一地址，万物皆互联"，为解决物联网地址容量有限问题，应尽快推动IPv6的普及应用。

6.嵌入式技术

嵌入式系统包括硬件和软件两部分，硬件部分包括微处理器、存储器及外设器件、输入输出端口和图形控制器等，软件部分包括操作系统软件和专门解决某类问题的应用软件，应用程序控制着系统的运作和行为，而操作系统控制着应用程序编写与硬件的交互作用。

在这些技术中，又以底层嵌入式设备芯片开发最为关键，引领整个行业的发展。

三、物联网的应用

随着技术的进步和应用的广泛，物联网正逐渐渗透到各个领域，为人们的生活和工作带来了巨大的便利和改变。

物联网的应用

1.智能家居

物联网在智能家居领域的应用越来越广泛。通过将家居设备、家电等物体与互联网连接，人们可以通过智能手机或其他终端设备远程控制家中的灯光、电器、安防系统等。同时，智能家居还能采集各种数据，如温度、湿度、能源消耗等，实现智能化管理和节能减排的目标。

2.物流和供应链管理

物联网在物流和供应链管理中的应用旨在提高运输和仓库管理的效率，并实现全程可追溯。物联网技术可以实时监控货物的位置、温度、湿度等状态，以及车辆的行驶情况和驾驶员的状况。这使得物流公司能够更好地进行调度、管理库存，并及时应对异常情况。

3.智慧城市

物联网在智慧城市建设中发挥着重要作用。通过将城市基础设施、公共设施和公共服务与互联网连接，实现城市资源的高效管理和优化利用。图7-6所示是以物联网技术为基础的智慧城市。

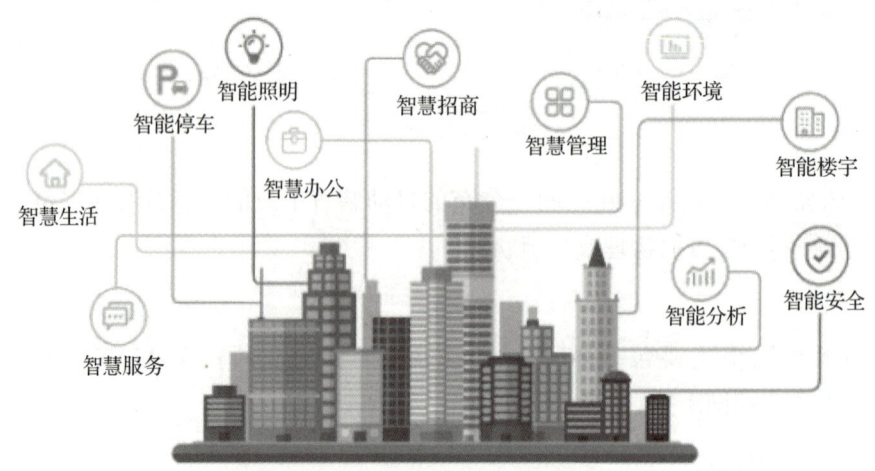

图7-6 以物联网技术为基础的智慧城市

4.工业自动化

物联网在工业领域的应用主要集中在工业自动化方面,被称为工业物联网。通过将各种生产设备、机器人、传感器等与互联网连接,实现自动化的生产过程,并能远程监测和控制工厂设备,如图7-7所示。这不仅提高了生产效率和产品质量,还降低了劳动力成本和安全风险。

5.农业领域

在农业领域,物联网的应用被称为农业物联网。通过将农业设备、土壤监测设备、气象设备等与互联网连接,实现精准农业管理,如图7-8所示。农民可以远程控制灌溉系统、施肥机器人等,实时监测田地的水分、养分等信息,提高农作物的产量和质量。

图7-7 物联网应用于工业领域

图7-8 物联网应用于农业领域

6.智能医疗

智能医疗也是物联网技术应用的新领域。利用先进的物联网技术,联通各种诊疗仪器、硬件等,实现患者与医务人员、医疗机构、医疗设备之间的互动,逐步达到信息化,构建一个医疗信息平台。

任务4 体验另一种智能

情景引入

临近大学毕业的小张正在参与一个关于疾病诊断辅助系统的研究项目。在项目中,他发现传统的诊断方法存在一定的局限性,希望借助新兴技术提高诊断的准确性和效率。他听闻人工智能在医疗领域有着广泛的应用前景,比如可以辅助医学影像诊断、疾病预测等,但他对人工智能的原理和在医疗领域的具体应用方式并不熟悉。为了推动项目进展,小张决定深入学习人工智能知识,体验其在医疗领域带来的创新变革,尝试将人工智能技术应用到自己的研究项目中。

知识准备

一、人工智能的定义

人工智能（Artificial Intelligence，AI）是研究、开发用于模拟、延伸和扩展人的智能的理论、方法、技术及应用系统的一门新的技术科学。

人工智能的定义

人工智能是计算机科学的一个分支，它企图了解智能的实质，并生产出一种新的能以人类智能相似的方式做出反应的智能机器，该领域的研究包括机器人、语音识别、图像识别、自然语言处理和专家系统等。人工智能自诞生以来，理论和技术日益成熟，应用领域也不断扩大，可以设想，未来人工智能带来的科技产品，将会是人类智慧的"容器"。人工智能可以对人的意识、思维的信息过程进行模拟。人工智能虽然不是人的智能，但能像人那样思考，也可能超过人的智能。

人工智能具有自主性、自适应性、智能交互、大数据处理能力、学习能力、实时响应、高度集成、模式识别、错误容忍性、并行处理能力等几个主要特点，随着技术的不断创新和发展，AI系统的特点和能力将会进一步拓展和完善。

二、人工智能的发展

从始至此，人工智能便在充满未知的道路探索，曲折起伏，这段发展历程大致可划分为5个阶段：

人工智能的发展

1. 第一阶段：起步发展期（1943年—20世纪60年代）

人工智能的概念提出后，发展出了符号主义、联结主义，相继取得了一批令人瞩目的研究成果，如机器定理证明、跳棋程序、人机对话等，掀起了人工智能发展的第一个高潮。

2. 第二阶段：反思发展期（20世纪70年代）

人工智能发展初期的突破性进展大大提升了人们对人工智能的期望，人们开始尝试更具挑战性的任务，然而算力、理论等的匮乏使得不切实际的目标落空，人工智能的发展走入低谷。

3. 第三阶段：应用发展期（20世纪80年代）

专家系统模拟人类专家的知识和经验，解决特定领域的问题，实现了人工智能从理论研究走向实际应用、从一般推理策略探讨转向运用专门知识的重大突破。而机器学习（特别是神经网络）探索不同的学习策略和各种学习方法，在大量的实际应用中也开始得到发展。

4. 第四阶段：平稳发展期（20世纪90年代—2010年）

随着互联网技术的快速进步，人工智能的创新研究得到加速，推动着该技术向实用化迈进，人工智能相关领域均实现了显著进展。在21世纪初，由于构建专家系统需要编写大量显式规则，导致效率降低和成本增加，因此人工智能研究的焦点从基于知识的系统转向了机器学习领域。

5. 第五阶段：蓬勃发展期（2011年至今）

随着大数据、云计算、互联网、物联网等信息技术的不断演进，并在感知数据与图形处理器等计算平台的推动下，以深度神经网络为核心的人工智能技术经历了迅猛发展，极大地缩小了科学理论与实际应用之间的差距。在图像分类、语音识别、知识问答、人机对弈、无人驾驶等领域，人工智能均实现了显著的技术突破，并迎来了爆炸性增长的新高潮。

三、人工智能的主要研究内容

1. 知识表示

知识表示是人工智能中的基本问题，常用的方法有逻辑表示法、产生式表示法、语义网络表示法和框架表示法等。

人工智能的主要研究内容

2. 自动推理

自动推理是问题求解中的知识使用过程，可分为演绎推理和非演绎推理。演绎推理基于谓词逻辑，非演绎推理是基于结构化表示下的继承性推理。

3. 智能搜索

智能搜索是一种问题求解方法，可分为无信息导引的盲目搜索和利用经验知识导引的启发式搜索。

4. 机器学习

机器学习是人工智能的重要课题，通过学习机制获取新知识，包括归纳学习、分析学习、连接机制学习和遗传学习等。

5. 知识处理系统

知识处理系统由知识库和推理机组成，知识库存储系统所需知识，推理机在问题求解时使用知识的方法和策略。专家系统是存储某一领域专家知识的知识系统，而分布式人工智能系统则适应复杂问题的求解需求。

6. 自然语言处理

自然语言处理是将人工智能技术应用于自然语言的处理，包括生成和理解自然语言的编码和解码问题。

四、人工智能的应用

随着科技的飞速发展，人工智能已经逐渐渗透到我们生活的方方面面，从智能家居、无人驾驶，到医疗、金融，再到教育等领域，人工智能的应用已经深入到各个行业，极大地改变了我们的生产和生活方式。

人工智能的应用

1. 智能家居

在现代社会，智能家居已经成为人们追求高品质生活的必需品之一。人工智能技术的应用可以让家居产品变得更加人性化和高效。例如，当你进入房间时，灯光、温度、音乐等可以立即根据你的需求自动调节，这让我们的生活变得更加便捷和舒适，也提高了生活质量。

2. 医疗

随着医疗技术的不断进步，人工智能在医疗领域的应用正发挥着重要的作用。首先，人工智能可以用于医学影像诊断。通过深度学习算法，医生可以更准确地诊断肿瘤、心脏病等疾病。其次，人工智能还可以用于疾病预测和风险评估。通过分析大量的病例数据，人工智能可以帮助医生发现患者可能存在的风险，并采取相应的预防措施。此外，人工智能在药物研发、手术机器人和远程医疗等方面也都有着广泛的应用。

3. 金融

人工智能在金融领域有着广泛的应用，包括风险控制、交易分析和客户服务等方面。首先，人工智能可以通过分析大量的金融数据，帮助金融机构识别和评估风险。其次，人工智能在股票交易和外汇交易等方面也可以提供精准的分析和预测，帮助投资者做出更明智的决策。此外，人工智能还可以应用于金融客户服务领域，通过自然语言处理和智能机器人等技术，实现智能客服和自助银行等服务。

4. 教育

人工智能在教育领域中也有着广泛的应用。例如，人工智能可以通过分析学生的学习行为和知识点掌握情况，制定个性化的学习计划。这种计划可以基于学生的知识储备和学习进度，帮助学生更快地掌握知识点，提高学习效率。同时，人工智能还可以协助教师开展定制化的教学课程设计。例如，人工智能可以帮助教师分析学生的学习素质和需求，从而设计更为贴近学生需求的教学课程。此外，人工智能还可以辅助教师进行教学评估和学生成绩预测，为教师提供更为全面的教学支持。

5. 无人驾驶

无人驾驶技术一直是人工智能技术的重要领域。在现代交通中，无人驾驶车辆已经成为未来交通的主要方式。无人驾驶车辆能够通过感知环境、识别交通信号、解决复杂的交通情况等，从而可以更加高效地完成驾驶。未来，这种技术不仅可以节约旅行的时间和金钱，还可以大大减少交通事故的数量。

任务5　探索生成式大模型

情景引入

大一学生小吴热爱文学创作，平时喜欢写小说和诗歌。在创作过程中，他有时会遇到灵感枯竭的情况，希望能借助一些工具获得更多的创作灵感和思路。他了解到生成式大模型在内容创作领域有着出色的表现，比如可以生成故事梗概、协助撰写文案等，但他对生成式大模型的工作原理和使用方法并不清楚。为了提升自己的创作水平，小吴决定探索生成式大模型，学习如何利用它来丰富自己的创作内容，激发创作灵感。

知识准备

一、生成式大模型概述

生成式大模型概述

生成式大模型是一类基于深度学习技术的人工智能模型，具有强大的学习和生成能力。它能够通过对海量数据的学习，掌握数据的特征和规律，进而生成全新的、与训练数据相似的内容，涵盖文本、图像、音频等多种形式。

从技术原理来看，生成式大模型通常基于Transformer架构等先进技术构建。Transformer架构采用了自注意力机制，能够让模型在处理数据时，更加关注不同位置的信息，从而更好地捕捉数据中的长序列依赖关系。通过在大规模数据集上进行预训练，模型可以学习到丰富的知识和语义表示。例如，在文本生成中，模型可以学习到语言的语法结构、语义理解以及不同主题下的文本风格等知识；在图像生成中，模型能够学习到图像的像素分布、物体的形状和特征等信息。

生成式大模型与传统模型的区别显著。传统模型往往是基于明确的规则或简单的机器学习算法构建，需要人工设定大量的特征和参数，且泛化能力相对较弱。而生成式大模型则能够自动从海量数据中学习特征和模式，具有更强的泛化能力和创造力。以图像识别为例，传统模型可能需要人工标注大量的图像特征来识别物体，而生成式大模型可以通过学习大量图像数据，不仅能够识别物体，还能生成全新的图像。

二、生成式大模型的分类和特点

1. 生成式大模型的分类

生成式大模型的分类和特点

根据生成内容的类型，生成式大模型主要分为文本生成模型、图像生成模型、音频生成模型等。

（1）文本生成模型　文本生成模型专注于生成自然语言文本。如GPT系列（如GPT-3、GPT-4），它们能够处理各种文本任务，如文章写作、对话交互、机器翻译等。以GPT-3为例，在文章写作方面，用户给定一个主题，它可以生成结构完整、逻辑连贯的文章，涵盖丰富的内容和多样的观点。

（2）图像生成模型　图像生成模型用于生成各种类型的图像。例如DALL-E2，它可以根据用户输入的文本描述，生成高度匹配的图像。如果用户输入"一只穿着宇航服在月球上的猫"，DALL-E2能够生成相应的创意图像，细节丰富，包括猫的姿态、宇航服的样式以及月球的背景等。

（3）音频生成模型　音频生成模型专注于生成音频内容，如音乐、语音等。如AIVA

（Artificial Intelligence Virtual Artist），它可以创作不同风格的音乐作品，包括古典音乐、流行音乐等。用户可以指定音乐的风格、节奏和情感基调，AIVA就能生成相应的音乐片段。

2. 生成式大模型的特点

（1）强大的创造力　生成式大模型可以生成全新的、独特的内容。在艺术创作领域，它可以突破人类思维的局限，创造出前所未有的艺术作品。例如，在绘画创作中，模型可以融合不同的艺术风格，生成具有创新性的画作。

（2）高度的灵活性　生成式大模型可以根据用户的不同需求和输入，生成多样化的内容。无论是生成一篇正式的商务报告，还是创作一首幽默的诗歌，模型都能根据用户的指令和要求进行调整。

（3）快速的生成速度　在硬件条件支持的情况下，生成式大模型能够在短时间内生成大量内容。在新闻写作领域，对于一些简单的新闻事件，模型可以在几分钟内生成完整的新闻稿件，提高了新闻报道的效率。

（4）数据依赖性　生成式大模型的性能和生成质量高度依赖于训练数据的质量和规模。如果训练数据存在偏差或不足，模型生成的内容可能会出现错误或缺乏多样性。例如，若图像生成模型的训练数据中某类图像占比过高，那么生成的图像可能会偏向这类图像的特征。

三、生成式大模型的核心技术

1. Transformer 架构

Transformer 架构是生成式大模型的核心技术基础。它摒弃了传统的循环神经网络（RNN）和卷积神经网络（CNN）的一些局限性，采用自注意力机制。自注意力机制使得模型在处理输入序列时，能够同时关注序列中的不同位置，从而更好地捕捉长距离依赖关系。在文本生成中，模型可以更准确地理解上下文信息，生成逻辑连贯的文本；在图像生成中，能够更好地处理图像的全局特征，生成更合理的图像内容。

生成式大模型的核心技术

2. 生成对抗网络（GAN）

生成对抗网络由生成器和判别器组成。生成器负责生成内容，判别器则用于判断生成的内容是否真实。两者相互对抗、相互学习，不断提高生成器生成内容的质量。以图像生成为例，生成器尝试生成逼真的图像，判别器则努力区分生成的图像和真实图像。在这个过程中，生成器不断改进，生成的图像越来越接近真实图像。

3. 扩散模型

扩散模型是一种基于物理扩散过程的生成模型。它通过在数据上逐步添加噪声，然后学习如何从噪声中恢复原始数据，从而实现内容生成。在图像生成方面，扩散模型可以生成高质量、多样化的图像，并且在生成过程中具有更好的可控性。例如，通过调整扩散过程中的参数，可以控制生成图像的风格和细节。

4. 预训练与微调

预训练是生成式大模型训练的重要环节。模型在大规模的通用数据集上进行预训练，学习到丰富的知识和通用特征。然后，根据具体的应用任务，使用相应的小规模数据集进行微调，使模型适应特定的任务需求。比如，在医疗文本生成任务中，先在大规模的通用文本数据集上预训练模型，然后使用医疗领域的文本数据进行微调，提高模型在医疗文本生成方面的性能。

四、生成式大模型的应用

1. 内容创作领域

生成式大模型的应用

（1）新闻写作　在新闻行业，生成式大模型可以快速收集和整理新闻素材，根据预设的模板和规则生成新闻稿件。对于一些体育赛事、财经新闻等具有固定格式和内容框架的新闻，模型能够在事件发生后的短时间内生成报道，及时传递信息。

（2）文学创作　帮助作家进行创意构思和内容创作。作家可以利用大模型生成故事梗概、人物设定、情节发展等内容，为创作提供灵感。一些大模型还可以模仿不同作家的写作风格，生成具有相似风格的文学作品。

（3）广告文案撰写　根据产品特点和目标受众，生成吸引人的广告文案。大模型可以分析市场上的成功广告案例，结合产品的优势和卖点，创作出具有吸引力和感染力的文案，提高广告的宣传效果。

2. 设计领域

（1）平面设计　根据用户的需求和创意，生成平面设计作品，如海报、宣传单页等。用户可以输入设计主题、风格要求、关键元素等信息，大模型生成相应的设计初稿，设计师再根据初稿进行修改和完善，提高设计效率。

（2）工业设计　在产品设计初期，帮助设计师进行创意探索和概念设计。大模型可以根据产品的功能需求和用户体验要求，生成多种产品外观设计方案和内部结构设计思路，为设计师提供更多的设计选择。

3. 娱乐领域

（1）游戏开发　生成游戏中的虚拟场景、角色、剧情等内容。在开放世界游戏中，大模型可以生成大规模的地图场景，包括地形地貌、建筑布局等，还可以设计独特的游戏角色，赋予其不同的外貌、性格和技能。

（2）影视制作　辅助影视创作，如生成特效场景、编写剧本大纲等。在科幻电影中，大模型可以生成逼真的外星生物和奇幻场景；在剧本创作阶段，为编剧提供故事创意和情节线索，加快剧本创作的速度。

4. 教育领域

（1）智能辅导　根据学生的学习情况和问题，生成个性化的辅导内容。例如，当学生在数学学习中遇到难题时，大模型可以提供详细的解题步骤和思路分析，帮助学生理解和掌握知识点。

（2）虚拟教师　通过语音合成和自然语言处理技术，大模型可以扮演虚拟教师的角色，为学生提供课程讲解、答疑解惑等服务，丰富教育资源和教学方式。

5. 医疗领域

（1）医学图像生成　在医学研究和诊断中，生成式大模型可以根据已有的医学图像数据，生成虚拟的医学图像。这些图像可以用于训练医学影像诊断模型，增加训练数据的多样性，提高模型的诊断准确性。

（2）药物研发　帮助研究人员进行药物分子设计。模型可以根据已知的药物分子结构和活性数据，生成具有潜在活性的新药物分子结构，为药物研发提供新的思路和方向。

能力训练

一、填空题

1. 云计算以其弹性伸缩、_____、_____、_____和无边界性等特点，为用户提供了高效、灵活、可靠的计算资源和服务。
2. 云计算通过把各种_____整合起来，再通过_____实现_____与_____的自动分配与管理，即将计算资源变成一种可按需使用的公共服务。
3. 云计算按照部署模式可以分为_____、_____和_____。
4. 大数据主要具有5V特征：_____、_____、_____、_____、_____。
5. 工业物联网的核心三要素是_____、_____和_____。
6. 物联网的主要特征为_____、_____、_____等。
7. 生成式大模型是一类基于深度学习技术的_____模型，具有强大的学习和生成能力。
8. 根据生成内容的类型，生成式大模型主要分为_____、_____、音频生成模型等。
9. 人工智能自_____年诞生之日起，就成为科学发展史上一颗令人瞩目的新星。
10. 人工智能的主要研究内容有知识表示、_____、_____、_____、知识处理系统和自然语言处理。

二、选择题

1. 要让机器具有智能，必须让机器具有知识。因此，人工智能有一个主要研究计算机如何自动获得知识和技能，实现自我完善的领域，这门研究分支学科是（　　）。

    A. 专家系统　　　　　　　　　B. 机器学习
    C. 神经网络　　　　　　　　　D. 模式识别

2. AI 的英文是（　　）。

　　A. Automatic Intelligence　　　　B. Artificial Intelligence

　　C. Automatic Information　　　　D. Artificial Information

3. 下列不属于人工智能研究基本内容的是（　　）。

　　A. 机器感知　　　　　　　　　　B. 机器学习

　　C. 机器思维　　　　　　　　　　D. 自动化

4. 下列不属于人工智能的关键技术的是（　　）。

　　A. 机器学习　　　　　　　　　　B. 模式识别

　　C. 人工生命　　　　　　　　　　D. 编译原理

5. 大数据的起源是（　　）。

　　A. 金融　　　　　　　　　　　　B. 电信

　　C. 互联网　　　　　　　　　　　D. 公共管理

6. 大数据显著的特征是（　　）。

　　A. 数据规模大　　　　　　　　　B. 数据类型多样

　　C. 数据处理速度快　　　　　　　D. 数据价值密度高

7. 在当前社会中，大数据的主要数据源是（　　）。

　　A. 互联网　　　　　　　　　　　B. 物联网

　　C. 综合国力　　　　　　　　　　D. 自然资源

8. 下列属于云计算核心技术的是（　　）。

　　A. 虚拟化技术　　　　　　　　　B. 分布式存储技术

　　C. 多租户　　　　　　　　　　　D. 大数据技术

9. 不属于云计算的服务模型的是（　　）。

　　A. IaaS　　　　　　　　　　　　B. PaaS

　　C. LaaS　　　　　　　　　　　　D. SaaS

10. 不属于云服务提供商的是（　　）。

　　A. 亚马逊　　　　　　　　　　　B. 阿里巴巴

　　C. 微软　　　　　　　　　　　　D. 美团

三、简答题

1. 简要说明人工智能的主要研究内容。

2. 简要说明人工智能的应用领域。通过信息技术在我们生活中应用的具体实例，了解其具体应用方式。

3. 根据你对新一代信息技术的学习，设想一下新一代信息技术将对我们未来的世界有怎样的塑造和改变。

参考文献

［1］敖建华，叶聪，杨青. 信息技术基础［M］. 2版. 北京：高等教育出版社，2024.

［2］杨功元，卢国强. 信息技术［M］. 北京：高等教育出版社，2024.

［3］单锦宝，韩晶晶，刘英霞. 信息技术基础［M］. 成都：电子科技大学出版社，2023.

［4］深圳信息职业技术学院软件（人工智能）学院. 信息技术（基础模块）［M］. 北京：人民邮电出版社，2024.

［5］崔向平，周庆国. 大学信息技术基础（微课版）［M］. 2版. 北京：人民邮电出版社，2025.

［6］王东霞，程亚维. 信息技术基础（Windows 10+WPS Office 2019）［M］. 北京：人民邮电出版社，2024.